我国装备制造企业成长能力研究

谢 晶 ◎ 著

中国海关出版社有限公司

中国·北京

图书在版编目（CIP）数据

我国装备制造企业成长能力研究/谢晶著. —北京：中国海关出版社有限公司，2021.11
ISBN 978－7－5175－0529－7

Ⅰ.①我… Ⅱ.①谢… Ⅲ.①装备制造业—产业发展—研究—中国 Ⅳ.①F426.4

中国版本图书馆 CIP 数据核字（2021）第 215910 号

我国装备制造企业成长能力研究
WOGUO ZHUANGBEI ZHIZAO QIYE CHENGZHANG NENGLI YANJIU

作　　者：	谢　晶
策　　划：	李　多
责任编辑：	李　多
出版发行：	中国海关出版社有限公司
社　　址：	北京市朝阳区东四环南路甲 1 号　　邮政编码：100023
网　　址：	www.hgcbs.com.cn
编 辑 部：	01065194242-7529（电话）
发 行 部：	01065194221/4238/4246（电话）
社办书店：	01065195616（电话）
	https://weidian.com/?userid=319526934（网址）
印　　刷：	北京中献拓方科技发展有限公司　　经　销：新华书店
开　　本：	710mm×1000mm　1/16
印　　张：	18.5　　　　　　　　　　　　　　字　数：340 千字
版　　次：	2021 年 11 月第 1 版
印　　次：	2021 年 11 月第 1 次印刷
书　　号：	ISBN 978－7－5175－0529－7
定　　价：	60.00 元

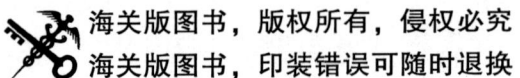

海关版图书，版权所有，侵权必究
海关版图书，印装错误可随时退换

PREFACE 前言

无论是在企业界还是在学术界，企业成长始终是追逐的热点话题。作为生产生产资料的部门，装备制造企业发展水平的高低直接关系到我国经济的健康状态、人民的生活质量以及社会的和谐稳定。当今，世界装备制造业格局正发生着重大变革，美国、日本、欧洲等装备制造业发达国家和地区不仅拥有先进的制造技术，占据了垄断地位，而且还在努力地将其生产成本进一步降低，试图在世界范围内开展新一轮的装备制造资源的优化配置，这些都对我国装备制造企业发展形成了巨大压力。也就是说，其中所反映出的装备制造企业成长能力问题已成为制约我国装备制造企业可持续、健康成长的"瓶颈"。因此，基于装备制造企业成长能力的理论解构，对提升装备制造企业成长能力，为我国装备制造企业可持续、健康发展提供决策依据，进而促进我国在新一轮的全球装备制造资源配置中占有一席之地，具有非常重要的意义。

第一，本书对装备制造企业内涵及其所具有的外部效应和特殊地位进行分析，在此基础上，分别用定性和定量分析方法对装备制造企业的先进性属性进行了诠释，依据装备制造企业先进性属性体现程度的定量分析结果以及组合与属性的哲学原理，推导出装备制造企业成长能力是决定企业成长状况的根本因素。

第二，在分析了装备制造企业成长能力内涵及特征的基础上，本书从经济、社会、科技及三者间的协同关系四个方面详细分析我国装备制造企业成长能力的现状并探讨我国装备制造企业在其所控资源方面所存在的主要问题。

第三，根据系统理论，本书分别从战略转型视角、外部网络嵌入视角、资源整合视角、持续创新视角及装备制造产品特点五个方面，在理论层面上分析装备制造企业成长能力的结构维度，并应用探索性因子分析和验证性因子分析进行实证检验。在此基础上，基于协同视角，利用布尔计算理论及序参量方程进一步分析装备制造企业成长能力所划分子能力维度间的相互关系。

第四，本书引入组织学习过程、知识交易、结构资本、企业绩效等变量，通过理论推理的方式，构建装备制造企业成长能力对企业绩效作用机制的理论研究框架，并将其作为对装备制造企业成长能力作用效果的评价研究。基于此，以应用问卷调查的方式获取实证研究所需的原始数据，在利用投影寻踪法优化原始数据的基础上，采用典型相关分析、基于 Bootstrap 的结构方程模型、层次回归分析分别对装备制造企业成长能力对企业绩效的主效应、组织学习过程的前置效应、知识交易的中介效应及结构资本的调节效应进行实证分析。

第五，鉴于对装备制造企业成长能力评价的完整性考虑，本书从投入产出视角构建了反映装备制造企业成长能力特点的效率评价指标体系，在此基础上应用基于数据包络分析的组合评价方法 PCA-DEA-TOPSIS 和 Ward 聚类法对 2011 年我国装备制造企业成长能力效率进行评价。

第六，沿着整体研究维度的划分，本书基于能力作用效果和自身效率视角对促进装备制造企业成长能力提升的对策进行分析。

CONTENTS 目 录

第1章　绪论 … 1

1.1　研究的背景、目的及意义 … 3
1.1.1　研究的背景 … 3
1.1.2　研究的目的及意义 … 4

1.2　相关领域国内外研究现状 … 5
1.2.1　国外研究现状 … 5
1.2.2　国内研究现状 … 12
1.2.3　国内外研究现状评述 … 17

1.3　总体思路和研究内容 … 19
1.3.1　总体思路 … 19
1.3.2　研究内容 … 19

1.4　本书的研究方法 … 21

1.5　本书的创新之处 … 22

第2章　装备制造企业内涵及其先进性属性分析 … 25

2.1　装备制造业及装备制造企业的内涵 … 27
2.1.1　装备制造业的内涵 … 27
2.1.2　装备制造企业的内涵 … 29

2.2　装备制造企业先进性属性的外在表现 … 29
2.2.1　装备制造企业的外部效应 … 30
2.2.2　装备制造企业的特殊地位 … 30

2.3　装备制造企业先进性属性体现程度的测度 … 31
2.3.1　装备制造企业先进性属性体现程度的评价指标选取 … 31
2.3.2　装备制造企业先进性属性体现程度的实证分析 … 33

2.4　本章小结 … 40

第3章 装备制造企业成长能力内涵及其现状分析 ………… 41

3.1 装备制造企业成长能力的内涵与特征 ………… 43
3.1.1 装备制造企业成长能力的内涵 ………… 43
3.1.2 装备制造企业成长能力的特征 ………… 46

3.2 我国装备制造企业成长能力的现状分析 ………… 48
3.2.1 装备制造企业成长的经济效益方面 ………… 48
3.2.2 装备制造企业成长的社会责任方面 ………… 53
3.2.3 装备制造企业成长的科技水平方面 ………… 57
3.2.4 装备制造企业成长的协同度方面 ………… 61

3.3 我国装备制造企业成长能力存在的主要问题 ………… 64
3.3.1 企业内部 R&D 资源配置不合理 ………… 65
3.3.2 与国外企业网络化联盟程度低 ………… 65
3.3.3 对企业内外部资源优势认识不足 ………… 66

3.4 本章小结 ………… 67

第4章 装备制造企业成长能力结构维度及各维度间的关系分析 ………… 69

4.1 装备制造企业成长能力的理论分析 ………… 71
4.1.1 基于战略转型视角的企业成长能力分析 ………… 73
4.1.2 基于外部网络嵌入视角的企业成长能力分析 ………… 74
4.1.3 基于资源整合视角的企业成长能力分析 ………… 76
4.1.4 基于持续创新视角的企业成长能力分析 ………… 78
4.1.5 基于装备制造产品特点视角的企业成长能力分析 ………… 80

4.2 装备制造企业成长能力的结构维度分析 ………… 82
4.2.1 装备制造企业成长能力的初始量表设计 ………… 83
4.2.2 装备制造企业成长能力的探索性因子分析 ………… 93
4.2.3 装备制造企业成长能力的验证性因子分析 ………… 98

4.3 基于协同的装备制造企业成长能力各维度间的关系分析 ……… 102
4.3.1 协同视角研究装备制造企业成长能力各维度关系的适应性分析 ………… 103

4.3.2　基于布尔运算的装备制造企业成长能力各维度间相互作用分析 ······ 106

　　4.3.3　基于序参量的装备制造企业成长能力各维度间协同演化分析 ······ 110

◆ 4.4　本章小结 ······ 115

第5章　装备制造企业成长能力对企业绩效的作用机制分析 ······ 117

◆ 5.1　理论假设的提出 ······ 119

　　5.1.1　前置变量——组织学习过程 ······ 120

　　5.1.2　后置变量——企业绩效 ······ 123

　　5.1.3　中介变量——知识交易 ······ 126

　　5.1.4　调节变量——结构资本 ······ 129

　　5.1.5　装备制造企业成长能力作用机制理论研究框架 ······ 134

◆ 5.2　实证数据的获取 ······ 137

　　5.2.1　各变量的量表选取 ······ 137

　　5.2.2　问卷调查数据选取 ······ 144

　　5.2.3　量表的信度和效度检验 ······ 147

◆ 5.3　实证过程分析及其结果 ······ 152

　　5.3.1　基于投影寻踪法的各变量指标计算 ······ 152

　　5.3.2　基于典型相关分析的主效应检验 ······ 156

　　5.3.3　基于Bootstrap结构方程模型的前置效应检验 ······ 163

　　5.3.4　基于层次回归分析的中介效应检验 ······ 167

　　5.3.5　基于层次回归分析的调节效应检验 ······ 172

◆ 5.4　本章小结 ······ 184

第6章　装备制造企业成长能力效率评价分析 ······ 185

◆ 6.1　装备制造企业成长能力效率评价指标体系构建 ······ 187

　　6.1.1　装备制造企业成长能力效率评价指标体系构建原则 ······ 187

　　6.1.2　装备制造企业成长能力效率初选评价指标体系构建 ······ 188

　　6.1.3　装备制造企业成长能力效率评价指标的筛选 ······ 190

◆ 6.2　装备制造企业成长能力效率评价模型构建 ······ 201

6.2.1　装备制造企业成长能力效率评价模型构建思路 …………… 201
　　6.2.2　数据包络分析法 …………………………………………… 203
　　6.2.3　Ward 聚类法 ……………………………………………… 205
　　6.2.4　基于组合评价思想的改进 DEA 方法 ……………………… 205
6.3　我国装备制造企业成长能力效率评价的实证分析 ……………… 208
　　6.3.1　评价对象确定及实证数据获取 …………………………… 208
　　6.3.2　基于 PCA-DEA-TOPSIS 的装备制造企业成长能力效率评价分析 …………………………………………………… 209
　　6.3.3　基于 Ward 聚类法的装备制造企业成长能力效率评价分析 … 218
6.4　本章小结 …………………………………………………………… 219

第 7 章　促进我国装备制造企业成长能力提升的对策分析 ……… 221

7.1　提升装备制造企业成长能力作用效果的对策 …………………… 223
　　7.1.1　企业战略转型能力的培育及提升 ………………………… 223
　　7.1.2　企业外部网络嵌入能力的培育及提升 …………………… 225
　　7.1.3　企业资源整合能力的培育及提升 ………………………… 226
　　7.1.4　企业持续创新能力的培育及提升 ………………………… 228
　　7.1.5　企业柔性生产能力的培育及提升 ………………………… 229
7.2　提升装备制造企业成长能力自身效率的对策 …………………… 230
　　7.2.1　加强管理资源投入的配置 ………………………………… 230
　　7.2.2　加强完善行业市场的结构 ………………………………… 232
7.3　本章小结 …………………………………………………………… 233

结　论 ………………………………………………………………… 234

参考文献 ……………………………………………………………… 237

附录 A ………………………………………………………………… 265

附录 B ………………………………………………………………… 269

附录 C ………………………………………………………………… 275

附录 D ………………………………………………………………… 279

第1章

绪 论

1.1 研究的背景、目的及意义

1.1.1 研究的背景

装备制造业，又称为装备工业，是一个国家制造业最为核心的部分，承担着该国在经济发展过程中为各行各业提供技术装备的任务。作为生产生产资料的部门，装备制造业发展水平的高低直接关系到该国经济的健康状态、人民的生活质量以及社会的和谐稳定。国家发展和改革委员会通过测算我国国民经济四十个部门的投入产出关系，发现装备制造业具有较大的投资乘数，与其他产业具有较强的关联度，尤其是其中的重大装备制造对其他产业具有极强的带动作用，在国民经济中处于主导地位。大力发展装备制造业不仅有利于经济发展，而且有利于实现节能减排、提高就业水平、促进国际收支平衡。装备制造业不仅具有广阔的发展空间，也肩负着重要的发展任务。装备制造业的发展进程关系到一个国家产业结构升级及工业化实现。此外，从某种程度上，装备制造业发展水平还反映国家实力，关乎国家安全。可以说，装备制造业是强国富民之根本，是一个主权国家，尤其是一个发展中国家最重要的支柱产业[1]。

当今，世界装备制造业格局正发生着重大变革，美国、日本、欧洲等装备制造业发达国家和地区不仅拥有先进的制造技术，占据了垄断地位，而且还在努力将其生产成本进一步降低，试图在世界范围内开展新一轮的装备制造资源优化配置。由于相对廉价的劳动力以及巨大的市场需求，我国正成为世界装备制造业强国转移生产的一个重要市场。国际金融危机之后，发达国家萌芽了一系列的发展理念——"再工业化""智慧地球""低碳经济"等，以及美国欲重塑世界制造业霸主地位，欧盟加强在某些领域的世界主导者作用，日本在本土建设最尖端的技术研发与生产基地，韩国力求跻身世界先进制造技术强国行列等，这些都对我国装备制造业发展形成了巨大压力。而且，我国装备制造业严重缺少关键技术和核心部件，对外依存度较高，这对于想立足于国际竞争市场的我国来说，都是巨大的挑战。由此看出，为了在新一轮国际竞争中占有一席之地，并且能够在尽可能多的领域率先取得突破，重视装备制造业的发展，提升先进制造技术，推进自主创新是实现上述目标所必不可少的。

根据统计资料，2007年，我国装备制造业工业总产值为135152.8亿元人民币，占当年GDP的53.7%；2011年，装备制造业工业总产值为276598.9

亿元人民币，占当年 GDP 的 58.6%。虽然从统计数据来看，近几年我国装备制造业发展加快，保持了持续增长态势，但是，受国际经济环境的影响，装备制造业始终面临着"转型升级"，我国企业规模较小、制造技术能力不足，尤其是高新技术产品生产企业和重大技术装备企业的生产能力无法与发达国家媲美。一方面，40%的大型石化装备、80%的集成电路芯片制造以及70%的汽车制造关键设备和先进集约化农业装备仍然需要依靠进口[2]，甚至有些产品的进口还受到发达国家限制[3]；另一方面，我国多数出口产品是贴牌生产，拥有自主品牌的不足20%[4]，而国外某些技术含量高的产品在中国市场上的份额已达50%以上[5]。这些现象都表明与全球主要发达国家相比，作为发展中国家的中国在装备制造业领域的发展仍然存在较大的差距，其中所反映出的装备制造企业成长能力问题将成为制约我国装备制造业可持续、健康、快速发展的"瓶颈"。

作为国民经济发展的基础，装备制造业是实现工业化建设的发动机。目前，我国正处于重化工业的中期阶段，正是需要装备制造业发挥中坚力量的良好时机，并且装备制造业的健康发展有赖于装备制造企业具有的良好成长能力。因此，应针对我国装备制造企业的实际情况，在借鉴发达国家装备制造企业实现健康成长的实践经验基础上，探索我国装备制造企业应具备的成长能力，形成一套有效的能力培育机制，从而使我国在全球激烈的竞争中形成具有独特优势的企业能力体系，以增强我国装备制造企业承接国际产业转移的能力，提高我国装备制造企业在国际分工格局中的地位和利益，最终使我国实现从制造业大国向制造业强国的跨越。

1.1.2　研究的目的及意义

1.1.2.1　研究目的

本书围绕目前我国装备制造企业发展过程中所表现出的成长问题，结合企业成长理论、企业能力理论、组织管理理论、协同学理论等研究成果，提出研究企业成长能力问题是企业可持续成长的重点，进而深入企业内部，对我国装备制造企业成长能力进行研究。本书研究的目的是通过系统分析和深入研究，挖掘装备制造企业成长能力对企业绩效的作用机制，并对装备制造企业成长能力效率进行评价研究，通过作用效果和自身效率两个视角全面剖析和评价装备制造企业成长能力，结合实证分析结果，基于装备制造企业成长问题的提出和装备制造企业成长能力的理论解构，对如何提升装备制造企业成长能力给出了相应的对策和建议，促进我国装备制造企业在新一轮的全球装备制造资源配置中占有一席之地。

1.1.2.2 研究意义

随着经济全球化程度进一步加强，世界范围内的竞争愈加激烈，我国装备制造企业既面临着新的机遇，又面临着巨大的挑战，要想在如此激烈的环境下获得生存发展，就要求装备制造企业具有强大的企业成长能力。通过装备制造企业成长能力不断提升，进而获取竞争优势，提高企业绩效，最终推动国民经济健康发展。因此，研究装备制造企业成长能力具有重要的理论和实践意义。

（1）理论意义

无论是企业界还是学术界，企业成长始终是热点话题。从国内外的相关文献可以看出，学者们从许多不同的角度对其进行了深入的分析。尽管如此，对于企业成长问题的研究仍没有形成一套完善的理论体系。本书在前人研究的基础上，结合企业成长理论、企业能力理论、组织管理理论以及协同学理论，将企业成长问题归结为对企业成长能力的研究。通过分析企业成长能力的构成维度、各维度间关系、作用机制和效率评价，系统地研究企业成长能力体系。本书的研究一方面拓宽了企业成长问题的研究视角及研究方法，另一方面进一步丰富了企业成长理论和企业能力理论。

（2）实践意义

装备制造企业作为国民经济健康运行的微观基石，其成长状况的好坏、成长能力的强弱将直接关乎我国综合实力在世界竞争中所处的地位。本书通过统计年鉴收集我国装备制造企业的典型指标，从经济、社会、科技及三者间的协同关系四个方面分析目前装备制造企业成长能力的现状及存在的问题，并在系统理论分析的基础上，基于投入产出视角构建了装备制造企业成长能力的评价指标体系，设计了调查问卷并深入哈尔滨市企业进行访谈、调研，最后通过分析得出我国装备制造企业成长能力提升的对策和建议，进而帮助我国装备制造企业进一步改善成长能力现状，为装备制造企业持续、健康成长及实时监督提供保障，具有重要的现实指导和借鉴意义。

1.2 相关领域国内外研究现状

1.2.1 国外研究现状

1.2.1.1 关于装备制造企业的研究现状

"装备制造业"是我国提出的概念，国际上对于装备制造业存在一些叫法上的差异，例如，有些国家使用"机械制造业"或"机械工业"等。因此，在检索国外文献时需要注意与装备制造业相对应的有关研究成果。本书从以下几个方面梳理了对装备制造业的相关研究。

装备制造企业绩效的相关研究。Linda F. Edelman 等（2005年）通过研究企业资源、企业战略与企业绩效间的关系，认为无论是资源还是战略都不能单独对企业绩效进行解释，同时，小型企业应依据其所拥有的资源制定相应的战略[6]。Sumit K. Majumdar 等（2010年）分析了数字网络扩散（信息电信技术）与企业绩效之间的关系，并把企业绩效变量分解为企业生产力和价格恢复结构（price-recovery pattern）[7]。Yasuhiro Yamakawa 等（2011年）将企业的边界扩大到包括企业间的关系及其环境，认为较高的探索性联盟并不能促进企业的短期绩效；年龄较小的、成本导向战略的、行业成长性较慢的企业可以从利用性联盟中获得更多利益，而年龄较大的、多元化导向战略的、行业成长性较快的企业应多形成探索性联盟[8]。Jee-hae Lim 等（2012年）突破前人的研究习惯，认为信息技术能力与高级信息技术管理者间具有正向关系，当企业具有能力较强的高级信息技术管理者时，信息技术能力将对企业竞争优势产生更大的作用[9]。

装备制造企业创新的相关研究。Katharine Wakelin（1998年）根据对占英国制造业产出50%以上的制造企业的研究，认为创新类和非创新类企业出口行为所受的影响因素不同，其中，在同样企业规模的情况下，非创新类企业更有可能出口，然而创新类企业过去的创新数量对创新类企业出口具有正向影响[10]。Nabil Amara 等（2005年）利用加拿大统计局对制造型企业的创新调查数据，探讨一个非常重要的问题，即信息源对制造型企业创新性的影响程度，他们将信息源分解为四个维度，即内部来源、市场来源、科研来源、一般信息来源，得出与引进新技术的企业相比，在世界或国家层面处于领先地位的研发新技术的企业更有可能使用各种信息来源，特别是使用各种研发来源以改进其产品和工艺[11]。Mario I. Kafouros 等（2008年）提出了一个基于企业层面且能通过创新提高企业绩效的因素——国际化程度，利用来自英国研发记分牌调查（UK R&D Scoreboard Survey）及企业财政报告的大型制造企业数据，得出国际化确实能促进创新，提升企业绩效，但如果国际化程度低于临界水平时，企业仍不能从创新中获取利益[12]。与以往研究不同，Philip R. Tomlinson（2010年）所搜集的数据包含了合作关系（Co-operative ties）和创新变量的多维度属性，并认为企业间的垂直关系是企业创新绩效水平高低的重要影响因素，企业间关系的联系程度对创新水平具有显著正向作用[13]。

Carmen Perez-Cano（2013年）利用工业技术发展中心（Centre for the Development of Industrial Technology，CDIT）数据库进行研究，认为知识的可编译性、可观察性和从属性对占有创新知识的四类方法（持续不断地改进、领先时间、向下移动学习曲线以及控制互补资源）具有显著影响，其中对于大型企业而言，从属性更加显著；可编译性和可观察性在小型企业中更加显著[14]。

装备制造企业供应链的相关研究。Gyula Vastag等（2003年）根据全球制造业研究小组（GMRG）进行的调查数据，发现20世纪70年代制造企业强调降低成本、提高效率，20世纪80年代转为强调改进产品质量，20世纪90年代开始强调提前完成（lead-time improvement），在如今的经济环境下，制造企业更应该需要完善的供应链体系[15]。Rebort Grosse等（2012年）认为进口能提供企业在供应链管理和国际化过程中进行组织学习的机会，并通过对美国供应链管理协会（US-based Institute for Supply Management）制造型企业数据的分析，得出进口是美国企业进行国际化的重要特征，其中制造型企业比服务型企业进口行为更为集中，且与出口产品相比，制造型企业进口更为频繁[16]。Indranil Bose等（2012年）利用事件分析法分析了与绿色供应链相关的104份报告，发现与非制造型企业相比，制造型企业投资者更倾向于绿色供应链项目，同时也表明制造型企业在处理可持续问题上具有较大的优势，并且该优势具有强大的潜力[17]。

1.2.1.2 关于企业成长的研究现状

企业成长模式的相关研究。Frederic Delmar等（2003年）对企业如何获得高成长的异质性进行研究，定义了七种不同类型的企业成长模式，即超级绝对成长（Super absolute grower）、稳定销售成长（Steady sales grower）、后天获得性成长（Acquisition grower）、超级相对成长（Super relative grower）、不稳定一次性成长（Erratic one-shot grower）、雇佣成长（Employment grower）、整体稳步成长（Steady overall grower），并认为这些成长模式都与企业年龄、规模和行业归属有关[18]。对于要构建某个行业的可持续发展战略，则弄清楚该行业的成长模式是有必要的。Kwangmin Park等（2010年）指出到目前为止，对于餐饮企业成长模式的认知还很少，并认为小型餐饮企业比大型餐饮企业成长快，但随着企业规模的扩大，企业成长率不断下降。在国际化程度方面，随着规模的不断扩大，小型跨国企业的成长率比国内小型企业下降快，然而大型跨国企业的成长率比国内大型企业下降慢[19]。Chang-Yang Lee（2010年）基于R&D的双重作用，研究了R&D生产率的内生演化及企业成长模式。尤其是，在企业R&D生产率或技术能力演化的基础上，构建了一个以 R&D 为基础的企业成长模型，解释了企业成长的不同方面，并认为存在三种企业成长模式雏形——企业层面的集中成长模式（convergent growth pattern）、行业层面的可持续成长模式（sustained growth pattern）和恶性成长模式（vicious growth pattern）[20]。虽然经济学家们已经注意到企业的各种可观察和不可观察方面都有可能是企业不同的成长要素，但是对于企业财务结构所产生的作用具有不同的观点。Mohammad M. Rahaman（2011 年）认为财务结构对企业成长具有显著影响。由于外部融资约束的限制，企业通常依赖于内部基金，但是随着外部融资约束的放宽，企业将减少对内部基金的依赖，转向以外部融资为主的财务结构，并且这种内外部融资转换的模式在小型未上市企业表现得特别明显[21]。从企业从属结构考虑企业地位系统，Francisco J. Granados 等（2013 年）研究了企业间联盟模式对组织地位和地位结构本身的变化的影响。通过研究全球信息部门的联盟网络调研数据，认为企业初始地位对企业个体的成长率存在负向影响，同时这种定向影响会因企业的不同地位而不同，主要源于不同的联盟模式[22]。

企业成长绩效的相关研究。Prakash K. Chathoth 等（2007 年）认为企业成长战略没有必要总是强调绩效，而应该强调成长战略的产出；同时，得出企业偿债能力对企业成长绩效的正向作用大于成长战略对成长绩效的作用，在投入新产品或进军新市场时，企业偿债能力应该被添加到企业决策的框架中[23]。在旅游业管理中，许多人都会被这样的问题困扰，即为什么旅游企业会有不同的企业绩效水平？Jose F. Molina-Azorin 等（2010 年）指出旅游业的企业成长绩效依赖于企业所处的经营地点——目的地效应（location or destination effect），以及企业自身的资源、特征——企业效应（firm effect），并认为对于企业成长绩效，企业效应比目的地效应更重要[24]。以往一些文献中认为社会资本的三个维度——信息容量、信息差异和信息丰满度，都正向影响着企业成长绩效，然而这些结论并不能应用于所有的研究情境。Tariq Malik（2012 年）将社会资本的各维度与组织绩效置于多维度网络系统中，发现信息容量与企业成长绩效具有正向作用；信息差异与企业成长绩效具有负向作用；信息丰满度与企业成长绩效没有显著关系，即社会资本的各维度与企业成长绩效具有不同关系[25]。关于企业成长绩效如何随时间变化的研究比较少见，可能是由于基于企业年龄数据的缺少。Alex Coad 等（2013 年）利用 1998—2006 年西班牙具有 3 个或以上的制造型企业数据对企业成长绩效和企业年龄的关系进行了分析，认为企业成长绩效随着时间推移不断改进，因为成熟的企业具有稳定的生产率增长、较高的利润、较大的规模等，而且存活时间较长的企业能够将销售增长转换为利润和生产率的增长[26]。创新对企业成长绩效的影响一直以来都是经济学家和政策制定者所关心的议题，创新被认为是提升企业竞争力和企业成长绩效的方式。Iraj Hashi 等（2013 年）首次尝试对两种不同制度设定情境下创新过程的驱动进行评定，即欧洲西部成熟的市场经济和欧洲中东部高级转型经济。基于第四次社区创新调查（Community Innovation Survey 4）的 9 万家企业的数据，得出创新活动与生产率间存在正向关系，同时，企业通过来自之前抛弃的创新积累及与其他企业的合作，能够在强大的竞争压力下对创新活动投资[27]。企业成长是管理者的中心目标，企业扩张被认定为企业价值创造的重要驱动因素。Thomas Hutzschenreuter 等（2013 年）基于 Penrose 的企业成长理论探讨了母企业成长率的决定因素，认为上层管理的有效性是企业建立子企业的速度的影响因素。此外，还指出某一时期的高层管理团队的特定经验和成长率将正向影响下一时期的企业成长率；产品范围的扩大及文化差异产生的额外需求对下一时期的企业成长率具有负向影响[28]。许多实证文献表明一个国家的金融发展对于企业成长绩效具有一定的影响。Marcel Fafchamps 等（2013 年）认为当地金融发展会影响企业的扩张，并且当地银行与中小企业的快速成长具有显著关系[29]。

企业成长中创新的相关研究。许多学者认为大量的创新能够产生更多工作岗位，创新是知识转化为经济增长的工具。创新能够促进企业成长已被广泛接受，欧洲各国和美国都制定了创新政策。在学术界，学者们不仅从理论层面上对创新是企业成长的决定因素的原因进行了解释，而且还对其进行了实证研究，具体如表 1.1 所示。

表 1.1　企业成长与创新关系的实证研究

时间	学者	研究对象及时间	企业成长率的测量	创新活动测量	主要结论
1962 年	Mansfield E.[30]	美国制造企业（1916—1954 年）	最小有效规模和相对规模差异	成功创新决定企业是否是创新者	实施创新活动的企业比其他企业具有较快的成长
1993 年	Geroski P. 等[31]	英国大型上市公司（1976—1982 年）	边际利润和市场集中度	每个企业的创新数量	创新数量（专利数量）对企业成长没有影响

表1.1 续

时间	学者	研究对象及时间	企业成长率的测量	创新活动测量	主要结论
2001年	Ernst H.[32]	德国机械制造企业（1984—1992年）	销售额	专利应用	两三年内专利能促进销售额增长
2003年	Del Monte A. 等[33]	意大利制造企业（1989—1997年）	销售收益值	研究强度	企业成长率与研究强度相关
2005年	Cefis E. 等[34]	荷兰制造企业（1996—2003年）	存活时间	关于市场和创新类型的创新引进	企业创新能延长其在行业中的寿命
2008年	Coad A. 等[35]	高技术企业（1963—1998年）	销售总额	创新指数	对于高速增长的企业，创新更为重要
2009年	Cassia L. 等[36]	英国上市企业（1995—2006年）	销售总额	知识的投入产出率	对企业成长有影响
2010年	Corsino M. 等[37]	世界范围内的半导体企业（1998—2004年）	销售额	创新数量	产品创新影响企业成长
2013年	Alessandra Colombelli 等[38]	法国企业（1992—2004年）	企业收益和规模	产品创新、过程创新	创新企业比非创新企业成长快，高增长企业的创新水平高

1.2.1.3 关于企业能力的研究现状

企业能力评价的相关研究。K. Hafeez 等（2007年）认为企业能力来源于企业所具有的功能，并构建了包含企业资源和企业功能的企业属性框架[39]。Chun-hsien Wang 等（2008年）认为技术创新能力是一个复杂、难以琢磨及不确定的概念，需要多维定性和定量的指标进行测量[40]。按照能力理论，企业能力来自该企业单独拥有的能力，涉及企业内各种商业职能。企业能力由各种无形的和有形的属性构成，M. Amiri 等（2009年）将改进的层次分析法（Adaptive AHP Approach）、语言变量（Linguistic variable）、Topsis 方法进行组合，构建了多目标决策模型，并对企业能力进行了评价[41]。由于如今环境的不确定性及企业为获得竞争优势而整合各种资源，Ming-Lang Tseng（2011年）提出了环境知识管理能力（Environmental practice in knowledge management capability），并建立了多目标决策模型，利用网络分析法（analytical network process）、模糊集合理论（fuzzy set theory）和决策实验及评价实验（Decision-Making Trial and Evaluation Laboratory）对一个企业的真实情形进行了客观、无偏的评价[42]。鉴于环境事件和企业创新能力的关系，Yuanhsu Lin 等（2011年）利用模糊集合理论、网络分析法和程度分析法（importance-performance analysis）组合模型对绿色企业创新能力（green business innovation capabilities）进行了评价[43]。

企业能力影响因素的相关研究。P. Banerjee（2003 年）认为企业的核心能力依赖于企业所拥有的资源[44]。Hyun-Soo Han 等（2008 年）基于外包关系、过程理论和 IT 资源能力，构建了能力、过程与 IT 外包能力间的结构关系，并得出了企业资源能力的影响因素[45]。Xiaoyun Chen 等（2009 年）在研究新建企业的成长绩效过程中发现，企业技术能力、财务能力及网络能力都与企业战略决策有较强的关系[46]。Ali E. Akgun 等（2009 年）将情绪能力应用到技术创新管理中，其中，情绪能力包含动态鼓励、显示自由、嬉闹、体验、调和和认同等构念[47]。Garrick Blalock 等（2009 年）分析了企业能力与 FDI 引起的技术扩散间的关系，并认为拥有具有投资、研发能力和受过较高教育的员工的企业均能从 FDI 中获取较好的技术进步[48]。Cesar Camison 等（2011 年）分析了企业能力受所处层次的影响，且企业自身能力与其所处园区层面能力可以通过企业自身的吸收能力进行互补，说明企业能力具有跨层次特征[49]。Anna Lamin 等（2011 年）认为在新兴经济企业中，正式组织关系是企业能力构建的重要资源[50]。Cesar Camison 等（2011 年）研究了组织创新与技术创新能力间的关系，认为组织创新有利于产品、工艺技术创新能力的提高[51]。Jian-Liang Chen（2012 年）利用组织理论对科技化资源（IT-enabled resources）的战略地位进行研究，发现了技术资源、人力资源、组织资源共同作用会对企业能力产生协同效应[52]。Sui-Hua Yu（2013 年）认为社会资本和企业创新之间存在密切关系，并发现企业吸收能力具有调节社会资本和企业创新之间的倒 U 形关系[53]。

关于我国企业能力的相关研究。Felicia M. Fai（2005 年）认为国外跨国公司对中国投资的动机逐渐从寻求市场或寻求效率转为寻求能力，并研究了专利如何对企业竞争优势产生作用[54]。Peilei Fan（2006 年）认为企业创新能力和自身技术发展是国内企业追赶跨国公司的重要动力，而且通过对中国通信设备的四家企业（华为 HUAWEI、中兴 ZTE、大唐电信 DTT、巨龙通信设备有限公司 GDT）的案例研究对其做了进一步阐述[55]。Mei-Chih Hu 等

(2008年)认为中国正成为世界工厂,从之前的模仿阶段转变为创新阶段,并指出了大学和公共研究机构在中国国家创新能力中的重要作用[56]。Wendy Dobson等(2008年)综述了关于中国制度与企业行为的文献,并参考2006年中国企业调研报告,发现了工业和企业生产率的提升来源于企业进出口,而不是新技术的采用,同时不断上升的竞争压力有利于企业进行学习[57]。Kazuyuki Motohashi(2008年)利用来自国家知识产权部门(State Intellectual Property Office)的个体专利信息,发现高校与企业的合作程度不断提升,而研究机构与企业的合作在慢慢减少[58]。Xibao Li(2009年)认为政府支持、R&D及区域工业创新环境是创新效率的重要影响因素,且中国各区域间的创新效率差异不断变大[59]。根据高层梯队理论(upper echelons theory)、企业资源基础论(resource-based view of the firm)和管理网络理论(managerial networking theory),Louis T. W. Cheng等(2010年)提出了管理者人口统计特征与企业资源价值间具有重要的关系,其中管理者教育水平、头衔、年龄及任期对企业绩效具有重要影响[60]。Zhigang Shou等(2012年)在整合了企业资源理论和制度理论的基础上,提出了制度因素对企业能力和绩效的调节作用,其中制度因素包括关系(非正式因素)和法律支持(正式因素)[61]。

1.2.2 国内研究现状

1.2.2.1 关于装备制造企业的研究现状

装备制造企业绩效的相关研究。许之伟等(2006年)分析了制造系统的操纵过程、活动准则、组织及对象间的关系,认为绩效可用设备利用率、总产出量等指标进行衡量[62]。李兵(2009年)认为绩效管理在企业人力资源管理中处于核心地位,分别从集团公司对子公司/事业部的考核、对事业部/子公司职能部门经理的考核、对一般基层员工的考核三个方面进行分析[63]。邸晋英(2010年)基于平衡计分卡,将绩效管理和战略管理相结合,认为以战略为导向的绩效管理体系可以从财务、顾客、内部经营流程、学习和成长的四维进行划分[64]。戴勇(2010年)从管理技术的角度,认为备件管理技术水平的四个要素对服务备件绩效的经济效益和服务水平都存在正向关系[65]。徐松杰(2011年)对电力设备制造外包供方运作资源和外包组织整体绩效目标的关联进行了研究,为外包组织识别外包风险及改进外部绩效提供了有益的借鉴[66]。李柏洲等(2012年)认为知识共享能力和企业技术能力对企业转型绩效具有显著正向作用,同时,知识共享能力对企业技术能力也存在正向影响[67]。何玉静(2012年)分析了企业员工的组织承诺与工作绩效间的关系,并提出采用"温情管理"的理念，从而提高企业员工的工作绩效[68]。李兵（2012年）认为企业研发绩效管理对于企业技术创新战略的实施具有十分重要的意义，根据其个人在大、中、小型装备制造企业8年的工作经验及装备制造企业研发活动的特点，对装备制造企业研发绩效管理的现状和存在的问题进行了研究[69]。

装备制造企业创新的相关研究。段一群等（2009年）鉴于国内学者普遍只是从定性的角度认为企业技术创新有利于经济效益增长，对装备制造企业技术创新能力对经济效益的影响进行了实证分析[70]。陈劲等（2011年）从企业创新投入的角度对技术创新绩效进行了研究，其中，针对装备制造企业，创新绩效的资源投入项目包括内部研发、合作研发、技术购买、外围设备、工程处理、工业设计、生产试验、培训、市场调查、市场测试和广告等；创新绩效分为产品创新绩效、工艺创新绩效及平台创新绩效[71]。谭蓉娟（2011年）通过深入调研珠江三角洲装备制造企业，将企业自主创新模式、创新绩效及其影响因素置于同一框架，并认为创新模式与创新绩效之间存在明显的非递归关系[72]。翟青等（2011年）基于熊彼特和坦斯凯维奇的创新模式，提出了创新型矩阵，并以西门子、通用电气（GE）和日本电气公司（NEC）等国际领先装备制造企业为例，对其中央研究院的战略管理等进行了分析[73]。孙冰等（2011年）在构建了自主创新现状评价指标体系的基础上，从总体效率、规模效率等对黑龙江省具有代表性的装备制造企业进行了分析[74]。周文涛（2013年）基于结构洞理论对企业研发网络化与企业技术创新间的关系进行了研究，并认为越处于研发网络中心度和桥接处的成员对创新产出的作用越大[75]。胡耀辉（2013年）认为产业链、技术链及技术创新链的结构失衡是导致企业自主创新能力差的关键因素，可以通过引入产业技术创新链，对前三者进行动态协调，使其处于平衡状态[76]。

装备制造企业供应链的相关研究。罗明等（2008年）认为现代装备制造企业间的竞争已从单个企业上升为整条供应链间的竞争，而信息的共享在装备制造企业供应链网络中起着十分重要的作用[77]。陈占夺（2008年）针对装备制造企业产品流程与大批量生产产品的不同，提出了在供应链上对主要供应商进行前馈控制的观点[78]。汪克夷等（2010年）认为在以敏捷制造为代表的现代工业思想和以动态联盟为代表的现代企业理念的背景下，实现对新供应商的筛选和对老供应商的动态评估具有十分重要的意义[79]。曹渝昆等（2011年）认为对于装备制造企业复杂的生产过程，传统的研究方法很难对其动态关系进行分析，提出了基于离散事件建模的装备制造企业生产物流过程模型，用量化的方法分析了生产过程物流的关键因素[80]。李云峰等（2012年）构建了全球供应链条件下装备制造企业供应商评价指标体系，并对某装备制造企业5家供应商进行了评价[81]。韩丹丹等（2013年）认为供应商选择对装备制造企业供应链成本降低具有重要影响[82]。李永福等（2013年）认为在企业实践中，很少存在完全的备货生产和按订单生产，因此就必须寻找出提前采购的前提及决策依据，提出了基于客户需求意向的提前采购策略[83]。

1.2.2.2 关于企业成长的研究现状

企业成长模式的相关研究。谢凤华等（2004年）通过分析我国企业的演进发展史，总结出我国企业所经历的企业成长模式有：依赖型、模仿型、集约型、技术型和创新型[84]。饶扬德等（2008年）从市场创新、技术创新、管理创新及其相互间的协同视角出发，提出了创新协同驱动型企业成长模式，并指出知识、组织学习及创新是创新协同驱动型企业成长模式的核心要素[85]。吴立平（2008年）认为模式的本质是创新，同时民营企业应构筑以产业集群为主导的战略模式、以现代企业为主导的产权模式、以自主创新为主导的技术创新模式以及以诚信为核心的企业文化模式[86]。梁强等（2008年）认为外包、联盟等虚拟经营方式可实现战略资源的高效整合，其中基于虚拟经营的体育用品企业成长模式包括业务外包模式、企业共生模式、战略联盟模式以及虚拟销售模式[87]。王建军（2010年）认为企业成长模式可以分为渐进式成长和突变式成长两种模式，并且在现实情况中，企业是在两种成长机制的交叉作用下不断发展，受到机遇、实力和主观努力等因素作用[88]。曹兴等（2010年）认为高新技术企业成长可以从技术核心能力、企业规模及经营结构三个维度进行划分，其中技术核心能力是核心内容，企业规模和经营结构是具体的表现形式，同时高新技术企业成长模式通过知识的动态发展得以实现[89]。马勤等（2011年）在突破了以往企业成长理论研究的基本前提下，引入"两型"社会的相关理论，得出到目前为止企业成长模式可以分为两个阶段，即企业数量成长模式阶段和企业质量成长模式阶段，同时，在新的形式条件下，上述两种成长模式必将向生态成长模式转变[90]。李鹏等（2011年）认为在知识经济环境下，资源型企业的成长战略应综合考虑技术、资源和业务单位的状态[91]。张玉明等（2012年）应用自组织理论的工作机理，深入剖析了九阳公司的成长机制，发现了九阳公司的成长模式是以企业文化为核心所形成的[92]。

企业成长绩效的相关研究。范钧等（2011年）认为由于新创企业存在缺乏合法性、信息不对称、与外部主体关系不稳定等固定劣势，网络能力对于新创企业成长绩效具有非常重要的意义[93]。邵俊岗等（2011年）从接触的角度对在孵企业成长绩效进行研究，认为孵化器经理及管理团队间的高强度接触有利于企业成长绩效提高[94]。窦红宾等（2011年）在普遍认为网络结构、网络关系对企业成长具有重要影响的基础上，引入组织学习变量，验证了组织学习的中介作用[95]。刘井建（2011年）对动态环境下创业学习对企业成长绩效的作用机理进行了研究，认为创业学习主要通过经验知识、机会识别和能力培育作用于成长绩效，同时调节其余成长绩效的关系[96]。王林雪等（2011年）基于普遍认为企业家社会资本与企业成长绩效具有正向影响的基础上，构建了企业家社会资本转化为企业成长绩效的过程机理模型，强调企业家社会资本通过转化为企业社会资本对企业成长绩效产生影响[97]。窦红宾等（2012年）基于以往文献中较少将知识资源获取分为显性知识获取和隐性知识获取，实证了知识资源获取的中介作用[98]。吴俊杰等（2013年）通过对浙江乐清低压电器产业集群的调研，发现集群企业间存在显著的成长差异性，由此将社会网络理论和组织能力理论引入到集群成长中[99]。庄晋财等（2013年）提出了应该考虑资源转化为能力的过程，进而从理论上分析了网络嵌入—企业资源—企业能力—企业绩效的作用机理[100]。

企业成长中创新的相关研究。潘安成（2008年）将组织知识创新放置在内部知识系统与外部运作环境相融合的整体系统中，应用组织知识演化模型验证了企业成长的非线性[101]。陈晓红等（2009年）通过引入有技术背景的高管人员和专利等影响技术创新的指标，认为技术人员投入、研发技术改革投入、创新转化效率、有技术背景的高管人员和专利均与技术创新能力有显著正相关；中小企业技术创新与其成长性呈倒U形关系[102]。王勇等（2010年）认为技术创新能力对于处于创业期的企业具有显著正影响，对于快速成长期的企业具有反向影响，对于稳定期的企业无显著影响[103]。王永伟等（2011年）认为只有当企业惯例指导下的技术创新与行业惯例相似时，企业才能在行业内获得竞争优势[104]。王燕妮等（2012年）从模仿创新阶段、合作创新阶段和自主创新阶段对自主品牌汽车核心企业成长过程中的创新网络进行了分析，并得出其内外创新网络相互作用的规律[105]。汪建等（2012年）在梳理企业成长理论相关文献的基础上，提出了从创新驱动视角研究企业成长，认为企业成长理论应主要沿着创新要素间交互关系及创新行为管理两条主线进行研究[106]。《2011中国企业经营者问卷跟踪调查报告》显示我国企业的持续成长问题仍然十分突出，王亚娟（2013年）提出了在企业成长的不同阶段具有不同的创新驱动因素，认为生存阶段和成长阶段的主要驱动力是企业家,而成熟阶段的主要驱动力是管理团队[107]。汪孟艳等(2013年)提出了"沙漏模型",并引入企业成长理论,认为应根据企业不同阶段的资源需求和战略意图来构建创新网络关系[108]。

1.2.2.3 关于企业能力的研究现状

企业能力评价的相关研究。文风(2004年)从供应链管理的视角出发,论述了供应链管理、核心竞争力和持续竞争力的关系,并构建了核心企业综合能力系统评价模型[109]。何琳等(2007年)鉴于企业价值创造及竞争优势来源于对顾客价值的实现,从顾客价值视角对物流企业能力进行了要素分析,并构建了物流企业能力评价指标体系[110]。杨波等(2010年)基于企业能力理论和价值链分析,构建了适合我国国情的中国IT服务外包企业能力模型[111]。范新华(2010年)认为企业危机管理能力是企业危机系统的序参量,应用模糊综合评价法对企业危机管理能力进行静态评价,以及用马尔科夫模型法进行动态评价[112]。王丽平等(2011年)引入"企业代"思想,将企业成长分为代内成长和代际成长,以此构建了中小企业可持续成长机理,并应用熵理论与耗散结构对中小企业能力进行了评价[113]。张小娣等(2011年)根据知识的情景化决定了知识具有意会性和离散分布性的特点,提出了对企业知识集成能力测量的重要性和必要性[114]。刘卫华(2011年)利用层次分析法对第三方物流企业能力进行了分析[115]。陈盛焕(2012年)应用主成分分析法对我国物流企业能力进行了实证分析[116]。李晓燕(2013年)认为企业财务能力是企业能力的重要组成部分,以伊利乳业集团财务数据为基础,运用财务比率分析法对其财务能力进行了评价[117]。

企业能力影响因素的相关研究。刘璐等(2008年)基于资源基础观和企业能力观对我国企业吸收能力进行重构,认为企业吸收能力受到知识积累、组织接收、研发投入、人力资源、企业文化、沟通渠道和制度支持的影响[118]。曹兴等(2009年)认为企业能力的本质是知识,不同类型的知识转移过程对企业能力影响不同,其中,企业基础能力适合总线型知识转移结构,竞争能力适合树形结构,卓越能力适合星形或网状结构[119]。曾经莲等(2009年)针对复杂产品系统,认为核心企业选择不同的合作企业将影响到自身的绩效,并指出绩效受企业生产能力、创新能力、协同能力和项目能力的影响[120]。李随成等(2009年)基于装备产品技术构成复杂、批量小、周期长等特点,验证了知识创新过程和制造商与供应商关系互动的中介作用[121]。梁力军等(2010年)认为商业银行属于知识技能密集型企业,基于复杂系统理论、企业能力理论和管理风险理论提出了商业银行操作风险管理能力,并从安全管理理论中"人因失误"和"组织错误"角度分析了影响商业银行操作风险管理能力的各项因素[122]。梁力军等（2011年）基于知识吸收能力与国际并购研究综述，提出了从组织文化整合模式、组织管理整合模式、组织学习运用模式和技术创新应用四个方面分析了对国际并购知识吸收能力的影响[123]。张笑楠等（2011年）从内涵和特点探讨了企业能力和企业竞争力的不同，认为企业能力受企业资源、制度与企业竞争力的影响[124]。蔡树堂（2011年）融合了行为科学原理和企业组织能力的一般构成要素，提出了一个新的企业动态能力影响因素分析框架，即企业动态能力受到创业精神、企业家团队特征、组织支持因素和外部合作关系的影响[125]。

企业能力培育的相关研究。彭灿（2002年）认为企业核心能力与企业技术创新能力高度趋同，开展技术创新能够快速培育企业核心能力[126]。杨保军（2003年）认为培育独特的企业营销能力需要企业具有一定的营销策划能力，并且营销策划能力应该从以下几个方面着手：设计营销业务流程，实行全新的组织设计；协调企业内部资源；巩固营销能力[127]。宋艳涛（2003年）认为企业核心竞争力培育是一个循环往复的过程，培育核心竞争力的过程中应该注意培育核心人才、打造核心技术、开发核心产品以及培养忠实的顾客等[128]。刘大赵（2003年）认为企业核心竞争能力的形成需要外部环境、企业内部两方面的条件，其中，培育企业核心竞争能力的基本途径包括内部创造——通过企业自身努力培养核心竞争能力、外部联合——通过构筑知识联盟培养核心竞争能力[129]。王核成（2006年）认为企业能力从系统的观点可以分为主导能力层、基于价值链能力层和战略能力层，并且根据不同的能力层，应该匹配不同的能力培育途径，包括仅借助自身资源的内部培育、在外部辅助下的内部培育（例如，利用其他机构来提高能力）、从外部获取为基础的培育、建立企业间的战略联盟和企业间的并购[130]。黄学工（2006年）提出了基于技术创新战略的企业能力培育，包括开发人力资源、培养核心技术、形成有特色的管理模式、追求卓越用于创新、注重诚信培育品牌、扬长避短培育竞争优势和培育先进的企业文化[131]。段琳（2008年）认为企业在做再融资决策时，必须以培育企业核心能力作为出发点，同时以是否有利于企业核心能力的提升作为再融资效果评价标准[132]。沈占波（2010年）认为企业动态能力的本质是组织学习问题，基于组织学习视角提出了培育企业动态能力策略，包括文化革命、技术革命和制度革命三个方面[133]。

1.2.3 国内外研究现状评述

综上所述，国内外学者在装备制造企业、企业成长、企业能力等方面形成了大量研究成果，是目前国内外管理学界讨论的热点问题，其中，关于装备制造企业的研究主要集中在装备制造企业成长绩效、创新、供应链等方面，关于企业成长的研究主要集中在企业成长模式、绩效、创新等方面，关于企业能力的研究主要集中在企业能力评价、影响因素等方面。在全球化、信息化、知识化发展的今天，作为工业经济健康运营的微观基础，装备制造企业的生存环境已发生了巨大的变化，对装备制造企业在新环境下的成长理论提出了新的挑战，尤其是在目前公认的大部分有关企业成长、企业能力理论源于西方情境背景下的研究，因此，研究我国装备制造企业成长的相关问题具有重要的理论意义和现实意义。通过上述对国内外相关研究现状的阐述，为研究我国装备制造企业成长能力提供了基础和依据，但同时，现有文献也存在以下需要补充的地方。

（1）国内外对企业成长问题的研究通常借助于新古典经济学、新制度经济学、企业竞争战略成长理论等进行解释，由于这些理论各自被提出时具有的特定假设前提、企业生存的客观环境发生变化等因素，导致这些理论或多或少已经不能很好地说明企业成长过程中发生的现象。进而，出现了企业成长和企业能力开始融合的研究，利用企业能力理论对企业成长问题进行研究，形成了"资源基础理论""核心能力理论""动态能力理论""企业知识理论"企业能力理论的四大流派，侧重从企业内部因素深入论述企业是如何成长的。虽然该理论能够解释企业如何成长的问题，但是对于企业如何健康、有序地成长，如何定义企业在成长方面的能力等还鲜有研究。

（2）国内外对企业成长、企业能力的研究大多数集中在企业成长绩效、成长模式、能力评价、能力影响因素等基础理论研究，而对于结合某一特定产业，尤其是装备制造企业的成长能力概念、结构维度、各维度间关系、作用机制等的研究还不多。

（3）国内外对企业成长、企业能力方面的评价研究文献相对丰富，主要包括企业成长性、企业成长力、企业财务能力、企业知识集成能力等方面的研究，但是研究缺乏系统性，没有对各种企业能力进行有机整合，因而需要建立一套较为完善的企业成长能力效率评价体系。

因此，本书在定义装备制造企业成长能力概念的基础上，对装备制造企业成长能力的结构维度、各维度间关系、作用机制进行定性和定量分析，同时构建装备制造企业成长能力效率评价指标体系并进行实证分析，最后提出促进装备制造企业成长能力提升的对策。

1.3 总体思路和研究内容

1.3.1 总体思路

本书在总结国内外关于装备制造企业成长能力的基础上，从系统、综合的角度出发，搭建了装备制造企业成长能力结构维度—各维度间关系—作用机制—效率评价的分析框架。首先，通过装备制造企业内涵及其先进性属性的详细分析，剖析了装备制造企业成长能力的内涵、特点，并分析我国装备制造企业成长能力现状及存在的问题；其次，针对装备制造企业自身特点及学者们对企业能力不同视角的研究进行综合，分析并验证了装备制造企业成长能力的结构维度以及各维度间关系；再次，根据装备制造企业成长所处的环境及其运营目的，着重分析了装备制造企业成长能力对企业绩效的作用机制；最后，为培育较强的企业成长能力，本书在构建装备制造企业成长能力指标体系及对其效率进行评价的基础上，提出了促进我国装备制造企业成长能力提升的对策。

1.3.2 研究内容

本书共分为七章。

第1章是绪论，主要从重要性、必要性、可行性及创新性四个方面对我国装备制造企业成长能力研究的背景进行分析，并由此得出该研究的目的及理论意义、实践意义；从装备制造企业、企业成长及企业能力三方面对国内外的相关研究现状进行总结，同时，对国内外研究现状进行评述；最后详细阐述本书的总体思路、研究内容、研究方法及创新之处。

第2章是装备制造企业内涵及其先进性属性分析，主要先分析装备制造业及装备制造企业的内涵，在此基础上，再分析装备制造企业先进性属性所体现的外部效应以及所处的特殊地位，并采用定量分析深刻阐释其先进性属性的体系。最后通过关于装备制造企业先进性属性体现程度的实证分析结果，得出决定其先进性属性程度表现的根本原因就是装备制造企业成长能力的强弱。

第3章是装备制造企业成长能力内涵及其现状分析，主要先分析装备制造企业成长能力的内涵，以及装备制造企业成长能力所具有的特征。基于此，从时间序列、空间位置、行业特色三个维度分别对我国装备制造企业成长的经济效益、社会责任、科技水平三个方面及其相互间协同方面的企业成长能力现状进行分析，以求较为全面地了解我国装备制造企业成长能力的现状。最后总结和归纳了我国装备制造企业成长能力所存在的问题。

第 4 章是装备制造企业成长能力结构维度及各维度间关系分析，主要先通过对装备制造企业自身特点以及学者们对企业能力不同视角的研究进行综合，以逻辑推导演绎的方式得出装备制造企业成长能力的结构维度，并在企业成长能力初始量表设计的基础上，应用探索性因子分析和验证性因子分析进行定量验证。基于此，从协同视角，利用布尔计算理论及序参量方程进一步对装备制造企业成长能力所划分子能力间的关系进行研究。

第 5 章是装备制造企业成长能力对企业绩效作用机制分析，本章是对装备制造企业成长能力的效果进行评价，主要先通过引入组织学习过程、知识交易、结构资本、企业绩效等变量，构建装备制造企业成长能力作用机制理论研究框架，基于此，应用问卷调查的方式获取实证研究所需的原始数据，并对其进行了数据的筛选及信度、效度检验，最后在利用投影寻踪法优化原始数据的基础上，采用典型相关分析、基于 Bootstrap 的结构方程模型、层次回归分析分别对装备制造企业成长能力对企业绩效的主效应、组织学习过程的前置效应、知识交易的中介效应以及结构资本的调节效应进行实证分析。

第 6 章是装备制造企业成长能力效率评价分析，主要先根据装备制造企业成长能力效率评价指标体系构建原则，并应用群组特征根决策法等对初选评价指标体系进行筛选，构建了装备制造企业成长能力效率评价指标体系。在此基础上，基于组合评价思想构建了装备制造企业成长能力效率评价模型，包括改进 DEA 的 PCA-DEA-TOPSIS 及 Ward 聚类法。最后利用统计年鉴相关数据，对 2011 年我国装备制造企业成长能力进行效率评价及聚类分析。

第 7 章是促进我国装备制造企业成长能力提升的对策分析，结合前六章的理论和实证分析结果以及提高我国装备制造企业成长能力的目标，从提升装备制造企业成长能力的效果和效率两个方面进行研究。其中，在提升装备制造企业成长能力作用效果方面，分别对企业战略转型能力、资源整合能力、外部网络嵌入能力、持续创新能力以及柔性生产能力的培育及提升给出相应的对策；在提升装备制造企业成长能力自身效率方面，主要从加强管理资源投入的配置和加强完善行业市场的结构两个方面给出相应的对策。

本书的研究框架如图 1.1 所示。

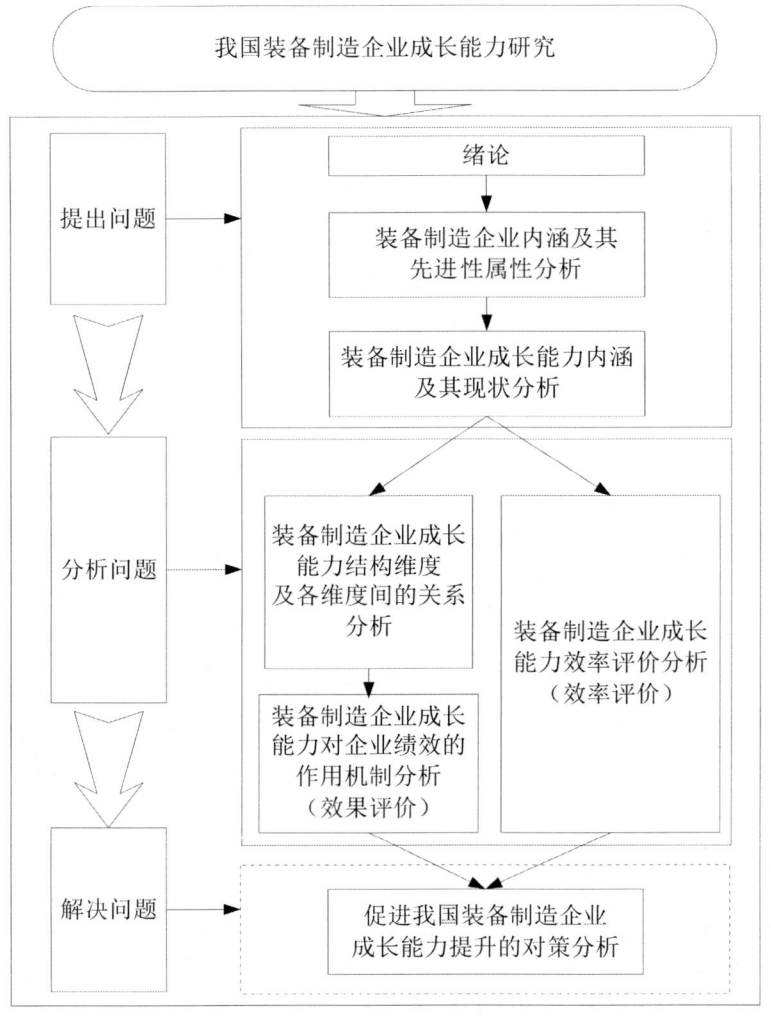

图 1.1 本书的研究框架

1.4 本书的研究方法

本书采用了综合评价方法、对比分析方法、理论推理演绎方法以及实证分析方法相结合的研究方法。通过这些方法的应用,为对装备制造企业先进性属性和装备制造企业成长能力现状、结构维度、各维度间的关系、对企业绩效的作用机制以及自身效率评价等问题能够做出更加科学、可靠的研究结论提供支撑。

(1)综合评价方法。本书通过对装备制造企业先进性属性的深刻理解,构建了装备制造企业先进性属性的评价指标体系，并应用动态因子分析法对我国装备制造企业的先进性属性体现程度的高低给出了评价。另外，从投入产出视角将装备制造企业成长能力效率评价指标体系划分为装备制造企业成长能力投入指标维度和装备制造企业成长能力产出指标维度，并应用基于组合评价思想的改进 DEA 方法——PCA-DEA-TOPSIS 和 Ward 聚类法对我国装备制造企业成长能力效率进行了综合评价。

（2）对比分析方法。本书从反映装备制造企业发展状况的经济效益、社会责任、科技水平以及这三方面的协同度对我国装备制造企业成长能力的现状进行分析，通过对经济效益、社会责任、科技水平在不同时间、不同地域、不同行业间的对比分析，能够更加清楚地了解我国装备制造企业成长能力的现状，为装备制造企业成长能力存在的问题提供依据和基础。

（3）理论推理演绎方法。本书在分析装备制造企业成长能力可被划分为战略转型能力、外部网络嵌入能力、资源整合能力、持续创新能力以及柔性生产能力之后，基于协同视角对装备制造企业成长能力各维度间的关系，即装备制造企业成长能力系统内五个子能力系统间的作用关系进行分析。在此过程中，应用了布尔运算和序参量等理论，采用理论推理演绎方法阐述了装备制造企业成长能力五个子能力间相互影响、相互作用关系。其中，作为序参量的持续创新能力对装备制造企业成长能力系统协同演化具有支配和控制作用。

（4）实证分析方法。本书通过对装备制造企业自身特点及学者们对企业能力不同视角的研究进行综合，得出装备制造企业成长能力的结构维度，并在企业成长能力初始量表设计的基础上，应用探索性因子分析和验证性因子分析进行实证验证。另外，通过引入组织学习过程、知识交易、结构资本、企业绩效等变量，构建装备制造企业成长能力对企业绩效作用机制理论研究框架。基于此，应用问卷调查的方式获取实证研究所需的原始数据，采用典型相关分析、基于 Bootstrap 的结构方程模型、层次回归分析分别对装备制造企业成长能力对企业绩效的主效应、组织学习过程的前置效应、知识交易的中介效应以及结构资本的调节效应进行实证分析。

1.5　本书的创新之处

本书的创新之处体现在以下几个方面。

（1）通过深入理解我国装备制造企业的内涵及特点，提出了装备制造企业所具有的先进性属性，并且基于组合与属性的哲学观点，推理出了决定装备制造企业先进性属性的能力组合因素，即装备制造企业成长能力。与以往的相关研究相比，从一种新的"属性"视角出发，推导出装备制造企业成长能力是最深层次能决定装备制造企业成长的因素。

（2）从战略转型视角、外部网络嵌入视角、资源整合视角、持续创新视角以及装备制造产品的特点共五个角度分别对装备制造企业成长能力进行了逻辑推导演绎，构建了装备制造企业成长能力的五维结构。并且利用探索性因子分析和验证性因子分析验证了装备制造企业成长能力的结构维度。在此基础上，利用布尔计算理论以及序参量方程详细论述装备制造企业成长能力系统中五个子能力间的相互作用关系，得出了作为序参量的持续创新能力对装备制造企业成长能力系统协同演化具有支配和控制作用。与以往的相关研究相比，更加清晰、可靠地对装备制造企业成长能力进行解构，包括组成要素及构成要素间的关系。

（3）引入组织学习过程、知识交易、结构资本、企业绩效等变量，构建了装备制造企业成长能力对企业绩效的作用机制理论研究框架，应用问卷调查的方式获取实证研究所需的原始数据，并对其进行了数据的筛选及信度、效度检验。在此基础上，利用投影寻踪法优化原始数据，采用典型相关分析、基于 Bootstrap 的结构方程模型、层次回归分析分别对装备制造企业成长能力对企业绩效的主效应、组织学习过程的前置效应、知识交易的中介效应以及结构资本的调节效应进行实证分析。与以往的相关研究相比，本书在考虑到知识化、信息化、全球化的时代背景下，以一种新的方式，即构建装备制造企业成长能力与企业绩效的路径图，来诠释装备制造企业成长能力作用效果的评价。

（4）根据装备制造企业成长能力效率评价指标体系构建原则，并应用群组特征根决策法、相关性分析、变差系数法对初选评价指标体系进行筛选，构建了基于投入产出视角的装备制造企业成长能力效率评价指标体系。在此基础上，基于组合评价思想构建了装备制造企业成长能力效率评价模型，通过改进 DEA 的 PCA-DEA-TOPSIS 法和 Ward 聚类法对我国装备制造企业成长能力效率强弱进行了评价。与以往的相关研究相比，本书制定了科学、合理的装备制造企业成长能力效率评价指标体系及评价模型，从而保证了对我国装备制造企业成长能力自身效率水平的监测及反馈工作。

第2章

装备制造企业内涵及其先进性属性分析

由于装备制造企业成长能力是本书研究的对象，在对装备制造企业成长能力进行详细分析之前，有必要对成长能力的载体——装备制造企业进行研究。本章在对装备制造企业内涵分析的基础上，着重分析了装备制造企业的先进性属性，并对装备制造企业的先进性属性体现程度进行定量分析。通过实证分析结果，进一步地提出从能力的角度去解决装备制造企业健康、有序成长的需求。

2.1 装备制造业及装备制造企业的内涵

2.1.1 装备制造业的内涵

最早为了区分制造业中的"加工制造业"，我国提出了"装备制造业"的概念，即当时我国将制造业分为装备制造业和加工制造业。我国对于装备制造业的划分主要出于两方面考虑：一方面是从装备制造业所具有的职能来看，它为国民经济各部门提供了简单再生产和扩大再生产的工具；另一方面是从装备制造业所具有的作用来看，它在国民经济及国防建设中起到了基础性、战略性的作用。

由于目前大多数文献的研究对象集中在装备制造业所包含的某一具体行业或者更为宽泛的制造业，对以装备制造业为研究对象的文献并不多，所以，对装备制造业的内涵、特征以及发展趋势等方面缺乏深入研究。一般而言，装备制造业也被称为装备工业，它包括了电子、机械等生产投资类产品的所有行业，其产品主要指系统、主机、元器件、零部件、相关技术服务等。对于装备制造业的分类，还没有形成统一的标准。当前存在从多种分类视角，其中包括按照装备产品的功能及重要性、按照装备产品的工作原理及特点等的分类。在这些分类方法中，针对各自不同的用途具有不同的优缺点。此外，目前使用过的分类方法还包括五分类法、六分类法、七分类法及八分类法。理论界、应用界使用最多的是七分类法，它是根据《国民经济行业分类新代码（GB/T 4754—2002）》，将装备制造业划分为金属制品业，通用设备制造业，专用设备制造业，交通运输设备制造业，电气机械及器材制造业，通信设备、计算机及其他电子设备制造业，仪器仪表及文化、办公用机械制造业共7个行业大类、56个种类及209个小类[134]，具体见表2.1。

表 2.1 装备制造业行业分类

行业代码	行业大类	行业细分代码	行业名称
34	金属制品业	341~349	结构性金属制品制造，金属工具制造，集装箱及金属包装容器制造，金属丝绳及其制品的制造，建筑、安全用金属配件制造，金属表面处理及热处理加工，搪瓷制品制造，不锈钢及类似日用金属制品制造，其他金属制品制造。
35	通用设备制造业	351~359	锅炉及原动机制造，金属加工机械制造，起重运输设备制造，泵、阀门、压缩机及类似机械的制造，轴承、齿轮、传动和驱动部件的制造，烘炉、熔炉及电炉制造，风机、衡器、包装设备等通用设备制造，通用零部件制造机机械修理，金属铸、锻加工。
36	专用设备制造业	361~369	矿山、冶金、建筑专用设备，化工、材料、非金属加工专用设备，食品、饮料、烟草及饲料生产专用设备制造；印刷、制药、日化生产专用设备制造；纺织、服装和皮革工业专用设备制造；电子和电工机械专用设备制造；农、林、牧、渔专用机械制造；医疗器械设备及器械制造；环保、社会公共安全及其专用设备制造。
37	交通运输设备制造业	371~376、379	铁路运输设备制造，汽车制造，摩托车制造，自行车制造，船舶及浮动装置制造，航空航天器制造，交通器材及其他交通运输设备制造。
39	电气机械及器材制造业	391~397、399	电机制造，输配电及控制设备制造，电线、电缆光缆及电工器材制造，电池制造，家用电力器具制造，非电力家用器具制造，照明器具制造，其他电气机械及器材制造。
40	通信设备、计算机及其他电子设备制造业	401~407、409	通信设备制造，雷达及配套设备制造，广播电视设备制造，电子计算机制造，电子器件制造，电子元件制造，家用视听设备制造，其他电子设备制造。
41	仪器仪表及文化、办公用机械制造业	411~415、419	通用仪器仪表制造，专用仪器仪表制造，钟表与计时仪器制造，光学仪器及眼镜制造，文化、办公用器械制造，其他仪器仪表的制造及修理。

虽然到目前为止，世界其他国家或地区仍没有使用装备制造业这一概念，但是为了使我国经济更加适应全球化、国际化的发展，即与国际产业分类标准（ISIC）、国际贸易分类标准（SITC）等国际标准相近，我国装备制造业的范围与 ISIC 中的第 38（381~385）大类相一致；与北美产业分类标准（NAICS）中的 35~38 共四大类相一致；与欧洲国家的资本货物制造业相一致；与日本的生产现场机械产业相一致[135]。

2.1.2　装备制造企业的内涵

对于装备制造企业的认定，通常采用建立在产业认定的基础上，将处于上述表 2.1 列出的 7 个行业大类、56 个种类的企业统称为装备制造企业。从终端消费者的角度看，装备制造企业是把科学技术物化为现实生产工具（包括制成品、服务）的载体，并将其提供给终端消费品生产企业，使其下游企业具有更强的生产能力，它既涵盖了低附加值的劳动密集型企业又涵盖了高附加值的资金、技术密集型企业，既有传统的机械制造企业又有高新技术企业。

此外，为进一步了解装备制造企业的内涵，与一般的加工制造企业相比，装备制造企业具有其独特之处：在经济发展方面，它为国民经济其他企业提供生产工具，作为产品制造基础平台，是其他企业生产能力提高的前提；在国防建设方面，由于装备制造企业负责弹药等武器的生产研发，其发展水平直接影响国家安全；在社会稳定方面，装备制造企业能够吸收大量的劳动力，对平衡我国剩余劳动力具有重要作用。

2.2　装备制造企业先进性属性的外在表现

装备制造企业是装备制造业成长能力的依附载体，认清装备制造企业的先进性属性对于研究装备制造企业成长能力具有重要的意义。从哲学教科书中，我们了解到事物与属性是哲学研究中的重要问题。属性是事物的一个基本范畴，任何事物都拥有自身的属性。事物的存在是以其所具有的属性为依据的，因此世上没有无属性的事物，也没有无事物的属性[136]。马克思曾经说过事物的属性是通过该物与其他物体间存在的相互关系表现出来的，即事物的属性不是孤立存在的，需要同其他事物共同作用而产生[137]。鉴于以上对装备制造企业的分析，本书认为，我国装备制造企业在整个经济社会发展过程中具有十分特殊的属性，即先进性属性。这种属性是发展中国家的装备制造企业与生俱来的，无论是过去、现在还是将来，装备制造企业都将具有这种属性，强调装备制造企业自身的发展水平。具体而言，装备制造企业的先进性属性主要体现在其外部效应和特殊地位两个方面。

2.2.1 装备制造企业的外部效应

由上述关于装备制造企业内涵的分析，我们了解到装备制造企业涵盖了金属制品业、通用设备制造业、专用设备制造业等七个行业大类的所有企业，其中大多数企业都与冶金、化工等行业具有密切联系，可以看出装备制造企业本身所涵盖的范围是非常广的。同时，装备制造企业具有很高的产业关联度，一方面，装备制造企业作为国民经济发展的基础平台，为其他企业的简单再生产及扩大再生产提供生产工具，直接与其他企业相关联；另一方面，装备制造企业所生产的产品因其制造的复杂性，有时不仅需要装备制造企业自身的努力，同时还得借助其他行业的企业共同进行生产，这一点也体现出装备制造企业与其他企业间的紧密联系。以我国为例，2010年我国制造业占第二产业的比重高达86%以上，根据《国民经济行业分类 GB/T 4754—2002》及《中国地区投入产出表》，2007年我国制造业的影响力系数和感应度系数均大于2002年我国制造业的相应数值。通过对黑龙江省装备制造企业的相关资料分析，发现对装备制造企业投资10亿元，能够带动相关行业的产值达到2亿~6亿元，并且随着装备制造企业的不断发展，还能对相关的一系列企业起到很大带动作用[138]。另外，装备制造企业不仅具有较长的服务链，而且因为装备制造产品的特殊性，装备制造企业生产的产品是典型的小批量、单件或按单定制的复杂产品，生产周期长且造价高[139]，因此，装备制造企业需要提供以增加或保持产品价值的各种活动，包括售前服务、售中服务和售后服务，在此过程中，装备制造企业将会与供应商、客户、竞争者三个主体间发生互动[140]。

2.2.2 装备制造企业的特殊地位

德国经济学家霍夫曼曾将工业企业划分为消费资料工业企业和资本资料工业企业，指出装备制造企业是资本资料工业企业的主要构成部分，并且随着工业体系发展，资本资料工业企业的产值将大大超过消费资料工业企业的产值，对实现工业化发展具有推动作用[141]。西方工业发达国家的实践经验也同样表明，只有拥有强大的装备制造企业才能成为工业化强国，即使进入工业化发展后期，仍然需要重视装备制造企业的发展以巩固现有的国际领先地位。也就是说，装备制造企业在整个国民经济发展和工业体系中起到非常重要的作用，其发展的强弱直接影响到该国的综合实力，代表着一个国家的竞争力。以我国为例，在爆发金融危机时，我国装备制造企业不仅能够抵御外来危机，而且在后期的本国经济恢复中能够发挥推动、带动作用，这都表明装备制造企业在我国社会发展中发挥了重要的作用，已成为推动国民经济发展的主要动力。此外，由于我国幅员辽阔，各地区经济发展水平差异较大，国民经济各行业发展出现不均衡的现状，因此，我国应该优先着重发展处于基础性、战略性地位的装备制造企业。通过装备制造企业又快又好的发展，推动国民经济中其他行业更好地发展，从而最终实现由点带面的发展模式。

2.3 装备制造企业先进性属性体现程度的测度

改革开放以来，我国社会经济发展取得了举世瞩目的成就，但是与一些发达国家相比，仍存在较大差距。基于上述分析，本书认为与发达国家装备制造企业相比，我国装备制造企业的先进性属性没有更好地体现出来。在社会经济发展过程中，在各个时期的特殊环境下，装备制造企业先进性属性是否良好地体现出来？体现的程度是多少？对于这些问题的回答依赖于对我国装备制造企业先进性属性体现程度的准确判断和测度。下面将从定量的角度来研究装备制造企业先进性属性体现程度大小的判断与测度，进而研究我国装备制造企业的实际情况。

2.3.1 装备制造企业先进性属性体现程度的评价指标选取

装备制造业是国民经济的物质基础、国家安全的主要保障、国家竞争的重要体现。关于装备制造企业的发展研究，一直是政府、学者关注的热点。根据我国装备制造企业所处的特殊地位及作用，以及在借鉴相关文献[142~147]的基础上，本书认为我国装备制造企业的先进性属性体现程度应该从以下几个方面进行考虑：经济效益、科技能力、社会效益、环保能力、能源消耗、信息化水平、人力资源劳动率、管理模式等。但是由于某些指标缺乏可操作性，难以定量计算，所以在装备制造企业先进性属性的引领下，本书构建了经济、科技、环境、能源、社会五维评价指标体系。根据系统性、可操作性、前瞻性和客观性原则，按照分层构造原理，设定指标体系。指标体系中一级指标为经济类指标、科技类指标、环境类指标、能源类指标及社会类指标，二级指标均为现行统计系统可获取的定量指标，如表2.2所示。

（1）经济类指标。通过装备制造企业总产值 U_1、装备制造企业增加值 U_2、装备制造企业利润总额 U_3，从规模、效益两个方面体现装备制造企业的经济创造能力。

（2）科技类指标。通过装备制造企业R&D活动经费支出U_4、装备制造企业R&D活动人员全时当量U_5、装备制造企业新产品开发项目数U_6，从投入、产出两个方面体现装备制造企业的科技创新能力。

（3）环境类指标。通过装备制造企业废水排放量U_7、装备制造企业废气排放量U_8、装备制造企业固体废弃物排放量U_9，从"三废"排放量的角度来反映装备制造企业的环境保护能力。

（4）能源类指标。通过装备制造企业煤炭消耗总量U_{10}、装备制造企业石油消耗总量U_{11}、装备制造企业电力消耗总量U_{12}，从影响装备制造企业发展中三大主要能耗资源的消耗量来反映装备制造企业能源利用能力。

（5）社会类指标。通过装备制造企业利税总额U_{13}、装备制造企业年末从业人数U_{14}、装备制造企业职工平均工资U_{15}，从装备制造企业对社会利税贡献以及惠及广大群众的程度来反映装备制造企业实现社会效益的能力。需要指出的是，经济类指标统计口径为行业内规模以上工业企业，科技类指标统计口径为行业内规模以上工业企业，环境类指标统计口径为全行业，能源类指标统计口径为制造业，社会类指标统计口径为全行业。

表 2.2　装备制造企业先进性属性体现程度的评价指标体系

一级指标	二级指标	指标单位
经济	装备制造企业总产值 U_1	亿元
	装备制造企业增加值 U_2	亿元
	装备制造企业利润总额 U_3	亿元
科技	装备制造企业R&D活动经费支出 U_4	亿元
	装备制造企业R&D活动人员全时当量 U_5	万人年
	装备制造企业新产品开发项目数 U_6	个
环境	装备制造企业废水排放量 U_7	万吨
	装备制造企业废气排放量 U_8	万吨
	装备制造企业固体废弃物排放量 U_9	万吨
能源	装备制造企业煤炭消耗总量 U_{10}	万吨
	装备制造企业石油消耗总量 U_{11}	万吨
	装备制造企业电力消耗总量 U_{12}	亿千瓦小时

表2.2 续

一级指标	二级指标	指标单位
社会	装备制造企业利税总额 U_{13}	亿元
	装备制造企业年末从业人数 U_{14}	万人
	装备制造企业职工平均工资 U_{15}	元

2.3.2 装备制造企业先进性属性体现程度的实证分析

在指标确定之后，需要选择一个合适的评价方法。目前大部分文献的评价指标体系求解采用层次分析法。虽然层次分析法原理简单、易于操作，且适用于指标、层次较多的评价体系，但是不能完全反映数据本身的动态信息，以及赋权主观的缺点降低了说服力。为了避免上述问题，本书采用动态因子分析方法。自从James H. Stock和Mark W. Watson（2002年）将动态因子分析应用在宏观预测以后，国际上有大量文献将该方法应用到经济和社会科学的各个领域中，如Ben S. Bernanke和Jean Boivin（2003年）、Christian Schumacher和Christian Dreger（2004年）、Amanda Artis和Samprit Banerjee（2004年）以及Den Reijer（2005年）。以上文献都显示了动态因子分析在综合多变量信息上的优势。

事实上，因子分析法最早起源于1904年，Charles Spearman为研究智力的结构，提出了一般与特殊的二因子智力理论，之后Louis Leon Thurstone应用简单结构的数学模型得出影响智力的一些基本心理能力[148]。Robert C. MacCallum认为因子分析的目的在于挖掘并了解资料中产生变异与共变的潜在层次的关联方式与程度[149]，其基本原理是通过对变量的相关系数矩阵内部结构的研究，从中找出能控制所有原始变量的少数几个随机变量，去描述多个变量之间相关关系，然后根据相关性的大小将变量分组，使得同组内变量之间的相关性较高，而不同组的变量的相关性较低。因子分析的优点还在于它确定的权数是基于数据分析而得到指标之间的内在结构关系，不受主观因素的影响，使得评价分析结果更具客观性和可确定性。

因子分析的数学模型是：

$$\begin{pmatrix} U_1 \\ U_2 \\ \vdots \\ U_d \end{pmatrix} = \begin{pmatrix} l_{11} & l_{12} & \cdots & l_{1m} \\ l_{21} & l_{22} & \cdots & l_{2m} \\ \vdots & \vdots & \vdots & \vdots \\ l_{d1} & l_{d2} & \cdots & l_{dm} \end{pmatrix} \times \begin{pmatrix} F_1 \\ F_2 \\ \vdots \\ F_m \end{pmatrix} + \begin{pmatrix} \xi_1 \\ \xi_2 \\ \vdots \\ \xi_d \end{pmatrix} \quad (2-1)$$

简化为：$U_{d \times 1} = L_{d \times m} F_{m \times 1} + \xi_{d \times 1}$ (2-2)

其中 U 是可以测量的 d 维随机变量，每一个分量代表一个指标或者变量。F 为不可观察的 m 维随机向量，其各个分量来自每个变量之中，因此成为公共因子。矩阵 L 为因子载荷矩阵，l_{ij} 表示第 i 个变量在第 j 个公共因子上的相对重要程度。ξ 向量是特殊因子，包含了不能解释的随机扰动项。该模型满足以下条件：

(1) $m \leq d$。

(2) $\text{Cov}(F, \xi) = 0$。即 F 和 ξ 不相关。

(3) $\text{Cov}(F_i, F_j) = 0$，$i \neq j$；$D(F) = I_m$。即 $F_1 \cdots F_m$ 不相关且方差皆为 1。

(4) $\text{Cov}(\xi_i, \xi_j) = 0$，$i \neq j$；$D(\xi) = \delta_i^2$。即 $\xi_1 \cdots \xi_m$ 不相关且方差不同。

通过数据整理后，计算出相关系数矩阵 $R = (r_{ij})$，之后从方程 $|\lambda I - R| = 0$ 解出矩阵 R 的特征向量 $H = (h_{ij})$ 和特征值，其中特征值 λ_g 表示各公共因子在描述被评价对象上的作用大小，而特征值 λ_g 所对应的特征向量 H 就是向量 z_j 在公共因子上的系数。通常选取 p 个特征根大于 1 的公因子作为全部指标的代表。令 $q_g = \dfrac{\lambda_g}{\sum \lambda_g}$ 为每个公共因子包含原始指标的信息量，即方差贡献率。一般需要选择 p 个公因子的累计解释原来所有 85% 以上指标，从而可以代替原来所有指标作进一步分析。除此之外，由于初始因子的综合性太强，需要通过旋转坐标轴使各因子的实际意义凸显出来，以便于解释分析。最后，通过初始因子旋转后得到的因子载荷系数求出各主因子的值，并且构造出总的综合因子 $T = \sum q_g T_g$。

本书数据通过 1999—2011 年《中国统计年鉴》《中国科技统计年鉴》《中国环境统计年鉴》整理获得，以 1998 年为基期，并通过工业品出厂价格指数与各指标以当年价格计算值计算得出。首先通过表 2.2 中各二级指标运用因子分析法分别得出经济类、科技类、环境类、能源类、社会类五个一级指标的综合评价得分，然后应用得出的五大类及指标综合值再一次进行动态因子分析，从而将指标数进一步缩减，并得出最后的装备制造企业先进性体现程度的评价值。运用 SPSS16.0 对本书选取的 1998—2010 年我国装备制造企业先进性在经济、科技、环境、能源、社会五大方面的数据进行分析。表 2.3~表 2.5 给出了运用因子分析法对经济、科技、环境、能源、社会五大类指标下的二级指标进行分析得出的五大类指标的综合评分。其中，表 2.3 显示经济、科技、环境、能源、社会五大类指标的 Bartlett 球度检验显著性水平位 0.000、KMO 检验值均大于 0.7，以上两项检验结果说明样本数据适合做因子分析。表 2.4 显示运用主成分分析抽取方法，经济、科技、环境、能源、社会五大类指标中符合条件的各公因子都只有 1 个。之后，通过因子得分系数矩阵，将经济、科技、环境、能源、社会五大类指标的综合得分（经标准化）列于表 2.5，并且经过 KMO 检验和 Bartlett 球度检验发现，表 2.5 可以作为基础数据再一次进行动态因子分析。

表 2.3　KMO 检验和 Bartlett 球度检验

类别	KMO 统计值	χ^2 统计值	自由度	相伴概率（%）
经济类	0.778	116.568	3	0.000
科技类	0.786	87.458	3	0.000
环境类	0.742	72.806	3	0.000
能源类	0.714	69.262	3	0.000
社会类	0.734	71.999	3	0.000

表 2.4　方差分析输出结果

类别	初始特征根			提取平方载荷总和		
	特征根	方差贡献率（%）	累计贡献率（%）	特征根	方差贡献率（%）	累计贡献率（%）
经济类	2.996	99.855	99.855	2.996	99.855	99.855
	0.003	0.109	99.964			
	0.001	0.036	100.000			
科技类	2.096	89.861	89.861	2.096	89.861	89.861
	0.089	9.973	99.834			
	0.005	0.166	100.000			
环境类	2.960	98.665	98.665	2.960	98.665	98.665
	0.032	1.060	99.725			
	0.008	0.275	100.000			

表2.4 续

类别	初始特征根			提取平方载荷总和		
	特征根	方差贡献率(%)	累计贡献率(%)	特征根	方差贡献率(%)	累计贡献率(%)
能源类	2.950	98.335	98.335	2.950	98.335	98.335
	0.041	1.136	99.696			
	0.009	0.394	100.000			
社会类	2.940	97.985	97.985	2.940	97.985	97.985
	0.055	1.842	99.828			
	0.005	0.172	100.000			

表 2.5 五大类指标综合得分

年份	经济类	科技类	环境类	能源类	社会类
1998	−1.0404	−0.949	1.16048	1.2417	−0.9772
1999	−1.002	−0.93	1.07151	1.1928	−0.9537
2000	−0.9159	−0.917	0.78839	1.0539	−0.9243
2001	−0.8295	−0.913	0.65369	0.9091	−0.7637
2002	−0.7596	−0.831	0.70179	0.7569	−0.8059
2003	−0.6174	−0.71	0.91146	0.4872	−0.6959
2004	−0.3412	−0.405	0.47824	−0.006	−0.4222
2005	−0.0147	0.4747	−0.2224	−0.28	−0.0385
2006	0.3594	0.2463	−0.5202	−0.579	0.36401
2007	0.84899	0.6428	−1.1184	−0.882	0.83396
2008	1.11113	0.9406	−0.9106	−1.137	1.20682
2009	1.82782	1.6635	−1.3909	−1.351	1.75416
2010	1.37343	1.6877	−1.603	−1.407	1.42236

通过对表 2.5 进行因子分析，可以得出经济、科技、环境、能源、社会五个一级指标可缩减为两个因子。其中，第一个因子主要对经济、科技及能源三个指标赋值较高，经济权重为 0.895、科技权重为 0.889、能源权重为

0.812；第二个因子主要对环境和社会两个指标赋予高值，分别为 0.737、0.794。这说明第一个因子的得分主要反映经济、科技、能源三个指标的值，而第二个因子的得分主要反映环境、社会两个指标的值。由上面对指标选取的分析，可以知道经济、科技、能源三个指标主要反映装备制造企业先进性的直接表现，而环境、社会两个指标主要反映装备制造企业先进性的间接表现。表 2.6 是各公因子的解释力，可以看出第一个因子解释全部数据的近 50%，并且前两个因子加在一起可以解释全部数据的 86%，这表明在 1998—2010 年，经济、科技、能源这三类指标仍是我国装备制造企业先进性的主要决定因素。接下来本书通过各因子的方差解释力作为权重对两个因子进行加权，并将得分映射到［0，10］区间上，作为装备制造企业先进性体现程度的综合评价值。从表 2.6 可知第一个因子的权重赋值为 0.57（48.836/86.342），第二个因子的权重赋值为 0.43（37.506/86.342），从而得出制造业先进性体现程度的综合评价值，如图 2.1 所示。

表 2.6 方差解释

因子	占总方差的比率（%）	累计方差占总方差的比率（%）
1	48.836	48.836
2	37.506	86.342

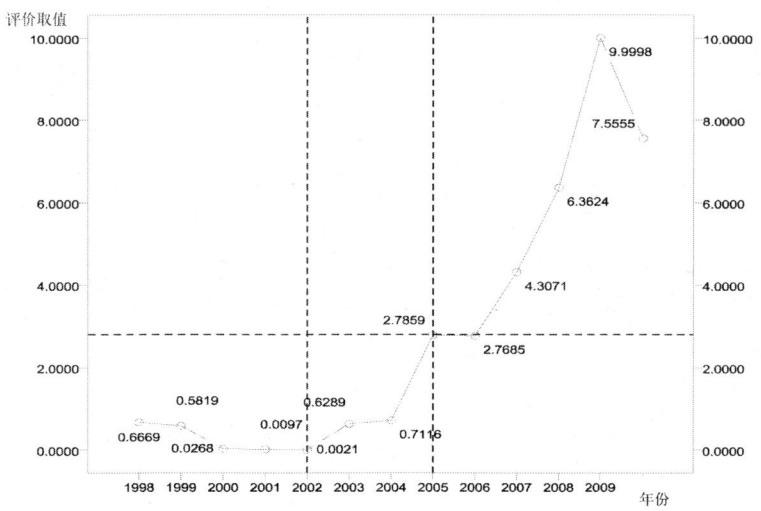

图 2.1 装备制造企业先进性综合评价值

从图 2.1 可以看出，1998—2005 年整体上装备制造企业先进性的体现程度低，其平均值低于 1998—2010 年的平均值，仅达到 0.676。而从 2005 年之后，装备制造企业先进性程度开始逐步上升，均值达到 6.19。与 2005 年之前相比，提高了将近 10 倍，这说明我国装备制造企业在"十一五"期间实现了跨越式发展，取得了巨大的成果。2002 年的先进性程度最低，只有 0.0021，第二低的在 2001 年，只有 0.0097。先进性程度最高值在 2009 年，达到 9.9998。如何对 1998 年到 2010 年我国装备制造企业先进性进行分级是一个难点。由于没有公认的标准，本书根据上文计算得出的装备制造企业先进性体现程度的综合评价值，并且沿用沈中华[150]和蒋丽丽[151]的做法，用 1998 年到 2010 年期间装备制造企业先进性体现程度综合评价值的均值加上一个标准差值作为先进性程度的低临界值，当超过该临界值时，说明该年的先进性程度较高，1998—2010 年期间我国装备制造企业平均先进性程度为 2.76，标准差为 3.3，均值加上一个标准差为 6.06，从图 2.1 中可以看出低于该临界值的年度有 10 个，即 1998 年到 2007 年，只有 2008 年到 2010 年三年先进性程度较高，这说明只有约 23% 的样本期间内我国装备制造企业先进性表现较好。

从变化趋势来看，我国装备制造企业先进性程度总体上呈现上升趋势，但是存在明显的阶段性特征。将整个样本区间分为三个不同的阶段可以看出装备制造企业先进性体现程度的动态变化。第一阶段为 1998 年到 2002 年，装备制造企业先进性程度处于不断下降的状态，但整体的波动较小；第二阶段为 2003 年到 2005 年，装备制造企业先进性程度开始不断提高，先进性综合评价值从 0.6289 升至 2.7859，尤其是 2004 年至 2005 年上升的速度非常快；第三阶段为 2006 年到 2010 年，装备制造企业先进性程度呈现波动变化，2006 年到 2009 年高速上升，但是在 2010 年又以较大的速度下滑，之间的差额约为 2.5，这一点值得关注。为什么会出现如此大的波动？通过分析两个公因子的变化情况可以使我们更加深刻地认识我国装备制造企业先进性体现程度的动态变化，如表 2.7 所示。在 1998 年到 2002 年期间，第一个公因子表现得比较平稳，变化较小，而第二个公因子呈现下降趋势，且速度较快，即在此阶段中，我国经济、科技、能源方面表现得较为平稳，而环境和社会方面表现存在问题，这与第一阶段我国装备制造企业先进性体现程度的下降趋势相符合。这一时期，我国的装备制造企业仍然按照传统的方式进行生产，缺乏对应遵守的法律法规的认识，尤其是没有履行应该承担的环境保护责任，造成大量违规占地以及污水、废气排放。从 2003 年到 2005 年，第一个公因子开始逐步上升，到 2005 年达到 3.312，比 2003 年提高了约 12 倍，而第二个公因子仍是处于下降状态。根据上述分析,第二阶段我国装备制造企业先进性体现程度不断上升,从而看出在此阶段中,第一个公因子起到主导作用,即经济、科技、能源方面表现出较好的状态。2003年之后,我国船舶、机床、汽车、工程机械、电子与通信等产业迅速发展,尤其国家对军工行业的大量投入,以及在航天领域取得的巨大成就,体现出整个经济、科技、能源方面的良好发展。从2006年到2010年,两个公因子呈现出同步的变化趋势,都是从2006年开始不断上升,到2009年达到最大值,之后在2010年有所下降。这在一定程度上与此期间发生全球金融危机对世界各国所产生的负面影响有关。值得注意的是,第一个公因子始终大于第二个公因子,即从2006年开始,我国装备制造企业先进性大多体现在经济、科技、能源三方面,而在环境、社会两方面没有得到充分体现,这也从另一个侧面说明我国装备制造企业发展应该在环境保护和社会责任方面需要给予更多的重视。

表 2.7 因子得分

年份	公因子1	公因子2	年份	公因子1	公因子2
1998	0.193	3.437	2005	3.312	0.000
1999	0.210	2.791	2006	3.181	0.610
2000	0.034	0.152	2007	4.999	0.574
2001	0.000	0.230	2008	6.314	6.690
2002	0.019	0.071	2009	10	10
2003	0.255	2.852	2010	8.292	3.524
2004	0.663	1.131			

对于事物属性的根源问题,学术界也进行了激烈的探讨,其中被多数学者接受的观点是组合产生属性,并成为哲学的阿基米德基点,能够作为一切问题的开启钥匙[136]。在解释事物属性方面,事物的外部关系体现的事物外层表象是相对的,而真正的根源还应从事物的内部关系进行分析,这才是绝对的、不变的。同样,对于装备制造企业的先进性属性,虽然上述对最后得出的装备制造企业先进性属性进行了综合评价分析,了解到我国装备制造企业的先进性属性体现程度还不够,但是上文仅从经济、科技、能源、环境、社会五个外部关系的表象进行了测度,从装备制造企业外部发生的现象进行研究,没有触及装备制造企业的内部,而要找出决定装备制造企业先进性属性

的真正根源还应从装备制造企业自身出发进行解释。在此基础上，结合目前国内外关于企业生存、企业边界等成长问题研究的成果，即将企业成长与企业能力的研究成果进行融合，并利用企业能力理论对企业成长问题进行研究，本书认为来自装备制造企业内部的、决定装备制造企业先进性属性的根源是装备制造企业成长所需各种能力的组合能力——装备制造企业成长能力。因此，通过以上关于装备制造企业先进性属性的分析，顺着深入研究问题的反向追踪逻辑，本书接下来将展开有关装备制造企业成长能力的研究。

2.4 本章小结

本章首先对装备制造业及装备制造企业的内涵进行了界定，接着分析了装备制造企业的先进性属性，主要体现在装备制造企业的外部效应和特殊地位，并且从经济、科技、环境、能源、社会五个方面构建了装备制造企业先进性属性体现程度的评价指标体系及基于动态因子分析法的评价模型，实证分析了1998—2010年我国装备制造企业先进性体现程度的变化，发现在评价期间，我国装备制造企业只有约23%的时期的先进性属性体现程度较高，反映出我国装备制造企业当前需要加强环境保护和社会责任的投入。

第3章

装备制造企业成长能力
内涵及其现状分析

本章首先阐述装备制造企业成长能力的内涵及特征，在此基础上，从经济、社会、科技及三者间的协同关系四个方面，详细分析我国装备制造企业成长能力的现状，同时，对存在的主要问题进行深入分析，突出研究装备制造企业成长能力的必要性及重要性。

3.1 装备制造企业成长能力的内涵与特征

3.1.1 装备制造企业成长能力的内涵

从能力的概念提出到现在，已经有许多学者和机构对其进行了研究。能力的概念已被广泛应用于不同的领域，如管理学、心理学、教育学等。因此，针对不同的应用领域，能力的定义有所不同。

从简明牛津字典（Concise Oxford Dictionary）对能力的定义，我们可以了解到，能力是指完成任务或事情的才能。而麦格理简明字典（Macquarie Concise Dictionary）认为能力是达到标准要求的性能。在英文文献中，经常会发现对能力的翻译使用频率较高的词汇有"competence"和"competency"。MaClelland D.C.（1973年）、Spencer P.S.（1993年）、Hyland M.M.（1994年）等学者认为"competence"和"competency"有合并的趋势，且可以互通使用。但是，Berman A.认为，在人力资源管理方面，"competence"和"competency"表现出不同的意义，其中"competence"指在完成任务过程中体现的整合能力，而"competency"说明的是任务完成后显露的结果，即最后的绩效水平等[152]。最早将能力的概念引入管理领域的学者是 McClelland D.C.（1973年），他认为能力是与工作或生活中重要成果密切相关的品质、技能或知识。Boyatzis Richard E.（1981年）更进一步认为最终任务的完成是综合因素共同作用的结果，但是能力在其中具有决定性的作用，同时能力能够在任务完成过程中通过行为反映出来。Spencer P.S.（1993年）在 Boyatzis Richard E. 的研究基础上，强调能力具有将绩效一般和绩效优秀进行区分的特质，即能力与绩效密切相关。Page S.W. 和 Wilson C.（1994年）通过查阅大量能力相关的文献后发现，能力不仅包括有形的资源、知识、技能等，同时也应该包含一些隐性品质[153]。除了上述关于能力概念的经典观点外，其他学者的相关定义大致可以分为三大类：可观测的行为绩效、能带来效益的表现、潜藏在内部的特质。综上所述，对于能力的概念在管理领域已存在很多定义，但经过分析发现，能力主要集中在对才能、性能的解释。

通过以上对能力概念的阐述，发现"能力"是一个使用非常广泛的词，尤其是在"能力"前面增加修饰词，如认知能力、创新能力、交际能力等。由于本书关注装备制造企业的成长能力，所以，在中国知网、万方、Elsevier、EBSCO等主要数据库中以"成长能力"为关键词进行搜索，并对检索结果做进一步分析，发现对于"成长能力"的研究主体，既有宏观层面，也有微观层面；涉及的研究领域包括心理健康、教育、金融等，其中以市场微观主体——企业为研究主体的居多。

"成长"作为一个生物学领域的术语，如今已被引入经济管理领域，对于企业的研究主要指企业的经营能力。而对于一般意义上企业成长的研究可以追溯到两百多年前Adam Smith的《国民财富的性质和原因的研究》[154]。之后，又有许多学者对Adam Smith的成长论进行了发展，形成了新古典经济学派，代表学者有Alfred Marshal[155]、Charles Babbage、H. Leibenstein等。随着研究不断深入，对于企业成长的研究也从不同角度进行了总结，J. A. Schumpeter提出从创新的角度分析企业成长的动力；Coase R. H.[156]和O. Williamson从交易费用的角度研究企业成长的原因；Adizes运用生命周期理论的思想来解剖企业的成长过程等。其中，从内生的角度对企业成长进行研究的理论和概念，已被战略管理领域广为推崇。经历了从资源基础论—核心能力论—动态能力论的演进过程。资源基础论认为资源的不均匀分布使得企业产生差异性，企业所拥有资源的多少决定了其竞争优势，即企业最终的绩效。但是，仅仅依靠所占有的资源并不能维持企业的竞争优势，因此企业成长应具备的条件就从静态的资源扩大到动态的能力。David J. Teece（1997年）提出成长能力是能够以最优的方式配置、协调资源的能力，其中，"动态"强调与企业外部环境保持一致，"能力"则强调综合配置企业内、外部的各种资源。Kathleen M. Eisenhardt和Jeffrey A. Martin（2000年）将成长能力的范围进一步扩大，不仅包含所能配置的资源，而且与此相关的资源配置活动也算在内，即将成长能力视为一种企业活动的惯例或流程。在日常的生产经营过程中，为维持所具有的竞争优势，企业会通过不断的学习形成一种独特的资源配置方式，这种需要不断学习的过程慢慢将作为企业正常运行的常规流程，督促企业不断发展。Subba Narasimha（2001年）将生物学中的免疫系统理论类比到企业成长中，认为企业成长能力就相当于生物免疫系统遇到外界入侵时产生抗体的过程。面对外界不断变化的环境，企业针对不同环境需要具备多样化的能力，而对于多样化能力的获取就是企业追求新知识、进行创新的过程。

国内学者对成长能力也进行了大量的研究，赵宇龙等（1999年）认为一个国家或地区的企业总会受到某种程度的主观影响,这种影响主要来源于政府出台的政策及行业本身,进而使企业的成长能力表现为一种政治性[157]。郭蕊(2005年)认为企业成长能力从时间维度上表现为能够使企业长期保持在企业平均寿命之上,在价值维度上表现为具有较高的经营绩效,在空间维度上体现为具有较强的创新、变革、学习等[158]。邬爱其(2006年)认为民营企业的成长能力应该表现在技术创新、与政府关系、融资及企业家等方面[159]。陈耀等(2006年)认为企业成长能力是一种综合性能力,强调企业内部子系统、外部环境间相互融合、协调的程度[160]。陶秋燕等(2008年)认为企业作为一个有人参与的、动态的、复杂的、开放的系统,其成长能力具有主动、灵活、创新、学习等意义,即能够根据现实中的具体情况,提前做出预测以修正自己的行为,更好地适应环境,是一种以变制变的能力,包含了感知环境、信息处理、系统反应、修正反馈及学习创新等一系列活动[161]。丁慧平等(2009年)认为成长能力是企业持续、健康、有序成长的决定性因素。企业所拥有的资源能够通过产生的规模效应来加速企业成长能力的形成,来源于学习创新或经验的知识具有更为重要的促进效应[162]。张玉明等(2009年)应用生命周期理论、生态进化理论和系统网络理论对中小型科技企业成长能力进行了概括,突出强调中小型科技企业的创新性[163]。罗世俊等(2009年)认为成长能力的内涵不仅包括自身所处的基础平台及当前的表现水平,而且包括未来的成长潜力[164]。郭岚等(2010年)认为企业成长能力是整合内部资源,并应对外在环境变化的复合能力。通过规模化、多样化体现能力的数量成长,而质量成长表现为管理创新和技术创新[165]。黄永春等(2011年)针对企业产品的品牌,发现成长能力既注重企业的外在量变(知名度、忠实度等)和内在质变(研发、生产、营销等),也注重质量间的转化过程[166]。张玉明等(2012年)从仿生学的角度定义企业成长能力,突出企业生态系统中企业自身及企业所处的生态环境两部分,并将企业成长能力分为内部能力和外部能力[167]。李海超等(2013年)认为成长能力应该包含资源基础、当前的成长绩效及未来发展的潜力[168]。蒲明等(2013年)认为跨国子公司的成长能力背后能够被感知的就是知识,来源于其所嵌入母公司及同类的子公司,具体到所从事的研发、生产、营销、物流、人力管理等活动[169]。

综合上述有关企业成长能力的概念,可以看出现有文献运用不同理论从不同的角度对企业成长能力进行了定义,对其内涵的解剖非常丰富。但是,以上对企业成长能力内涵的解释都只涵盖了成长能力的一个或几个方面,没有较为系统、完整的阐述。忽略了企业成长能力是一种复合能力,是多种能力共同作用的结果。如，Adam Smith 只关注了企业分工对企业绩效的提升作用；Coase R. H. 仅从制度经济学的角度强调交易费用对节约企业经营成本的影响，从而间接影响企业成长绩效；Penrose E. T. 从企业所占有资源的单一因素研究企业成长的原因等。上述国内学者也是通过创新性、学习、财务绩效等单个或若干个因素对企业成长能力进行解释。在现实情况下，虽然在某一个特定时期，会出现某个关键性因素在企业成长过程中起到主导作用，但是，企业最终的成长还需要综合考虑内、外部各种因素间的相互促进、相互制约、相互依赖的关系。基于此，本书将给出装备制造企业成长能力的内涵，即作为一种组合能力，能够提升企业竞争优势并突破企业生命周期闭区间限制的性能。具体表现为根据企业发展战略方向，装备制造企业合理配置自身所拥有的资源，并根据企业所处环境，不断地从外部环境获取自身发展所需资源、知识，整合内、外部要素并不断地进行创新以提供企业成长所需。与此同时，装备制造企业通过综合自身所处特殊环境下相互依赖、相互制约的子能力系统，使得内、外部能力协调、融合，最终形成一股合力，实现企业健康、有序地成长。

3.1.2 装备制造企业成长能力的特征

作为开放系统的复合能力，装备制造企业成长能力的目标是使企业能够健康、有序、持续地成长。因此，在某种程度上，装备制造企业成长能力既拥有企业核心能力等共有的一些特征，同时也具有装备制造企业成长能力独有的特征，其主要表现在以下几个方面。

（1）装备制造企业成长能力具有价值性和稀缺性。企业成长能力作为企业成长过程中具有非常重要作用的能力，并不是无源之水、无本之木，它与企业的其他能力一样来源于各种资源，这里的资源既包含有形的也包含无形的，既包含自身所拥有的也包含从外界所获取的。但是，企业对于资源的追求，究其根源还是在于创办企业的最初动机，企业作为市场经济活动的最主要参与主体，它直接影响着国家的经济发展、人民的生活质量，同时，企业还需要满足自身正常的经营并为消费者提供有用商品的职能，这些都集中反映到最根本的经济效益层面，即企业成长能力的价值性。由于不同企业自身存在差异性，导致某些企业拥有的成长能力并不一定其他企业也具有，甚至出现了通过市场交易来弥补、增强自身成长能力的现象，这也就更清楚地说明企业成长能力具有稀缺性，同时也印证了成长能力的价值性。

（2）装备制造企业成长能力具有动态性和创新性。随着对企业研究的不断深入，经常将企业视为有生命的生命体进行研究，从这一点出发，我们可以推导出：一方面，企业自身内部会发生变化，企业会慢慢地成长；另一方面，企业所处的外部环境也会不断发生变化。企业的健康、有序发展也必然要求企业成长能力与企业内、外部环境变化相协调，这就表明企业成长能力也需要随着内、外部环境的变化而相应变化，即企业成长能力具有动态性。企业生命周期理论告诉我们企业一般的生命周期分为孕育期、初生期、发展期、成熟期和衰退期。这所塑造的是一个封闭的企业成长过程，从某种程度上已经不再适合现代企业发展的需要。因为在现实的企业实践过程中就出现了打破企业衰退期，在成熟期过后再一次进入下一次企业发展期，并且成长得越来越好；在理论上，熊彼特提出的创新理论，以及之后将其发展的技术创新、产品创新等的理论，都使得企业的可持续成长更具有说服力。因此，创新理论使得企业不断成长成为可能，能够始终处于一个开区间的生命周期中，这也就突出了企业成长能力的创新性。

（3）装备制造企业成长能力具有复杂性和过程性。随着经济社会的不断发展，事物多元性不断加强，并且企业成长是否成功需要经过市场的检验，这不仅包括国内市场也包括国际市场。面对如此关系复杂、结构错综的外部环境，装备制造企业内部的构成也发生着变化。目前，装备制造企业的成长已与计算机、电子技术、生物工程等高科技紧密联系在一起，其成长难度及风险性进一步加强，所以装备制造企业的成长需要结合多个学科，相互配合，这就从侧面说明装备制造企业成长能力的复杂性。装备制造企业所涉及的产品大多是大型化、多功能的大型机械设备，对于这样的产品，仅其初期的设计就需要花费较长的时间，而且还需要不断地投入产品并获得相应的绩效，进而使企业从一种状态演变为另一种状态。这也同样是一个从量变到质变的过程，反映出企业成长能力的过程性特征。

（4）装备制造企业成长能力的系统性和非封闭性。装备制造业作为我国规模较大的产业门类之一，其企业的健康成长对于我国经济的发展具有重要作用，因此，无论装备制造业自身还是其他行业都对装备制造企业提出了较高的要求。处于时刻变化的生存环境中，装备制造企业也同样要求成长能力不是分散、杂乱无章的，而是一个规范的系统。该系统由若干个子系统构成，子系统间相互作用、相互协调，在系统性的思想下通过某种运行机制以共同促进成长能力的提升。当然，企业成长能力的系统性也要求成长能力不是封闭的。因为不同时期，企业成长能力所包含的子能力的构成可能有所不同，这时就需要企业成长能力系统是非封闭的，不断地适合外界的变化，从而完善企业成长能力本身的系统性。

3.2 我国装备制造企业成长能力的现状分析

目前，装备制造企业已经成为我国经济发展的重要支柱。根据产业关联理论，作为煤炭开采和洗选业、石油和天然气开采业、有色金属矿采选业等行业发展的前提，装备制造企业的基础性地位越来越突出，也从侧面反映出装备制造企业具有的强关联性。以当前研究较为热点的"共性技术"为例，共性技术主要指能够在整个行业或多个行业中被广泛应用的一类技术，该技术对企业的发展产生重要的影响[170]。众所周知，对于制造类企业而言，机床被誉为加工的"母机"，数控机床类技术、数字化设计制造类技术等对于企业的生产经营具有非常重要的影响，从这点可以看出我国经济发展过程中对于装备制造企业的需求是非常巨大的，即具有较强的依赖性。相对应地，这也就要求我国装备制造企业能够给予足够的供给，以满足相关产业的发展需要，进而从客观上要保证我国装备制造企业能够健康、有序地成长。

本章通过对我国装备制造企业发展概况的分析，来说明我国装备制造企业成长能力的基本状况。以往对于企业发展现状的分析经常从表现最为直观的经济效益、社会责任两方面进行描述，本章不仅从装备制造企业发展产生的经济效益、社会责任两方面进行分析，而且针对装备制造企业作为国民经济其他行业生产工具的提供者，从科技水平方面对装备制造企业发展进行研究。在此基础上，利用协同理论对装备制造企业的经济效益、社会责任、科技水平的时序协调发展情况以及这三方面之间的协同度进行分析，以期更进一步地明晰我国装备制造企业成长能力的基本情况及存在的问题。

3.2.1 装备制造企业成长的经济效益方面

为了更加真实、可信地反映我国装备制造企业成长能力的水平状况，本章根据《中国工业经济统计年鉴》中对金属制品业工业企业，通用设备制造业工业企业，专用设备制造业工业企业，交通运输设备制造业工业企业，电气机械及器材制造业工业企业，通信设备、计算机及其他电子设备制造业工业企业，仪器仪表及文化、办公用机械制造业工业企业统计的指标，通过对其进行筛选，选取了工业总产值、资产总计、利润总额三个经济指标从装备制造企业自身所拥有、现在能够生产以及未来能够生产的货币计量来反映装备制造企业成长总体的经济效益，如表3.1所示。

表 3.1　我国装备制造企业成长的经济效益基本情况

年份	工业总产值（亿元）	资产总计（亿元）	利润总额（亿元）
2011	276598.87	207335.52	18983.82
2010	236995.96	182919.42	14979.07
2009	185363.12	145367.36	11193.64
2008	166949.90	125609.06	9153.48
2007	135152.81	101440.52	7122.41
2006	105382.83	81281.60	4896.35
2005	82644.14	68506.53	3614.36
2004	68230.51	58042.39	3201.04
2003	49755.79	47578.24	2497.04
2002	37240.77	39144.87	1824.03
2001	30593.79	35263.39	1341.97
均值	124991.68	99317.17	7164.29
标准差	82891.14	59035.91	5819.11
极差	246005.08	172072.13	17641.85

从表 3.1 可以看出，在经济效益方面，我国装备制造企业发展取得了较大的成果。工业总产值从 2001 年的 30593.79 亿元增长到 2011 年的 276598.87 亿元，年均增长 24.63%；资产总计从 2001 年的 35263.39 亿元增长到 2011 年的 207335.52 亿元，年均增长 19.38%；利润总额从 2001 年的 1341.97 亿元增长到 2011 年的 18983.82 亿元，年均增长 30.34%。由此可以看出我国装备制造企业的生产规模不断扩大，同时具有良好的财务状况，2007—2011 年工业生产总值和资产总计均大于 2001—2011 年间的平均值，其中 2001—2011 年间工业总产值的极差为 246005.08 亿元，其产值翻了近 9 倍；2001—2011 年间资产总计的极差为 172072.13 亿元，其总额翻了近 6 倍。此外，从利润总额的统计数据可以看出，我国装备制造企业具有良好的经营业绩和较强的内在潜力，同样也是在 2007 年表现得特别显著，如图 3.1 所示。

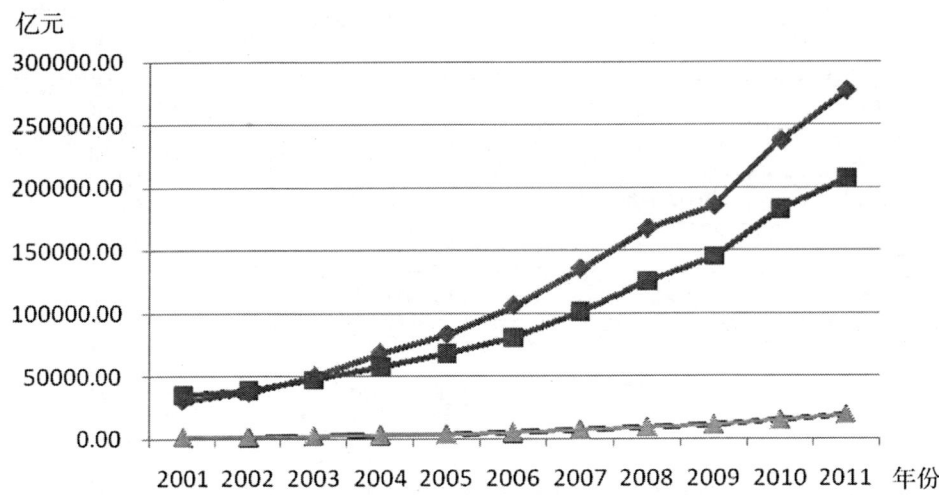

图 3.1　2001—2011 年我国装备制造企业成长的经济效益基本情况

如果只利用我国当期装备制造企业各经济效益指标的绝对值进行简单的比较，可能会忽略各时期的经济规模。此外，我们知道，我国采用"五年计划"对国民经济进行规划。它主要是对我国重大建设项目、生产力分布和国民经济重要比例关系做出规划，为国民经济发展远景订立目标和方向。根据所获取的数据，本书将对已过去的"十五"时期、"十一五"时期及"十二五"时期第一年的装备制造企业经济效益情况进行比较。因此，在对表3.1中绝对值指标分析之后，我们按照我国各省、区、市拥有的装备制造企业单位数量，把2001年、2006年、2011年的装备制造企业经济效益指标都除以当期的企业数量，即以单位企业的经济效益指标值表示各地区装备制造企业成长强度。

我国各省、区、市在2001年、2006年、2011年的装备制造企业工业总产值强度层级具有相对稳定的特点。其中，单位企业工业总产值高强度的地区：2001年主要是在北京、吉林、上海、山东、广东等；2006年主要是在北京、天津、吉林、上海、广东、海南等；2011年主要是在北京、吉林、上海、广东、陕西、海南等。值得注意的是，装备制造企业工业总产值高强度的第四层和第五层的区域有向上和向下的波动，其中最明显的是我国海南省，在2006年、2011年表现出较强的单位企业工业总产值，这说明我国"十一五"时期、"十二五"时期已经开始实施了工业较强地区帮扶较弱地区的政策，促进了我国各地区全面平衡发展，同时也说明不一定工业发达的省、区、市具有较强的单位企业工业产值，从这里就凸显出绝对量和相对量所反映问题的不同角度。

我国各省、区、市在2001年、2006年、2011年的装备制造企业资产总计强度层级具有稳定中有变化的特点。其中，单位企业资产总计高强度地区：2001年主要是在吉林、黑龙江、辽宁、陕西、宁夏等；2006年主要是在吉林、黑龙江、内蒙古、陕西、重庆等；2011年主要是在北京、黑龙江、新疆、甘肃、海南等。值得注意的是，2001年、2006年、2011年装备制造企业资产总计高强度省、市、区都集中在东北地区，这可能是由于东北地区是我国老工业基地，其基础性建设基础较强。但是，同时也要注意到其他地区，如北京和海南等，这可能是因为"十二五"时期，国家强调科技创新、知识创新等高回报的无形资产的作用，说明我国所实施的创新型国家的计划正慢慢显现出初步成果。

我国各省、区、市在2001年、2006年、2011年的装备制造企业利润总额强度层级具有稳定中有变化的特点。其中，单位企业利润总额高强度地区：2001年主要是在吉林、上海、北京、天津、湖北、湖南等；2006年主要是在天津、海南、上海、吉林、福建、广东等；2011年主要是在吉林、上海、北京、海南、新疆、广西、湖南等。值得注意的是，我国各省、市、区中2001年、2006年、2011年装备制造企业利润总额均是高强度地区的有上海、吉林。这说明到目前为止，我国装备制造企业要获取较高的利润一方面来自坚实的基础设施条件，另一方面来自高新技术。这也从侧面反映了我国"十二五"时期所实施的建设创新型国家的计划正慢慢显现出初步成果。

在从绝对值和相对值方面分别了解我国装备制造企业整体成长的经济效益之后，还需要对装备制造企业可划分的七大类企业进行分析。同样，选取"十五"时期、"十一五"时期、"十二五"时期第一年的七大类装备制造企业经济效益指标进行分析。图3.2至图3.4反映了2001年、2006年、2011年七大类装备制造企业，即金属制品业工业企业，通用设备制造业工业企业，专用设备制造业工业企业，交通运输设备制造业工业企业，电气机械及器材制造业工业企业，通信设备、计算机及其他电子设备制造业工业企业，仪器仪表及文化、办公用机械制造业工业企业的经济效益基本情况。

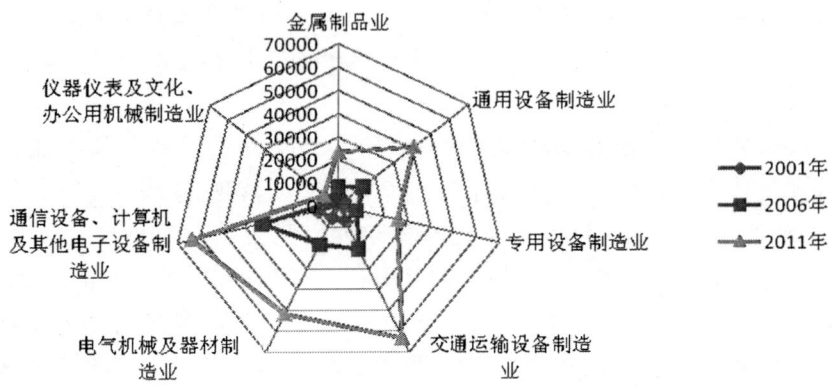

图 3.2　2001 年、2006 年、2011 年我国装备制造企业工业总产值情况

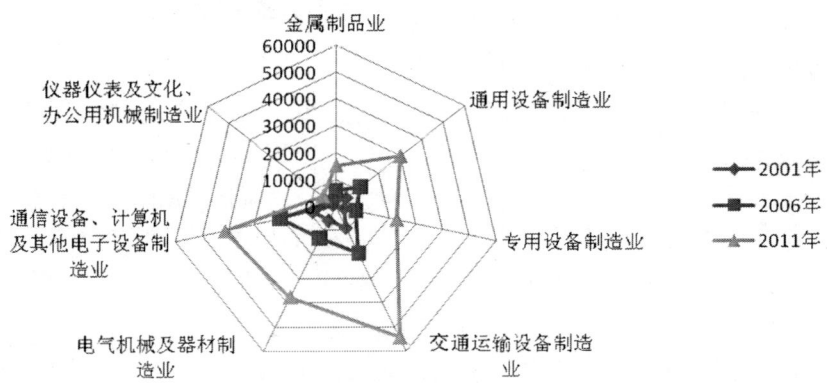

图 3.3　2001 年、2006 年、2011 年我国装备制造企业资产总计情况

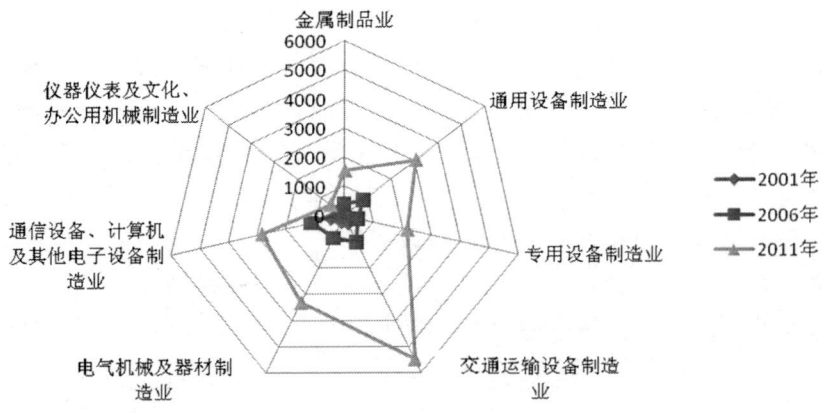

图 3.4　2001 年、2006 年、2011 年我国装备制造企业利润总额情况

可以看出，整体而言，装备制造企业的各行业经济效益状况都是越来越好。在七大类装备制造企业中，经济效益情况最好的行业是交通运输设备制造业，其次是通信设备、计算机及其他电子设备制造业和电气机械及器材制造业。在工业总产值方面，2011年通信设备、计算机及其他电子设备制造业的数值最大，达到63795.65亿元，是2001年的7倍、2006年的2倍；在资产总计方面，2011年交通运输设备制造业的数值最大，达到54340.84亿元，是2001年的6倍、2006年的2.7倍；在利润总额方面，2011年交通运输设备制造业的数值最大，达到5478.38亿元，是2001年的18倍、2006年的5.4倍。但是，与一些发达国家的装备制造企业相比，还存在一定的差距。

3.2.2 装备制造企业成长的社会责任方面

因为先出现市场，然后再产生企业，所以企业生存于人们所组成的社会大家庭中，这是企业生存所处的外在大环境。正所谓"水可载舟亦可覆舟""水涨船高"，因此，装备制造企业成长对社会大环境产生益处，相对应地，社会也会有利于装备制造企业的成长，从侧面可以反映出装备制造企业成长状况。同样借鉴《中国工业经济统计年鉴》中对装备制造企业统计的指标，在社会责任方面，本书选取能够反映装备制造企业上缴税金及提供社会就业岗位情况的主营业务税金及附加、本年应缴增值税及全部从业人员平均数量三个指标来反映装备制造企业成长总体的社会责任，如表3.2所示。

表3.2 我国装备制造企业成长的社会责任基本情况

年份	主营业务税金及附加 （亿元）	本年应缴增值税 （亿元）	全部从业人员平均数量 （万人）
2011	1715.39	7055.26	3252.50
2010	1757.17	5455.82	2645.98
2009	1399.75	4646.41	2924.65
2008	1056.23	4130.90	2923.53
2007	817.21	2959.36	2503.33
2006	589.61	2345.12	2244.08
2005	406.40	1796.19	2046.17
2004	345.70	1471.58	1930.40
2003	283.62	1261.73	1582.35

表3.2 续

年份	主营业务税金及附加（亿元）	本年应缴增值税（亿元）	全部从业人员平均数量（万人）
2002	200.42	1055.15	1438.87
2001	173.20	949.05	1404.98
均值	794.97	3011.51	2263.35
标准差	600.33	2041.82	639.86
极差	1583.97	6106.21	1847.52

从表3.2可以看出，在社会责任方面，我国装备制造企业发展取得了较大的成果。主营业务税金及附加从2001年的173.20亿元增长到2011年的1715.39亿元，年均增长25.77%；本年应缴增值税从2001年的949.05亿元增长到2011年的7055.26亿元，年均增长22.21%；全部从业人员平均数量从2001年的1404.98亿元增长到2011年的3252.50亿元，年均增长8.76%。由此看出我国装备制造企业对社会的贡献越来越大，说明我国装备制造企业成长状况良好，2007—2011年主营业务税金及附加和全部从业人员平均数量均大于2001—2011年间的平均值，其中2001—2011年间主营业务税金及附加的极差为1583.97亿元，其金额翻了近10倍；2001—2011年间本年应缴增值税的极差为6106.21亿元，其金额翻了7.4倍。此外，从全部从业人员平均数量的统计数据看出2010年我国装备制造企业成长受到2008年金融危机的滞后效应影响，但2011年又慢慢恢复了，如图3.5所示。

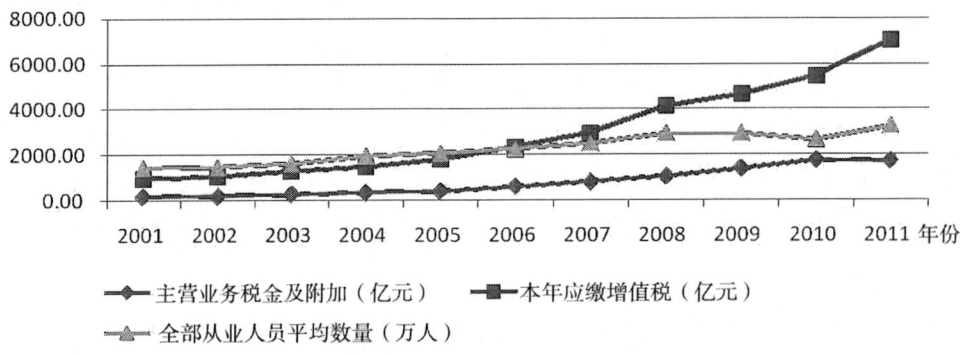

图3.5 2001—2011年我国装备制造企业成长的社会责任基本情况

同样为了排除各时期的规模效应的影响，以及比较"十五"时期、"十一五"时期和"十二五"时期的装备制造企业社会责任情况，按照我国各省、区、市拥有的装备制造企业单位数量，将2001年、2006年、2011年的装备制造企业社会责任指标都除以当期的企业数量，即单位企业的社会责任指标。

我国各省、区、市在2001年、2006年、2011年的装备制造企业主营业务税金及附加强度层级具有相对稳定的特点。其中，单位企业主营业务税金及附加高强度的地区：2001年主要是在吉林、重庆、海南、上海、湖北、广东等；2006年主要是在吉林、广东、北京、海南、天津、上海等；2011年主要是在吉林、海南、北京、上海、陕西、天津等。值得注意的是，2001年、2006年、2011年装备制造企业主营业务税金及附加高强度省、市、区都集中在吉林、海南、上海，这说明我国装备制造企业无论是在北部、中部还是南部都具有较强的社会责任感，装备制造企业的成长情况都比较好。同时，从2011年单位企业主营业务税金及附加表现较好地区会发现，一些西部地区的装备制造企业也跻身进了高强度层级。

我国各省、区、市在2001年、2006年、2011年的装备制造企业当年应缴增值税高强度层级呈现稳步增加的状态。其中，单位企业当年应缴增值税高强度地区：2001年主要是在吉林、北京、上海、山东、湖北、重庆等；2006年主要是在吉林、海南、陕西、广东、黑龙江、湖北等；2011年主要是在吉林、海南、湖南、四川、北京、陕西等。值得注意的是，2001年、2006年、2011年我国装备制造企业当年应缴增值税处于第五层级的高强度地区数随着时间不断增加，从我国北部地区扩大到中部最后到达南部地区，这说明我国装备制造企业成长情况也是越来越好。

我国各省、区、市在2001年、2006年、2011年的装备制造企业全部从业人员平均数量高强度层级呈现稳定中有变化的状态。其中，单位企业全部从业人员平均数量高强度地区：2001年主要是在陕西、宁夏、黑龙江、吉林、四川、贵州等；2006年主要是在陕西、山西、广东、贵州、内蒙古等；2011年主要是在陕西、贵州、山西、广东、海南等。值得注意的是，我国装备制造企业全部从业人员平均数量高强度省市区扩张到南部地区，原来的北部、中部地区高强度层级地区向低强度层级移动，这说明我国装备制造企业从业人员平均数量高强度层级开始从以体力劳动为主的地区向以脑力劳动为主的地区移动，反映了我国"十二五"时期所实施的建设创新型国家的计划正慢慢显现出初步成果。

为了解装备制造企业内部各行业的情况，同样选取"十五"时期、"十一五"时期、"十二五"时期第一年的七大类装备制造企业社会责任指标进行分析。图3.6至图3.8反映了2001年、2006年、2011年七大类装备制造企业，即金属制品业工业企业，通用设备制造业工业企业，专用设备制造业工业企业，交通运输设备制造业工业企业，电气机械及器材制造业工业企业，通信设备、计算机及其他电子设备制造业工业企业，仪器仪表及文化、办公用机械制造业工业企业的社会责任基本情况。

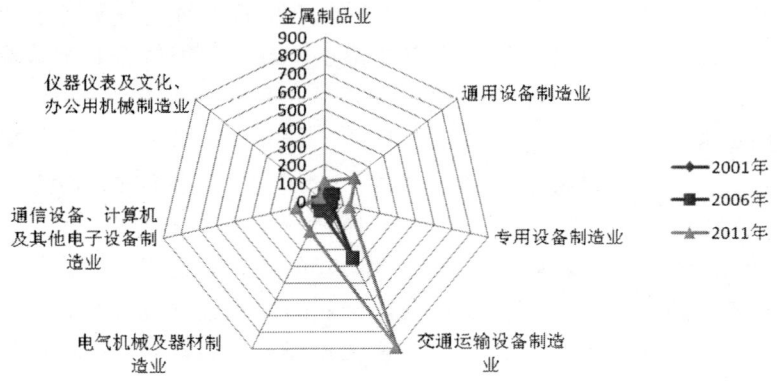

图 3.6　2001 年、2006 年、2011 年我国装备制造企业主营业务税金及附加情况

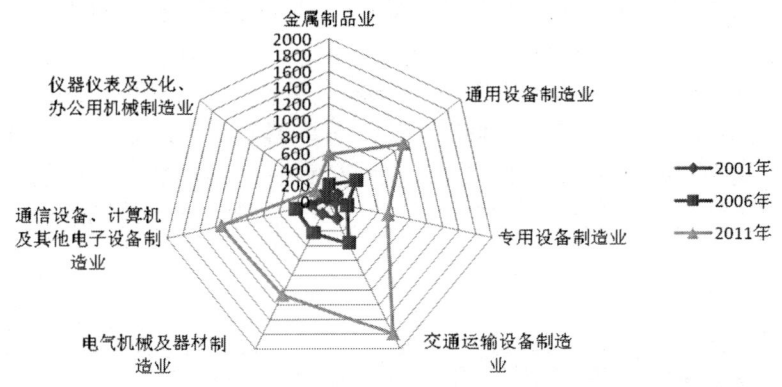

图 3.7　2001 年、2006 年、2011 年我国装备制造企业本年应缴增值税情况

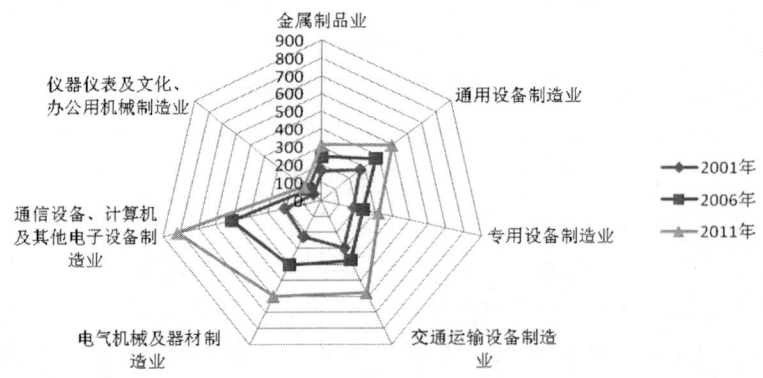

图 3.8　2001 年、2006 年、2011 年我国装备制造企业全部从业人员平均数量情况

可以看出，整体而言，装备制造企业的各行业社会责任状况越来越好。在七大类装备制造企业中，社会责任方面状况最好的行业是交通运输设备制造业，其次是通信设备、计算机及其他电子设备制造业和电气机械及器材制造业。在主营业务税金及附加方面，2011年交通运输设备制造业的数值最大，达到891.02亿元，是2001年的9.2倍、2006年的2.5倍；在本年应缴增值税方面，2011年交通运输设备制造业的数值最大，达到1804.55亿元，是2001年的7.6倍、2006年的3.1倍；在全部从业人员平均数量方面，2011年通信设备、计算机及其他电子设备制造业的数值最大，达到819.48亿元，是2001年的4倍、2006年的1.6倍。但是，与一些发达国家相比，还是存在一定差距，尤其是在仪器仪表及文化、办公用机械制造企业方面，还需要努力缩短与其他国家的距离。

3.2.3 装备制造企业成长的科技水平方面

装备制造企业作为为国民经济其他行业提供生产工具的提供者，其自身的科学技术发展水平应该是最受关注的问题，只有制造者掌握了先进的科技才有可能制造出具有高生产力的生产工具。因此，接下来，将着重分析一下我国装备制造企业成长在科技水平方面的情况。通过查阅2002—2012年的《中国科技统计年鉴》，发现各年度对于装备制造企业的统计对象不一致，例如2009年的《中国科技统计年鉴》统计对象是规模以上企业中的装备制造企业，其他年度是大中型工业企业中的装备制造企业，还有些年份统计的对象既包括大中型工业企业又包括规模以上企业的装备制造企业，这些就给获取连续性的数据造成了不便。同时，因为通过分析发现以大中型工业企业为对象统计的装备制造企业数量占大中型工业企业比重远大于以规模以上企业为对象统计的装备制造企业数量占规模以上企业。因此，基于上述分析，本书将以大中型工业企业的科技统计数据作为分析装备制造企业成长能力在科技方面表现的基础。在科技水平方面，本书选取能够反映装备制造企业开展R&D活动、拥有专利及将科技产品化情况的有R&D活动的企业数量、新产品开发项目数量和拥有发明专利数量三个指标来反映装备制造企业成长总体的科技水平，如表3.3所示。

表 3.3 我国装备制造企业成长的科技水平基本情况

年份	有 R&D 活动的企业数量（个）	新产品开发项目数量（项）	拥有发明专利数量（件）
2011	19890	165273	139643
2010	6850	103372	77745
2009	6443	96623	52411
2008	7372	77716	37974
2007	6608	71166	25383
2006	5598	63935	15804
2005	5014	49100	12694
2004	4759	26510	10356
2003	4147	42491	9951
2002	4365	33220	3943
2001	4377	37460	4471
均值	6856.64	69715.09	35488.64
标准差	4465.93	40611.28	41444.57
极差	15743	138763	135700

从表 3.3 可以看出，在科技水平方面，我国装备制造企业取得了较大的成果。有 R&D 活动的企业数量从 2001 年的 4377 个增长到 2011 年的 19890 个，年均增长 16.34%；新产品开发项目数量从 2001 年的 37460 项增长到 2011 年的 165273 项，年均增长 16%；拥有发明专利数量从 2001 年的 4471 件增长到 2011 年的 139643 件，年均增长 41.08%。由此看出我国装备制造企业在科学技术方面的成长情况比较好，2008—2011 年有 R&D 活动的企业数量、新产品开发项目数量和拥有发明专利数量均大于 2001—2011 年间的平均值，其中 2001—2011 年间有 R&D 活动的企业数量的极差为 15743 个，其数值翻了 4.3 倍；2001—2011 年间新产品开发项目数量的极差为 138763 项，其数值翻了 4.4 倍；2001—2011 年间拥有发明专利数量的极差为 135700 件，其数值翻了 31.2 倍，这些都可以反映出我国装备制造企业科技实力的强大，这与 2006 年我国在全国科技大会上提出并颁发的《国家中长期科学和技术发展规划纲要（2006—2020）》有密切关系，不仅从事 R&D 活动的企业不断增加，而且

其成果丰富，同时科技转化能力也有所提升，如图3.9所示。

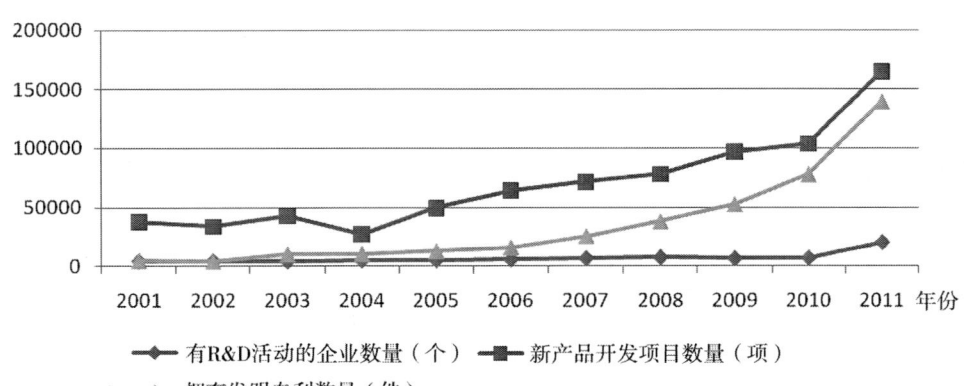

图3.9　2001—2011年我国装备制造企业成长的科技水平基本情况

同样为了排除各时期的规模效应的影响，以及比较"十五"时期、"十一五"时期和"十二五"时期的装备制造企业科技水平情况，按照我国各省、区、市拥有的装备制造企业单位数量，将2001年、2006年、2011年的装备制造企业科技水平指标除以当期的企业数量，即单位企业的科技水平指标。

我国各省、区、市在2001年、2006年、2011年的装备制造企业新产品开发项目数量强度层级具有相对稳定的特点。其中，单位企业新产品开发项目数量高强度的地区：2001年主要是在辽宁、北京、四川、陕西、山东、贵州等；2006年主要是在上海、辽宁、陕西、山东、天津、宁夏等；2011年主要是在四川、黑龙江、陕西、天津、吉林、贵州等。值得注意的是，2001年、2006年、2011年装备制造企业新产品开发项目数量高强度省区市均不仅涵盖了经济比较发达的沿海东部地区，而且也包括了相对落后的中、西部地区，这说明对于装备制造企业而言，已经具备了较强的科技转化能力，有效促进了装备制造企业的成长。

我国各省、区、市在2001年、2006年、2011年的装备制造企业拥有发明专利数量高强度层级呈现稳定中有变化的状态。其中，单位企业拥有发明专利数量高强度地区：2001年主要是在北京、天津、湖北、黑龙江、上海、山东等；2006年主要是在北京、广东、黑龙江、山东、上海、湖北等；2011年主要是在广东、四川、上海、北京、陕西、山西等。值得注意的是，目前我国装备制造企业拥有发明专利数量高强度地区已不再仅仅是像北京、上海等经济、政治中心地区，已经慢慢蔓延至西南部、西北部等地区，这说明装备制造企业确实已经重视科学技术的重要性，并且在该方面所取得的成绩越来越大，使得装备制造企业成长竞争力越来越强。

为了解装备制造企业内部各行业的情况，同样选取"十五"时期、"十一五"时期、"十二五"时期第一年的七大类装备制造企业科技水平指标进行分析。图3.10至图3.11反映了2001年、2006年、2011年七大类装备制造企业，即金属制品业工业企业，通用设备制造业工业企业，专用设备制造业工业企业，交通运输设备制造业工业企业，电气机械及器材制造业工业企业，通信设备、计算机及其他电子设备制造业工业企业，仪器仪表及文化、办公用机械制造业工业企业的科技水平基本情况。

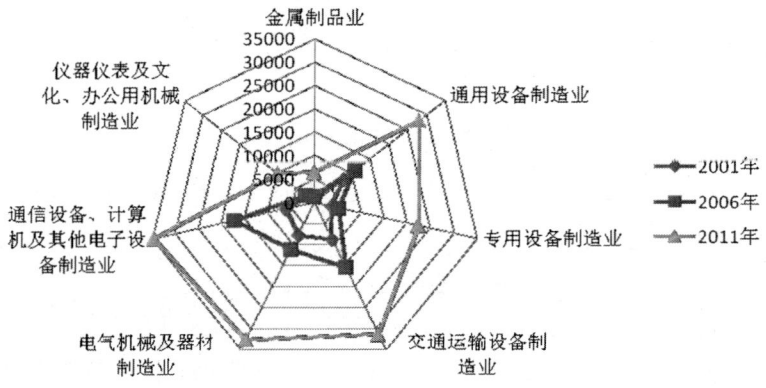

图 3.10　2001年、2006年、2011年我国装备制造企业新产品开发项目数量

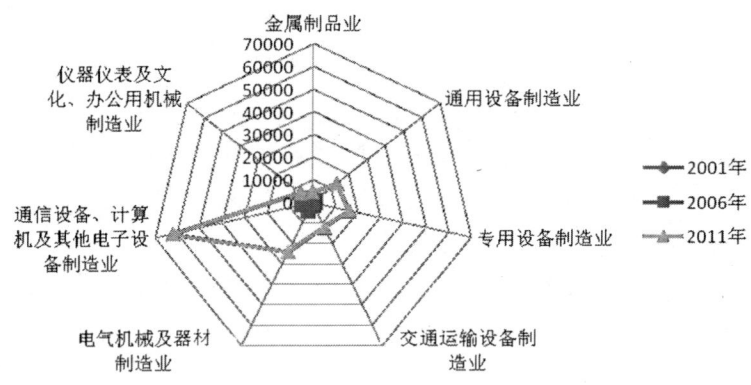

图 3.11　2001年、2006年、2011年我国装备制造企业拥有发明专利数量

可以看出，整体而言，装备制造企业的各行业科技水平状况越来越强。在七大类装备制造企业中，科技水平方面状况最好的行业应该是通信设备、计算机及其他电子设备制造业，其次是交通运输设备制造业和电气机械及器材制造业。在新产品开发项目数量方面,2011年通信设备、计算机及其他电子设备制造业的数值最大,达到34672项,是2001年的5.6倍、2006年的2倍;在拥有发明专利数量方面,2011年仍是通信设备、计算机及其他电子设备制造业的数值最大,达到62159件,是2001年的56.2倍、2006年的12.5倍。但是,这毕竟是与自身的纵向比较,与一些发达国家横向相比时,仍然存在一定的差距,尤其在金属制品企业和仪器仪表及文化、办公用机械制造企业方面,还需要努力缩短与其他国家的距离。

3.2.4 装备制造企业成长的协同度方面

为了更进一步了解我国装备制造企业成长能力的整体状况,接下来,从协同的视角对装备制造企业成长在经济效益、社会责任及科技水平三方面间的时序度和协同度进行分析。

协同学理论是研究两个或两个以上子系统以及系统与外部环境间的相互作用、相互影响的过程[171]。事实上,我国装备制造企业成长能力现状是一个复合系统,其经济效益—社会责任—科技水平系统既具有自然系统的特征,又具有人造系统的特征,其中自然系统突出系统的自组织现象,人造系统强调系统的他组织现象。由于协同学的核心理论就是自组织理论和他组织理论,根据子系统存在随机涨落的现象,即一些子系统会出现"涨""起",另一些系统会出现"落""伏",因此一个复合系统良性运行是其构成的子系统间的协调发展[172]。判断装备制造企业成长能力现状的好坏就可以通过装备制造企业成长的经济效益、社会责任和科技水平三方面间是否协调进行表示。这里说明一下"协调"和"耦合"是有差异的,"协调"强调的是相互作用后产生的中良性程度,而"耦合"是不区分利弊,只表示相互作用的程度大小[173]。此处强调的是系统间的协调程度。

在装备制造企业成长的经济效益—社会责任—科技水平系统的时序度模型和协同度模型中,关键是序参量的选取,这直接影响着最后结论的正确与否。本书根据因子分析的统计思想[174],找出能够反映所研究问题主要内容的指标,用少数几个指标代替整个研究问题。因此,本书在经济效益方面选取2001—2011年装备制造企业的工业总产值、资产总计、利润总额统计值作为序参量;在社会责任方面选取2001—2011年装备制造企业的主营业务税金及附加、本年应缴增值税、全部从业人员平均数量统计值作为序参量;在科技水平方面选取2001—2011年装备制造企业的有R&D活动的企业数量、新产品开发项目数量、拥有发明专利数量作为序参量,具体如表3.1～表3.3

所示。

设装备制造企业成长的经济效益、社会责任及科技水平系统为 S_i，$i \in [1,2,3]$，其子系统中所包含的序参量为 $e_i = (e_{i1}, e_{i2}, \cdots, e_{in})$，$n \geq 1$，$\alpha_{ij} \leq e_{ij} \leq \beta_{ij}$，$j \in [1,n]$。假设 $e_{i1}, e_{i2}, \cdots, e_{im}$ 的取值越大，表示系统的有序度越高；取值越小，其有序度越低。假设 $e_{im+1}, e_{im+2}, \cdots, e_{in}$ 的取值越大，表示系统的有序度越低；取值越小，其有序度越高。基于此，装备制造企业成长的经济效益、社会责任及科技水平系统 S_i 的序参量分量 e_{ij} 的有序度为：

$$v_i(e_{ij}) = \begin{cases} (e_{ij} - \alpha_{ij})/(\beta_{ij} - \alpha_{ij}) & j \in [1,m] \\ (\beta_{ij} - e_{ij})/(\beta_{ij} - \alpha_{ij}) & j \in [m+1,n] \end{cases} \quad (3-1)$$

其中，α_{ij} 和 β_{ij} 表示第 i 个系统的第 j 个指标的下限值和上限值。由此可见 $v_i(e_{ij}) \in [0,1]$，其值越大，说明第 i 个指标对系统有序度贡献越大。

对于序参量对系统有序度的总贡献度采用功效系数函数的几何平均数来确定，则装备制造企业成长的经济效益、社会责任及科技水平系统的有序度函数为：

$$V_i(e_{ij}) = \sqrt[N]{\prod_{j=1}^{n} v_i(e_{ij})} \quad (3-2)$$

其值也是在 0 到 1 之间，数值越大表示系统的有序度越高。

设在初始时刻 t_0，装备制造企业成长的经济效益、社会责任及科技水平子系统的有序度为 $V_i^0(e_{ij})$，则当系统发展到时刻 t_1 时，装备制造企业成长的经济效益、社会责任及科技水平子系统的有序度为 $V_i^1(e_{ij})$。那么装备制造企业成长的经济效益、社会责任及科技水平系统的协调度函数为：

$$\mu = \theta \sqrt[k]{\prod_{i=1}^{k} |V_i^1(e_{ij}) - V_i^0(e_{ij})|} \quad (3-3)$$

其中 $\theta = \begin{cases} 1, & V_i^1(e_{ij}) \geq V_i^0(e_{ij}) \\ -1, & 其他 \end{cases}$，其值将处于 -1 到 1 之间，数值越大表明系统的协同发展程度越高。

根据表 3.1~表 3.3 的数据，由于各指标的观测值单位不同，可能导致指标值数量级相差悬殊，所以，首先应用 SPSS16.0 软件对原始数据进行标准化处理。以 2001—2011 年中各指标最大值作为上限值，最小值作为下限值，应用上述有序度模型的公式可得装备制造企业成长的经济效益、社会责任及科技水平的各分量的有序度，如表 3.4 所示。在此基础上，可得出装备制造企业成长的经济效益、社会责任及科技水平的子系统有序度，分析出 2004—2010 年，我国装备制造企业成长的经济效益、社会责任和科技水平子系统的有序度在逐步提高,这说明改革开放以来,我国装备制造企业对国民经济、社会发展及科技进步起到了推动作用,同时,企业自身的成长状况良好,如表3.5所示。

表3.4 经济效益、社会责任、科技水平子系统序参量各分量有序度

年份	工业总产值(亿元)	资产总计(亿元)	利润总额(亿元)	主营业务税金及附加(亿元)	本年应缴增值税(亿元)	全部从业人员平均数量(万人)	有R&D活动的企业数量(个)	新产品开发项目数量(项)	拥有发明专利数量(件)
2004	0.1530	0.1324	0.1054	0.1119	0.0856	0.2844	0.0389	0.0508	0.0473
2005	0.2116	0.1932	0.1288	0.1512	0.1387	0.3471	0.0551	0.1203	0.0645
2006	0.3040	0.2674	0.2015	0.2700	0.2286	0.4542	0.0922	0.2326	0.0874
2007	0.4250	0.3846	0.3277	0.4176	0.3292	0.5945	0.1563	0.0874	0.1580
2008	0.5543	0.5250	0.4428	0.5726	0.5211	0.8219	0.2049	0.3370	0.2508
2009	0.6291	0.6399	0.5584	0.7953	0.6055	0.8225	0.1458	0.4801	0.3572
2010	0.8390	0.8581	0.7730	0.9271	0.7381	0.6717	0.1717	0.5312	0.5439

表3.5 经济效益、社会责任、科技水平子系统有序度

年份	经济效益	社会责任	科技水平
2004	0.1288	0.1397	0.0475
2005	0.1740	0.1938	0.0753
2006	0.2540	0.3038	0.1233
2007	0.3770	0.4340	0.2399
2008	0.5051	0.6259	0.2587
2009	0.6080	0.7344	0.2924
2010	0.7467	0.7717	0.3674

最后,在得出装备制造企业成长的经济效益、社会责任、科技水平子系统有序度的基础上,以其为中介变量,将2004年的有序度为基准年,最终得到2005—2010年我国装备制造企业成长的经济效益、社会责任、科技水平协同发展的协调度,如表3.6所示。可以看出,从2005—2010年我国装备制造

企业成长的经济效益—社会责任、社会责任—科技水平、经济效益—科技水平及经济效益—社会责任—科技水平的协同度具有相似的变化趋势。虽然都处于波动不稳定状态，但是总体而言，我国装备制造企业成长能力状况良好，具有上升的显著趋势，如图 3.12 所示。值得注意的是，尽管我国装备制造企业成长的经济效益、社会责任、科技水平子系统间及整个系统的协同度具有向上的趋势，但较大的波动性也说明我国装备制造企业成长能力还是存在问题的，反映出亟须解决的必要性，同时通过协同度的分析结果可以为后续政策制定提供依据，也表明协同视角分析问题的有效性[175]。

表 3.6　经济效益、社会责任、科技水平协同发展的协同度

年份	经济效益—社会责任	社会责任—科技水平	科技水平—经济效益	经济效益—社会责任—科技水平
2005	0.0495	0.0388	0.0354	0.0408
2006	0.0938	0.0727	0.0620	0.0750
2007	0.1265	0.1232	0.1198	0.1231
2008	0.1568	0.0601	0.0491	0.0773
2009	0.1057	0.0605	0.0589	0.0722
2010	0.0720	0.0530	0.1020	0.0730

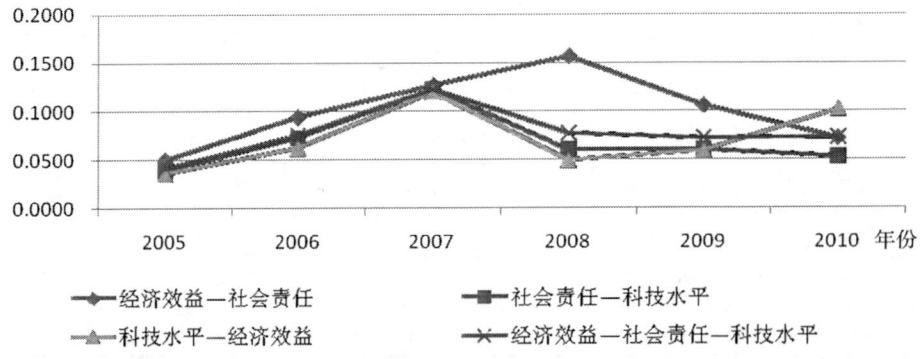

图 3.12　我国装备制造企业经济效益、社会责任、科技水平协同发展状况

3.3　我国装备制造企业成长能力存在的主要问题

以上通过从时间序列、空间位置、行业特色三个维度分别对装备制造企

业成长的经济效益、社会责任、科技水平三个方面及其相互间协同的企业成长能力现状进行了分析，总体说明目前我国装备制造企业成长能力现状良好，但是，与发达国家的装备制造企业相比，仍然是存在一定的差距，在当今激烈的市场竞争环境下，企业所拥有的资源是稀缺的，谁能够将自身能控制的资源发挥到极致，谁就能获取最大的收益，并能够长久、健康发展下去。学者们普遍地认为企业成长发展的好坏可以归结为对资源利用的程度。基于此，接下来从企业所控制资源利用程度的角度对我国装备制造企业成长能力存在的主要问题进行分析。

3.3.1 企业内部 R&D 资源配置不合理

企业成长理论中资源基础论认为企业是由各种资源构成的，资源的丰富程度决定了企业的竞争优势，与资源基础论相关的企业动态能力理论在其基础上，延伸为企业的竞争优势更多地还应该关注企业对于资源的利用程度。在这里，可以将企业对于资源的利用程度看作企业资源利用流量的能力[176]，也就是说，企业应强调单位资源所能产生的效能多少。目前，我国装备制造企业在合理配置自身所拥有资源方面存在较大的不足。以我国装备制造企业 R&D 活动效率为例，自从 2006 年，我国科技大会提出了自主创新、建设创新型国家战略，并颁布了《国家中长期科技和技术发展规划纲要（2006—2020）》，以及将高端装备制造业发展列为十大新兴产业发展战略，可以看出国家对于装备制造企业给予很高的重视，我国大中型工业企业 R&D 人员全时当量从 2005 年的 60.6 万人年增加到 2010 年的 137 万人年，年均增长 18%；R&D 经费内部支出从 2005 年的 1250.3 亿元增加到 2010 年的 4015.4 亿元，年均增长 26%。然而，经过构建的 PCA-DEA-TOPSIS 模型的测算得出 2005—2010 年我国大中型工业企业 R&D 活动整体效率出现下降，并呈现出哑铃形分布，即效率较低与效率较高的地区数量占总体的比率较高，同时，2005 年、2010 年我国大中型工业企业 R&D 活动均为非 DEA 有效的地区占总体的 46%。通过以上 R&D 活动效率的测评，我国装备制造企业存在 R&D 资源配置不合理、投入比例及规模不合适的问题，需要给予充分重视解决，否则将会造成很大的资源浪费。

3.3.2 与国外企业网络化联盟程度低

现如今，随着经济全球化，科学技术的突飞猛进，企业所追求的可持续成长也越来越依赖于企业自身的信息化发展。对于装备制造企业，就需要在企业自身信息化发展的基础上,实现制造企业间联盟的网络化制造模式[177]。根据装备制造企业所生产产品的特点,为了能够成功地生产出一套制造设备,在很大程度上需要较高的科技水平,同时耗费大量时间,因此,为了能够更有效、更有保障地提供服务,我国装备制造企业通常需要借助外部力量的协助。据统计,2011年我国装备制造企业引进技术经费支出为248.27亿元,比2010年引进技术经费仅增长2.3%,这与美国、日本等发达国家相比,这个数据就显得更加渺小。众所周知,科学技术是第一生产力,谁具备了生产中所需的先进技术,谁就能在市场中获取竞争优势。虽然我国装备制造企业已经具备相当的规模,并且在某些方面取得过惊人的成绩,但是对于客观上要求具备先进科技水平的装备制造产品,我国装备制造企业还存在技术落后的现象。依据已被经验所证实的科技创新路径,在某项技术处于相对落后的情况下,作为创新主体的企业需要先向技术水平较高的企业进行技术引进、技术模仿等,当达到了一定的技术水平之后,再通过自身的创新活动不断提高科技水平。因此,我国装备制造企业仍需要加大与国外的技术发达企业的合作,通过引进所需的资源,进行装备制造产品生产,从而进一步保证装备制造企业的健康、有序成长。

3.3.3 对企业内外部资源优势认识不足

单个企业自身所拥有的资源是有限的,尤其是目前,我国装备制造企业所处的动态化的环境中,外界事物无时无刻都在发生着变化,企业面临着来自新技术、顾客需求变化以及激烈竞争等不确定性的巨大挑战。这就要求装备制造企业应该尽可能地增强自身的成长能力以应对外界时刻变化的需求。依据企业成长理论中的资源基础论,企业所拥有的资源越丰富,则所具有的竞争优势越突出。基于此,装备制造企业就需要尽可能多地控制资源,由于自身所拥有的资源有限,那么就客观上要求开发自身以外的资源,并且将外界资源与自身资源进行融合以形成能满足企业成长所需要的整合资源。单个装备制造企业所具备的竞争优势是相对单一的,因此,装备制造企业可以通过保留自身所具有的最具竞争力的资源,把自身相对较弱的部分分派给其他具有竞争优势的企业,通过内、外部资源的整合产生较好的协同效应,最终使企业获取较高的收益。据统计,2011年我国装备制造企业消化吸收经费支出为79.78亿元,技术改造经费支出为1424.45亿元;2010年我国装备制造企业消化吸收经费支出为70.57亿元,技术改造经费支出为1243.27亿元。虽然从装备制造企业增长的消化吸收经费和技术改造经费数据来看,我国装备制造企业对于整合内、外部资源比较重视，但是，这只是纵向的比较。通过与国外装备制造企业相比，我国装备制造企业对于整合内、外部资源还是不够的。以同样是发展中国家的印度为例，印度的制造业外包活动已经慢慢超过我国，并且我国具有的劳动力便宜等相对优势也慢慢逝去，这就更需要给我国装备制造企业敲响警钟，应该如何进一步加强内、外部资源的整合，以促进企业的可持续成长，提高环境应变能力。

3.4 本章小结

本章首先对装备制造企业成长能力的内涵进行了界定，突出了装备制造企业成长能力是一种复合能力并分析了装备制造企业所具有的价值性和稀缺性、动态性和创新性、复杂性和过程性、系统性和开放性的特征。接着从时间序列、空间位置、行业特色三个维度分别对我国装备制造企业成长的经济效益、社会责任、科技水平以及三者相互间的协同关系四个方面企业成长能力现状进行了分析，总体说明目前我国装备制造企业成长能力现状良好。在此基础上，从企业所控制资源利用程度方面归纳总结了我国装备制造企业成长能力存在的问题。

第4章

装备制造企业成长能力结构维度及各维度间的关系分析

通过上一章装备制造企业成长能力内涵的分析，已经得出装备制造企业成长能力是一种复合能力。根据系统理论，系统是由要素构成的，要素之间相互作用、相互影响。同理，装备制造企业成长能力也应该由若干个子能力集成，且具有其内在的结构。因此，通过理论逻辑推导演绎的方式得出装备制造企业成长能力的结构维度，并在企业成长能力初始量表设计的基础上，应用探索性因子分析和验证性因子分析进行定量验证。基于此，利用布尔计算理论以及序参量方程更进一步对装备制造企业成长能力所划分各维度间的关系进行研究。

4.1　装备制造企业成长能力的理论分析

企业成长能力的研究具有重要的理论及实践意义，国内外学术界已对其进行了广泛的研究。但是从广义上讲，很多时候将企业成长能力的研究等同于企业成长的研究，并且大多数从经济、财务等方面对企业的成长状况进行评价。虽然有些研究是从能力的角度来研究企业成长能力，但多数也是运用定性的研究方法给予分析。即使使用定量方法对企业成长能力进行研究，其所使用的研究维度划分也较为混乱，不够清晰，这对有关企业成长能力的后续研究造成较大的障碍，因此弄清楚企业成长能力的自身结构具有重要意义。

实现企业的可持续、高成长一直是理论界、企业界以及政府研究的热点问题。国外学者以企业成长能力为对象的研究最早可以追溯到 Edith T. Penrose（1959 年），其将研究视角从外部的规模经济转向基于资源的企业内生理论，认为企业成长能力的关键是企业资源管理能力[178]。C. K. Prahalad 和 G. Hamel（1990 年）强调企业所形成的竞争优势，并将企业成长能力归结为以知识、技术为基础的综合能力[179]。David J. Teece 等（1994 年）打破了以往静态的分析范式，从动态的视角，将企业成长能力归结为不断整合、重构以适应外在环境变化的动态能力[180]。David L. McKee 等（1989 年）借鉴生态学的理论，从适应市场变化的能力角度将企业成长能力定义为企业适应能力[181]。Thomas W. Y. Man 等（2002 年）认为企业成长能力应该从竞争性规模、组织能力、企业主资质、绩效四个方面进行分析[182]。Joachim Wagner（2002 年）利用德国企业的相关数据，并采用匹配法对企业成长能力进行实证分析，发现企业成长能力与公司雇员规模、劳动报酬水平有密切关系[183]。此外，国内学者对企业成长能力的研究要比西方学者晚，但是，也有许多学者从不同角度对一般意义上的企业以及某类特殊行业的企业的成长能力进行了大量研究，具体情况如表 4.1 所示。

表 4.1 国内学者关于企业成长能力构成的主要观点

研究者	年份	调查对象	研究观点
陈德铭等[184]	2003	中小企业	发展能力、创新能力、资源整合能力、市场开拓能力
陶秋燕等[185]	2008	泛指企业	对环境的感知与反应能力、处理信息与制定适应性战略的能力、内部结构的系统反应能力、内部规则的发现与信用分派能力、积木要素组合与主体创新力、主体学习和主体之间的交互聚集能力
党兴华等[186]	2008	上市公司	主营业务收入增长率、主营业务利润增长率、净利润增长率、固定资产增长率、净资产增长率、总资产增长率
庄亚明等[187]	2008	泛指企业	关键种因子能力、优势种因子能力、冗余种因子能力
刘刊等[188]	2009	创新型企业	企业投入能力、企业产出能力、成长态势
张玉明等[163]	2009	中小型客机企业	外部成长能力、内部成长能力
于新宇等[189]	2009	创新型企业	企业战略、企业家能力、企业成长态势、企业人力资源、企业成长的经济环境
陈林杰[190]	2010	房地产企业	表现能力、基本能力、潜在能力
田凤权等[191]	2011	中小物流企业	资源能力、成长动机、创业导向、环境
梁益琳等[192]	2011	创新型中小企业	盈利能力、运营能力、产品竞争能力、技术创新能力
杜晓晗等[193]	2012	上市公司	企业资产规模盈利能力、市场占有率持续增长能力
刘览等[194]	2012	物流企业	盈利能力、规模扩张能力、营运能力
徐英吉[195]	2012	泛指企业	存储积累知识的能力、对知识的有效整合能力、对最新相关知识的掌握能力
龚福和等[196]	2013	中小制造企业	偿债能力、盈利能力、营运能力、抗风险能力、科技创新能力
李海超等[197]	2013	高新技术企业	生产发展能力、持续创新能力
范家富等[198]	2013	烟草商业企业	企业盈利能力、市场运营能力、综合管理能力、人力资源能力、企业文化、创新能力

从以上国内外关于企业成长能力的相关文献可以看出，大部分研究主要集中在一般意义上的企业，以定性分析为主，而且对于企业成长能力自身结构的"黑箱"剖析得不够清晰。即使有针对某一特定类别企业的成长能力分析，其研究内容也过于粗浅，没有体现出特定行业内企业的特殊性，差异化不明显。这些都导致国内对于企业成长能力自身的结构分析不足。此外，对于装备制造企业成长能力从企业运营过程视角出发进行研究也比较少。因此，本书将基于企业运营过程视角从装备制造企业所具有的特殊性以及在我国特定国情下装备制造企业所需能力方面，运用定性的分析方法深入剖析装备制造企业成长能力。

4.1.1 基于战略转型视角的企业成长能力分析

企业在其成长过程中需要经历很多事情，其中有一项需要时刻注意，那就是外部环境的不确定性及复杂性导致企业需要根据其变化做出相应正确的决策。在及时做出相应正确的决策过程中，需要企业调动自身所拥有的所有资源、规模和能力，进行更为合理的资源配置从而适应企业发展的需要，也就是说，要随着企业战略的微调而发生变动。进入20世纪八九十年代以来，全球经济发展迅速，经济全球化、知识经济的到来等，都加快了企业成长过程中关键要素——自身所拥有的竞争优势的"贬值"或腐蚀[199]。最明显的例子，就是2008年全球金融危机之后，许多企业由于外部环境的剧烈变化，发现自身原来的企业战略已经不能适应外界环境的要求，只有根据环境的变化对战略进行微调甚至大改，才能够使企业生存下来，否则将会倒闭，因此，企业纷纷开始重视战略柔性，并走上了战略转型的道路[200]。

国外学者Andrews K. R.（1971年）在其著作"The Concept of Corporate Strategy"中提出企业是否能够持续长久地成长下去，与企业自身随外部环境变化程度密切相关，以及企业能否依据外部环境的变化而做出战略调适[201]。在这之后，国内外学者从不同的视角对战略转型进行了相关研究。Curtis M. Grimm 等（1991年）对企业战略转型与管理年龄、教育等统计特征进行了相关分析[202]。Davila T.（2000年）在以往对于企业转型研究的基础上，提出了"战略弹性"的概念，究其实质就是战略转型能力[203]。D. Francis 等（2003年）通过实证方法研究了企业如何进行战略转型以达到企业持续成长的目标[204]。国内学者李烨（2005年）将单个企业作为研究对象，深入剖析了企业战略转型能力的影响因素，并构建了战略创新—战略转型—企业持续成长的研究路径图[205]。李卫峰（2006年）从产业定位、资源利用等视角分析了我国上市企业的战略转型能力，着重说明了上市企业战略转型能力的不足之处[206]。唐健雄和王国顺（2008年）从战略转型过程和战略转型内容视角，将企业战略转型能力划分为环境识别、管理控制、资源整合和持续创新四个子能力[199]。

据统计，目前我国企业战略转型的成功率并不高，通过对进行战略转型企业的统计发现，有近40%的企业的战略转型是以失败而告终的。虽然企业在战略转型过程中需要承担一定的风险，但是这也是因为外部环境发生变化，企业通过战略转型能够比不实施转型企业的绩效表现好，同时，企业当前绩效的好坏对于企业实施转型战略也存在较大的影响[207]，因此，企业适时地进行战略转型对企业成长具有很好的促进作用。Ari Ginsberg（1988年）通过实证分析发现，企业竞争优势的获取在很大程度上与企业的战略转型能力有关[208]。目前，我国企业战略转型成功的也有不少，例如，五矿集团等。从这些成功战略转型的企业中，可以看出战略转型慢慢成为企业再度获取竞争优势的重要途径。本书认为企业战略转型能力能够有效地诠释企业成长能力所需的内涵，它是企业在成长过程中辨识发展方向，对企业进行高度定位的重要能力。一方面，战略转型能力具有对企业所处环境的识别功能，能够通过环境、资源、能力的扫描，获取环境等相关信息，在此基础上做出相应的评价，最后以企业战略调整的高度对企业最终发展方向给予确定。在这一过程中，企业可以及时发现潜在的对企业有利的机会和对企业不利的威胁，同时识别出企业自身所拥有的能力缺陷以尽早更正。这些都充分体现出战略转型能力具有某种先决条件的性质。另一方面，对于企业实施战略转型的主体，大部分是企业的所有者或者高层管理者，这些人员能够对企业进行整体把握，尤其是能够有效地控制企业相关员工的行为，并制定转型后的管理制度、工作流程以符合企业内部结构。除此之外，企业的高层领导还能够督促转型后战略的有效执行，制定出一套最有效的执行方案。最关键的是，还能够有效地激励企业员工的积极性，使企业能够获取更多效益，同时员工获得更多的报酬。综上可以认为，企业战略转型能力是企业成长能力内涵中所涵盖的重要指标。

4.1.2 基于外部网络嵌入视角的企业成长能力分析

随着经济社会的发展，我们所生活的社会环境正慢慢地发生着变化，出现了经济的全球化、知识化及网络化。企业的生存发展也已经开始出现网络化特征，也就是说，在企业的成长过程中，企业与其相关的企业、服务机构等所构成的系统，通过各自之间存在的利益关系，形成了企业网络，而网络中单个企业也就嵌入在整个网络中[209]。"嵌入性"的概念最早由 Polanyi John C. 在其发表的著作中提出，随着对嵌入性相关文献的增加，许多学者开始将其与其他已经被人们所接受的理论相结合，如社会资本理论、联盟网络理论、组织网络理论等，不仅从定性的理论角度进行融合，而且出现了许多相关的实证研究，进而，许多研究企业网络的学者都将网络嵌入性作为其进行研究的最有力工具[210]。企业在其成长过程中，不可能拥有发展所需要的所有资源，必须从外部不断地获取资源，企业发展所需的关键资源往往就嵌入在企业网络中。这也说明企业能够与企业网络中其他企业或机构进行密切合作，从而能够及时、有效地获得嵌入在外部企业网络中的关键性资源，并能够充分地对其挖掘，促使企业在成长过程中取得竞争优势，不断地成长[211]。

网络嵌入性反映的是网络中各企业成员依据所在网络中的位置进行互动，在互动中获取自身发展所需的关键性资源。在网络嵌入性的结构划分中，不同学者对其进行了不同分析并产生了不同观点。其中，最为普遍接受的一种划分方法是 Granovetter M.（1985年）所提出的，将其划分为关系性嵌入和结构性嵌入[212]。之后，许多学者都在 Granovetter M. 的研究基础上进行进一步研究。Zukin S. 等（1990年）将二维的关系性嵌入和结构性嵌入划分为政治嵌入、文化嵌入、结构嵌入和认知嵌入[213]。Gulati R. 等（1999年）在 Granovetter M. 划分的二维结构的基础上，增加了另一个划分维度，即位置嵌入（positional embeddedness）[214]。Hagedoorn J.（2006年）从企业网络中组织关系形成的视角，重点突出了嵌入在网络中企业与周边其他企业的关系及整个网络中的位置，将网络嵌入性划分为双边嵌入（dyadic embeddedness）、环境嵌入（environmental embeddedness）、组织嵌入（interorganizational embeddedness）三个层次[215]。此外，我国学者张巍等（2012年）在分析企业网络嵌入能力与组织学习能力耦合关系中也将网络嵌入性划分为认知嵌入性、结构嵌入性及关系嵌入性三个维度[210]。李伟等（2010年）认为企业网络中企业通过与其他企业间的互动获取相应的收益，在获取收益的过程中主要遵守两个收益机制：一个是企业成员由其在企业网络中所嵌入的位置来决定的收益，即结构嵌入性收益；另一个是企业网络内部企业间所形成的内部一致行为，以抵御外部环境不确定性带来的损失，即关系嵌入性收益，在此基础上，将网络嵌入能力划分为结构嵌入能力和关系嵌入能力[216]。

本书认为使用外部网络嵌入能力这一概念更为合适。一方面，从企业自身的角度而言，企业需要不断地补充成长所需的"营养"，而这些"营养"

不可能都来自企业内部，某些关键资源还需要从企业外部获取，也就是企业在成长的某个阶段所需要的关键资源可能来源于企业网络中嵌入的惯例或资源，而企业要获取这些资源就需要直接嵌入网络中。并且，由于企业网络中的企业间具有相互信任、知识共享等特质，所以在企业网络中形成的资源具有自我保护特性，不属于该企业网络中的企业很难获取，具有不可复制性。在此基础上，保障了企业网络中的企业利益。另一方面，正是由于企业融入整个企业网络中，与其他相关企业或机构达成了一种默认的共享互助关系，而这就恰恰丰富了企业网络内企业间各种知识流、信息流沟通的渠道，使得企业网络内的企业比网络外的企业具有较强的信息源、知识源、市场等资源，这些路径不只是双向的，可以是三者，甚至是多者间的。从以上两方面而言，外部网络嵌入能力正是企业在成长过程中所需的，也是企业成长能力内涵中所涵盖的重要指标。

4.1.3 基于资源整合视角的企业成长能力分析

到目前为止，无论是从理论研究层面还是从企业实际发展过程而言，对于企业成长是建立在一定资源的基础之上这一观点得到了普遍认同。随着经济全球化发展步伐的加快，企业间的竞争变得越来越激烈，当前所拥有的竞争优势到底能使企业持续获取利润多长时间，这一问题始终困扰着企业的决策者。基于企业成长的资源基础论，企业发展的好坏在一定程度上取决于企业自身所拥有资源的质量，这也就突出了资源的质量属性对于企业能否健康成长具有重要的作用。企业所生存的外部环境风云变幻，具有不确定性、复杂性，这些都将促使企业为了能够健康地成长，不断获取高质量的资源。但是高质量的资源不可能从外部或内部获取之后就可以直接使用，因此，对于资源的整合已不断升温，成为企业成长问题的热点。对于企业而言，收集到的大部分资源仅仅是零碎的、未经系统化的初级材料，如果不对其进行处理是不能达到企业成长所需要的要求的，即要想使所获取的资源发挥其最大的价值、为企业带来高额利润，就必须运用科学的方法对资源进行重新组合，只有各种资源被有机地融合后，资源自身所具备的柔性、系统性、条理性和价值性才能表现出来[217]。这也就从侧面突出了企业需要资源，而获取这些资源更需要企业具备资源整合的能力。

企业资源整合能力是基于企业成长理论中能力的视角对企业成长解释的一种延伸。企业成长的能力观认为企业通过整合内、外部资源，并在整合过程中对不清楚的或较新的知识进行学习，从而满足企业成长所需，这就是企业进行价值创造的一般形式。国内外学者已对资源整合进行了相关的研究。Mahoney J. T. 等（1992年）认为整合资源的能力可以通过能否取得资源的潜在价值来进行评定[218]。David J. Teece（1992年）认为企业通过资源获取竞争优势，不仅需要考虑到资源的独特性，而且也要注意资源被配置的不同方式[219]。Amit R. 等（1993年）认为能力应该表现在企业处理企业经营活动中的组织流程方面，组织流程的合理与否可以作为企业能力强弱的判定标准[220]。Brush C. G. 等（2001年）对企业资源整合能力的构成进行了研究，将企业资源整合过程划分为集中资源、吸收资源、转化资源、整合资源等部分[221]。Simon D. G. 等（2007年）通过收集美国企业的相关数据，应用企业成长理论逻辑演绎出企业资源的整合过程可以划分为三个阶段，即资源构建、资源聚合、资源利用[222]。我国学者饶扬德（2006年）指出资源整合是一个复杂的动态过程，从资源整合的内涵出发可以划分为企业资源识别与选择、资源汲取与配置以及资源激活与融合[223]。马鸿佳（2008年）基于企业生命周期视角将企业资源整合过程划分为四个阶段，分别为资源识别、资源获取、资源配置以及资源利用，并且该四个资源配置过程是相互影响、不能分离的有机整体[224]。综合上述学者对于资源整合的研究，可以得出资源整合是一个复杂的动态过程。资源本身需要外界的刺激才能被激活，发挥其自身的效能，同时，外界环境是不断变化的，这也就客观上要求资源的结构能随之动态调整。在满足上述条件的前提下，资源整合最终才能为企业的发展带来超过简单累加所产生的效益，即达到"1+1>2"的放大效应。

  本书认为企业所拥有的资源是狭义上的，它是企业成长发展所必需的要素，离开了资源，企业的成长将无从谈起，但是，发展至今，企业仅仅拥有自身资源也并不一定能够较好地成长下去。企业间的竞争变得越来越激烈，企业成长对其所拥有的资源要求越来越高。以往企业所拥有的资源，可以直接用于企业成长发展的需要，并不需要进行额外的"加工处理"，但是随着经济发展的一体化，国际、国内市场的渐渐融合，我国企业要想在世界市场上占有一席之地，对资源的"加工处理"是必要的选择。这些都反映出企业资源的整合在未来企业发展过程中将扮演重要的角色。资源通常可以被分为显性资源和隐性资源，其中显性资源处于基础性地位。企业在资源整合的过程中，能够恰当地处理好个人资源与组织资源的关系，不仅能够将零散的个人资源整合成具有系统性的组织资源，而且在整合过程中，组织资源也能慢慢融入个人资源，提高个人的资源价值；能够合理处理内、外部资源，因为获取的外部资源在整合过程中可以实现内、外部资源的完美对接，进而激发出潜在内部资源中的隐性资源,促进企业的高速成长;能够使企业所拥有的横向资源和纵向资源完美结合,因为横向资源为与自身拥有资源的相关其他资源,而纵向资源是对某一项资源在深度上的延伸,这样横向、纵向所形成的"十字"视角能够使企业更加全面、整体地配置资源,发挥出最大效用。综上所述,可以认为企业资源整合能力也是企业成长能力内涵中所涵盖的重要指标。

4.1.4 基于持续创新视角的企业成长能力分析

随着经济、社会全球化发展的不断推进,无论是在国内还是在国际上,各行业企业间的竞争越来越激烈,而如今的竞争要素不再是以往一些有形的优势,如有形资源、地理位置、资金等,已经慢慢转移到无形的科学技术,强调科技的创新。即便如此,经济的知识化、信息化发展,不仅使得创新技术在创新扩散的路径上得到了改善,而且实现创新的时间周期也正在慢慢地缩减。正因为如此,由创新带来的利益从时间和数量两个方面不断地被挤压,创新所形成的超额利润更是缩减得严重。创新成果所能带来利益的缩减导致了企业的另一个危机,即某一次的创新成功并不能使企业处于稳定的竞争优势地位,需要拥有持续创新的成果才能使企业保持不败的地位[225]。装备制造企业是一国工业产业发展的核心微观主体,它的创新能力是否具有持续性在很大程度上决定了一国国民经济在国际间的竞争力。企业持续创新是一项非常艰巨的任务,早在2000年我国中共中央组织部和国务院办公厅就已经明确提出企业持续创新能力提升的重要性[226]。因此,可以看出,企业持续创新问题已被提升到理论界、政府界和企业界所研究的热点,具有重要的经济社会意义。

最早提出"创新"一词的学者应该是马克思[227]。我国学者关士续在研究马克思的政治经济学过程中,发现约瑟夫·熊彼特(Joseph A. Schumpeter)所著的《经济发展理论》有关创新的灵感很多源于马克思政治经济学中企业技术创新的动因、机制、条件等理论研究。当然,熊彼特提出的创新是生产资料的一种新组合、创造性的毁灭以及经济的浪潮式发展周期,这些理论都为之后发展起来的创新理论奠定了基础。熊彼特的创新理论之后,出现了从不同方向、角度对创新的新解理论,即以技术变革为核心的技术创新理论和以制度变革为核心的制度创新理论。从技术创新和制度创新含义的表面可以看出,两者具有不同的研究对象,技术创新强调产品生产资料的重新组合,而制度创新强调制度的改变、调整来激发企业内在的利益。此外,技术创新理论将技术作为经济发展的内生变量，而制度却是外生变量，两者互不相容，同时，制度创新在解释经济发展时并没有囊括技术的相关因素。虽然上述分析会发现技术创新和制度创新是两条相互平行的直线，但实际上，二者间具有不可分离的联系。将技术创新和制度创新二者进行比对研究，可以发现：技术创新和制度创新都是通过某种途径获得了企业所蕴藏的潜在利益，这也正是熊彼特创新理论的精髓；技术创新与制度创新存在一组辩证关系，我国学者李玉虹通过应用马克思主义政治经济学中生产力与生产关系的辩证关系，类比了技术创新与制度创新，其中制度创新相当于生产关系，技术创新相当于生产力[228]。一方面，技术创新推动经济发展，这将有利于制度的进一步完善；另一方面，制度创新将给技术创新创造有利的创新氛围，有利于技术创新的产生。事实上，关于技术创新与制度创新间存在密切关系，已经在企业发展实践中有所体现，技术创新的成功通常会伴有制度创新的产生，同理，制度创新的过程中也孕育着技术创新的实施。基于全球经济的快速发展，单项的创新已经不再具有稳定的竞争优势，我国学者向刚（2005年）基于对熊彼特创新理论的回归，将技术创新理论和制度创新进行融合，强调技术创新与制度创新两者间的相互作用，在此基础上，结合了当前发展理论的热点——可持续发展理论，最终提出了企业持续创新理论的框架[229]。到目前为止，国内外学者已经对企业持续创新能力进行了大量的研究。Burgelman R. 等（2007年）认为企业持续创新能力是促进企业进行创新战略的综合能力，包括配置资源的能力、技术发展能力、外部行业的识别能力以及企业战略和文化管理能力[230]。Amy Benton（1988年）强调，企业持续创新能力体现在企业拥有新的想法，通过新的思想来指引企业获取更大的利润[231]。Baloff H. （1965年）将企业持续创新能力概括为技术系统能力和管理系统能力、具有专业知识的人、企业崇尚的价值观[232]。对于企业持续创新能力，国内学者也取得了一定的研究成果。汪应洛（2002年）针对中小企业特点，提出了我国中小企业持续创新能力的培养措施[233]。郑勤朴（2001年）将企业持续创新能力划分为七大子能力的合力，包括投入能力、产出能力、营销能力、创新潜力等[234]。这些研究都表明企业持续创新能力是一种具有系统性、综合性的复合能力。

目前，持续创新已经成为创新理论研究的重要分支，它的深入研究将会有利于企业在寻求可持续发展的道路上找到合适的工具。据统计，西方发达国家的企业实践经验普遍认为，创新活动在企业日常经营所获报酬的比率应当占到大约4%，这部分的经费不仅需要用于创新活动研发等支出，还应考虑到创新服务体系的构建，这就是为了使作为复合能力的持续创新能力内部相互协调，保证创新应有的效能。通过上述分析，本书认为企业持续创新能力能够有效地诠释企业成长能力所需的内涵，它来源于在涵盖技术创新、制度创新各自核心理论知识的基础上，融合了当代经济社会发展所提倡的可持续发展理论而共同构建出的企业持续创新理论。一方面，企业持续创新是一个过程，它可以通过时间维度的计数来反映企业持续创新能力的强弱。那么到底一个企业的持续创新达到多少年才能称作具有较强的企业持续创新能力？经过分析企业实际成长的过程，发现如果企业持续创新只有两三年，那么就不能称为具有持续创新能力，因为两三年时间所获取的利益并不能够保障企业在发生下滑或在特殊情况下，还能很快地恢复到原来的状况。如果企业持续创新达到5年的话，这就需要视不同企业的差异而有不同。不同企业自身的条件存在差异，基础较好的企业，即使在某一年突然没有创新，还是能够依靠以往的经验很快地恢复运营；企业基础不够牢靠的，就可能因为创新的暂停而倒闭。最后，学者们一致认为如果企业的持续创新达到10年及以上，那么该企业就具有了较强的持续创新能力。在我国，这样的优秀企业包括联想、云南铝业、玉溪红塔山集团等。可以看出，企业要想获得持续创新能力，需要在长达10年甚至更长的时间内不断地进行创新，以促进企业持续不断地发展。另一方面，企业持续创新保证了企业经济效益的持续增长。要形成持续创新能力，需要企业的创新年限达到10年甚至更长，所以要保持企业经济效益连续10年的增长是非常不容易的。在考察企业持续创新中，不仅需要清楚企业经济效益是否增长，而且还需要知道企业经济效益增长的幅度。基于此，如果某个企业在持续创新过程中，某一年的创新中断，将不会影响到其最终持续创新能力的形成，但是如果有3年及以上年数无创新，就可以看作持续创新失败。通过上述两方面的分析，可以得知企业具有持续创新能力才能保证企业经济效益的稳定增长以及企业持续、健康地成长。综上可以认为，企业持续创新能力也是企业成长能力内涵中所涵盖的重要指标。

4.1.5 基于装备制造产品特点视角的企业成长能力分析

装备制造企业是国民经济发展助推器的微观主体，其生产的产品——装备产品，也在一定程度上代表了国家的实力。我国装备制造企业所生成的装备产品可以归类为技术密集型产品。对于装备制造产品，普遍被认定为具有自身的特点，即产品的批量小、制造技术较为复杂、生产周期较长、制造过程较为复杂，这与大宗型消费品具有较为显著的差异。学者们将具有产品生产批量小、制造技术和过程较为复杂及生产周期较长的装备产品，如通信设备、航空发动机等所形成的系统称为复杂产品系统（Complex Product System）。复杂产品系统被定义为具有技术密集、高成本等特点的产品、网络、建筑等系统，其中"复杂"主要体现在覆盖知识范围的大小、系统构成部件的数量以及应用新技术的程度等方面[235]。整个复杂产品系统主要包括两个部分，即定制元件、子系统，定制元件和子系统间的控制单元及组成复杂产品系统的元件。子系统数量越多，则说明该产品系统越复杂。从构成产品知识的角度，可以将知识分为元件知识（不同科学领域）、构建知识（充当黏合剂将不同领域知识相连接）、系统知识（系统不同部分相互作用产生的内部知识）[236]。目前，对于复杂产品系统，普遍认为系统知识在系统中处于越来越重要的地位，由于复杂产品系统所涉及的技术范围广而深，往往单独一个企业并不能完全掌握，这就需要企业及时集成外部各种所需知识，从侧面说明企业间合作的意义已越发重要。Hobday M. 等（2000年）认为当今世界对于复杂产品的需求是非常大的，提升复杂产品系统利用水平能够很好地促进企业的发展[237]。对于装备制造产品，用户定制特点已越来越突出，说明产品的生产已更加倾向于用户的特定需求、个性化定制，其技术复杂程度已超越了一般产品。随着经济社会的不断发展，20世纪给世界制造注入新鲜血液的科学生产方式——"少品种、大批量生产模式"，已慢慢失去了其推力作用。虽然作为典型代表的"福特制"生产模式具有生产效率高、单件产品成本低的优点，但是这些都是以当时的卖方市场环境为前提的。发展至今，该优势已经没有市场了，并且原来的刚性生产模式已不再适合要求产品多样化、需求多样化的买方市场，这唤起了对柔性制造的需求。大量事实经验已经验证柔性制造技术（Flexibility Manufacturing Skill）作为一种先进的制造技术，能够给企业带来显著的规模经济效益[238]。

1988年，美国为了弥补之前片面强调第三产业的重要性，忽略制造业对国民经济的基础保障性作用而造成的损失，组织国家科学基金委员会、高校及企业共同提出了柔性生产模式（Agile manufacturing，AM）。最普遍应用的柔性概念是由 Mandelbaum M. 提出的，主要强调企业对环境变化的有效反应能力[239]。我国学者龚代华等（1998年）通过分析关于柔性研究的相关问题，提出企业柔性应当是企业决策反应能力与实现反应能力二者相互协调所产生的应对外部环境变化的能力[240]。在此之后，又出现了"制造柔性"[241]，并认为它是企业获取竞争优势的有力工具，其重要性地位逐步从生产制造层面提升到企业战略层面[242]。作为一种多维度概念，学者们从不同的角度将制造柔性进行了多种形式的划分，如：Browne R. A. 将其分为机械柔性、产品柔性、产量柔性、工艺柔性等八种不同类型[243]；Vokurka R. J. 等（2000年）认为制造柔性可以分解为机械、设计、路径、程序、劳动力等15种不同的制造柔性[244]；Gupta Y. P. 等（1996年）提出制造柔性可以解构为材料处理柔性、市场柔性、计划柔性等9种制造柔性类型[245]。此外，鉴于柔性在企业生产中发挥的重要作用，学者们想通过实证的方式测量出企业自身拥有的柔性能力，但是由于柔性是一种随着环境变化而变化的潜在能力，并不像系统其他的行为容易进行测度。柔性是多维度的综合概念，需要构建出多项指标评价体系，这些都对柔性的评价造成了阻力。我国学者梁东（2001年）提出可以从适应范围、时间及费用三个维度构建出柔性的虚拟立体空间，在此空间中，如果企业所能达到的适应范围越宽、对外部环境做出反应的时间越短、完成该过程所花费的费用越小，就可以判定该企业的柔性越高[246]。

虽然柔性生产是一个较新的概念，可以将其看作基于计算机等信息集成系统平台的制造系统、并行工程、企业联盟、拟实制造的更高一层的大系统，且目前还处于不断补充和完善的过程，但是与非柔性制造生产相比，柔性制造生产已经表现出市场适应性强、生产成本低等优势。通过上述分析，本书认为企业柔性生产能力能够有效地诠释企业成长能力所需的内涵，它是针对装备制造产品生产种类多、个性化定制明显等特点，成功诞生出的给装备制造企业注入新鲜血液，并推动工业化发展的有力工具。一方面，企业外部市场环境瞬息万变，装备制造产品越来越复杂、个性化要求也越来越高，使得企业很难在有限时间内进行最为经济实惠的生产制造，并且目前企业都倾向于独自完成生产制造过程，所有这些都给企业造成了非常大的困难和挑战。柔性生产可以实现虚拟生产，即采用小规模的模块化生产模式，通过与企业间达成协议，对需要生产的装备制造产品分块合作，体现出企业之间既竞争又合作、相互兼容的关系。另一方面，柔性生产可以提供真实生产装备产品前的拟实生产，借助计算机等技术，在计算机提供的三维环境中，运用仿真、建模等方法，对产品设计、研发、生产等整个过程进行模拟，实现对产品生产的准确预计。据统计，通过拟实生产后生产的真实装备制造产品可以节约大概30%的成本。因此，柔性生产最精髓的内容就是实现产品的弹性生产，用最灵敏的反应能力来满足用户的多样化、个性需求。综上可以认为，企业柔性生产能力也是企业成长能力内涵中所涵盖的重要指标。

4.2 装备制造企业成长能力的结构维度分析

通过上述对装备制造企业成长能力的文献分析，以及对战略转型视角、外部网络嵌入视角、资源整合视角、持续创新视角、装备制造产品特点的新探讨，即从以往学者对企业成长能力的理解到本书对企业成长能力的新探讨，可以看出，到目前为止，装备制造企业成长能力概念已经有了较为深入及广泛的认识，这就使得对装备制造企业成长能力进行实证分析成为一种可能[247]。本书从实证角度，对我国实际背景下的装备制造企业成长能力结构维度进行更深入的分析，为后文关于装备制造企业成长能力对企业绩效的作用机制分析提供基础，为后续装备制造企业成长能力的提升提供依据。

目前对于企业成长能力还没有形成统一、公认的量表，更不用说关于装备制造企业成长能力的成熟量表。由于至今关于装备制造企业成长能力的理论研究较少，还没有一个普遍认可的测量工具，所以，当下亟须对装备制造企业成长能力的量表进行开发。本书参照 Churchill J. 提出的关于量表开发的原则，包括的具体步骤有：(1) 对需要验证的假设关系中提取所涉及的变量并进行概念化（Conceptualization）；(2) 通过回顾已有相关文献及以调研访谈的形式获取所研究变量应涵盖的各种维度；(3) 应用得到的变量维度清单进行初次数据收集并且作探索性因子分析，对题项进行精练；(4) 运用精练后的维度清单再次进行数据收集以验证精练后题项的可靠性；(5) 对具有可靠性的题项进行验证性因子分析以验证得到的结构维度；(6) 对最终获得的变量表进行有效性的评价[248]。

4.2.1 装备制造企业成长能力的初始量表设计

依照 Churchill 所提出的量表开发原则，首先对装备制造企业成长能力进行概念化，通过上述关于装备制造企业成长能力的内涵、特征、相关理论回归以及对其新视角的探索，可以说已经从理论层面上对装备制造企业成长能力进行了概念化，即装备制造企业成长能力是一种复合能力，依据企业发展战略的转变，合理配置自身所拥有的资源，并根据企业所处环境，不断地从外部环境获取自身发展所需资源、知识，整合内、外部要素并不断地进行创新以提供企业成长所需，提升并维持企业竞争优势，从而突破生命周期的闭区间限制，促使企业健康、有序成长。由于以上仅是从理论层面上对装备制造企业成长能力进行了提炼，且部分因素是源于西方研究的成果，并且每个国家都有其自身的国情、文化背景及企业面临的环境，所以，只有进行了深入的企业调研才能真正地揭示我国装备制造企业成长能力。

由于本书针对的是装备制造企业的成长能力，所以，所选择的企业对象应属于装备制造业包括的七大类企业。黑龙江省是我国振兴发展的老工业基地之一，装备制造企业是其四大支柱产业之一，黑龙江省具有较为雄厚、完善的装备制造产业体系。黑龙江省积极落实国家提出的《国务院关于加快振兴装备制造业的若干意见》政策，建立以装备制造企业为主的技术中心，如哈尔滨锅炉厂有限责任公司、哈尔滨哈飞汽车工业集团有限公司、哈尔滨汽轮机厂有限责任公司、哈尔滨电机厂有限责任公司、哈尔滨飞机工业集团有限责任公司等10个具有代表性的国家级企业技术研发中心。除了以企业为主的制造中心之外，还有许多与装备制造业相关的研究院所，如大电机研究所、焊接研究所、703研究所等9个国家级研究所。目前，黑龙江省部分装备制造产品已达到国际、国内先进水平，如哈尔滨轴承集团研发的先进轴承、哈尔滨晶体管厂的电子元器件、哈尔滨东北轻合金有限责任公司的铝合金超塑板材、哈尔滨玻璃钢研究院和哈尔滨工业大学研发的相关产品都成功运用于我国"神舟六号"宇宙飞船；哈尔滨工程大学水下机器人技术和703研究所的船舰动力系统已达到国际先进水平；哈尔滨航空工业集团有限公司正式加入波音公司的供应商体系，负责787飞机机翼身整流罩转包合同。除此之外，笔者所在的学校会定期举办各大企业中层以上领导干部培训班，以及每年招收工商管理硕士（MBA）、公共管理硕士（MPA）、工程管理硕士（MPM）等在职攻读硕士学位的进修班，这些班级的学员都是具有企业管理实践经验的人，对于经济管理的相关理论有更深入的认识。

基于以上有关装备制造企业的丰富调研资源，2012年4月起，笔者分别对哈尔滨电机厂有限责任公司、哈尔滨哈飞汽车工业集团有限公司、哈尔滨东安发动机（集团）有限公司等哈尔滨市装备制造相关企业的高中层领导、基层管理者进行了约见、访谈。在访谈前，就此次调研需要了解的装备制造企业成长能力的概念及特征进行简明扼要的阐述，以确保受访者能够准确理解访谈的目的，以"您认为一个企业要想实现健康、有序地成长，其所应该具备的企业成长能力体现在哪些方面？"为题进行了开放式问卷调查。此次调查过程中，经受访者允许后，访谈者可以使用录音笔进行记录，为后期的资料整体提供便利，共发放问卷200份，回收189份，回收率为94.5%。收集到开放式调查问卷的相关数据后，应用类属分析法对问卷资料及数据进行整理分析[249]。一方面，邀请研究企业成长方向的八位管理学教授按照客观性、相关性、排除性对问卷的项目进行分析、筛选、归类，将获取的事件经过反复推敲，剔除意义不明的无效项目，初步得到装备制造企业成长能力的类属清单。另一方面，根据上述对装备制造企业成长能力的理论分析，基于企业运营的过程视角，从文献的角度提炼出装备制造企业成长能力通用因素的观测变量。综合上述开放式问卷调查和相关文献的理论分析，可以使获得的装备制造企业成长能力的问项既具有理论上的研究，又能与实践接轨。在设计完初始问卷之后，请咨询专家和学者对问卷进行了修改使其符合逻辑，最终形成了具有 65 个题项的装备制造企业成长能力初始问卷，如表 4.2 所示。

表 4.2　装备制造企业成长能力测量工具初始项目池

序号	初始题项	文献基础
1	企业重视对人才创新的培养	唐健雄[267]、Hult G. T. M. 等[265]、Calantone R. J. 等[264]、Calantone R. J. 等[263]、J. Guan 等[266]
2	企业对研发投入了大量的经费	唐健雄[267]、Hult G. T. M. 等[265]、Calantone R. J. 等[264]、Calantone R. J. 等[263]、J. Guan 等[266]
3	企业设置了学习型的相关部门	唐健雄[267]、Hult G. T. M. 等[265]、Calantone R. J. 等[264]、Calantone R. J. 等[263]、J. Guan 等[266]
4	企业拥有满意的资源管理部门	饶扬德[270]、Shelby D. H. 等[271]、Teece D. J. 等[268]、Michael A. T. 等[272]、Candida G. B. 等[273]、Zott C.[269]
5	企业倡导通过不断学习提升自身	唐健雄[267]、Hult G. T. M. 等[265]、Calantone R. J. 等[264]、Calantone R. J. 等[263]、J. Guan 等[266]
6	企业设置了关于市场的创新体系	唐健雄[267]、Hult G. T. M. 等[265]、Calantone R. J. 等[264]、Calantone R. J. 等[263]、J. Guan 等[266]
7	企业与合作企业间经常保持联系	张巍等[210]、Gilbert M. 等[257]、Bart N.[258]、Wu W. P.[259]
8	企业具有系统性的信息处理能力	邹立清[251]、薛云奎等[252]、李兴旺[250]、Kaplan R. S. 等[253]、Ittner C. D. 等[254]、Aaltonen P. 等[256]、Pearce J. A.[255]
9	企业能够经常组织员工进行培训	唐健雄[267]、Hult G. T. M. 等[265]、Calantone R. J. 等[264]、Calantone R. J. 等[263]、J. Guan 等[266]
10	企业提倡企业间的开放协作创新	唐健雄[267]、Hult G. T. M. 等[265]、Calantone R. J. 等[264]、Calantone R. J. 等[263]、J. Guan 等[266]

表4.2 续1

序号	初始题项	文献基础
11	企业能够拓展出使员工满意的资源	饶扬德[270]、Shelby D. H. 等[271]、Teece D. J. 等[268]、Michael A. T. 等[272]、Candida G. B. 等[273]、Zott C.[269]
12	企业拥有使部门间共享满意的资源	饶扬德[270]、Shelby D. H. 等[271]、Teece D. J. 等[268]、Michael A. T. 等[272]、Candida G. B. 等[273]、Zott C.[269]
13	企业员工能够按规章制度进行执行	邹立清[251]、薛云奎等[252]、李兴旺[250]、Kaplan R. S. 等[253]、Ittner C. D. 等[254]、Aaltonen P. 等[256]、Pearce J. A. 等[255]
14	企业对员工制定了合理的奖惩措施	邹立清[251]、薛云奎等[252]、李兴旺[250]、Kaplan R. S. 等[253]、Ittner C. D. 等[254]、Aaltonen P. 等[256]、Pearce J. A. 等[255]
15	企业制定了宽容创新失败的相关制度	唐健雄[267]、Hult G. T. M. 等[265]、Calantone R. J. 等[264]、Calantone R. J. 等[263]、J. Guan 等[266]
16	企业十分重视资源的层级性和匹配性	饶扬德[270]、Shelby D. H. 等[271]、Teece D. J. 等[268]、Michael A. T. 等[272]、Candida G. B. 等[273]、Zott C.[269]
17	企业能够以较快的速度更新同类产品	唐健雄[267]、Hult G. T. M. 等[265]、Calantone R. J. 等[264]、Calantone R. J. 等[263]、J. Guan 等[266]
18	企业已构建了密切的企业间合作关系	张巍等[210]、Gilbert M. 等[257]、Bart N.[258]、Wu W. P.[259]
19	企业与合作企业间具有较强的信任感	张巍等[210]、Gilbert M. 等[257]、Bart N.[258]、Wu W. P.[259]
20	企业具有较强的判断力和环境洞察力	邹立清[251]、薛云奎等[252]、李兴旺[250]、Kaplan R. S. 等[253]、Ittner C. D. 等[254]、Aaltonen P. 等[256]、Pearce J. A. 等[255]
21	企业的内部管理具有相应的控制机制	邹立清[251]、薛云奎等[252]、李兴旺[250]、Kaplan R. S. 等[253]、Ittner C. D. 等[254]、Aaltonen P. 等[256]、Pearce J. A. 等[255]

表4.2 续2

序号	初始题项	文献基础
22	企业拥有完成任务所需要的所有资源	饶扬德[270]、Shelby D. H. 等[271]、Teece D. J. 等[268]、Michael A. T. 等[272]、Candida G. B. 等[273]、Zott C.[269]
23	企业能够识别出对自身成长有利的机会	邹立清[251]、薛云奎等[252]、李兴旺[250]、Kaplan R. S. 等[253]、Ittner C. D. 等[254]、Aaltonen P. 等[256]、Pearce J. A. 等[255]
24	企业能够提供与市场需求相一致的产品	邹立清[251]、薛云奎等[252]、李兴旺[250]、Kaplan R. S. 等[253]、Ittner C. D. 等[254]、Aaltonen P. 等[256]、Pearce J. A. 等[255]
25	企业与合作企业间进行频繁交流对话	张巍等[210]、Gilbert M. 等[257]、Bart N.[258]、Wu W. P.[259]
26	企业非常了解与其合作企业的相关情况	张巍等[210]、Gilbert M. 等[257]、Bart N.[258]、Wu W. P.[259]
27	企业所拥有的资源具有满意的资源禀赋	饶扬德[270]、Shelby D. H. 等[271]、Teece D. J. 等[268]、Michael A. T. 等[272]、Candida G. B. 等[273]、Zott C.[269]
28	企业拥有满意的可供跨组织使用的资源	饶扬德[270]、Shelby D. H. 等[271]、Teece D. J. 等[268]、Michael A. T. 等[272]、Candida G. B. 等[273]、Zott C.[269]
29	企业拥有的资源能够提升企业整体效率	饶扬德[270]、Shelby D. H. 等[271]、Teece D. J. 等[268]、Michael A. T. 等[272]、Candida G. B. 等[273]、Zott C.[269]
30	企业能够针对员工的需要组织知识培训	唐健雄[267]、Hult G. T. M. 等[265]、Calantone R. J. 等[264]、Calantone R. J. 等[263]、J. Guan 等[266]
31	企业能够轻松地与合作企业进行交流	张巍等[210]、Gilbert M. 等[257]、Bart N.[258]、Wu W. P.[259]
32	企业员工能够发挥主观能动性及积极性	邹立清[251]、薛云奎等[252]、李兴旺[250]、Kaplan R. S. 等[253]、Ittner C. D. 等[254]、Aaltonen P. 等[256]、Pearce J. A. 等[255]

表4.2 续3

序号	初始题项	文献基础
33	企业与合作企业间已具有较长的合作时间	张巍等[210]、Gilbert M. 等[257]、Bart N.[258]、Wu W. P.[259]
34	企业能够采用联盟、并购的方式配置资源	饶扬德[270]、Shelby D. H. 等[271]、Teece D. J. 等[268]、Michael A. T. 等[272]、Candida G. B. 等[273]、Zott C.[269]
35	企业形成了获取合作企业知识的惯例机制	张巍等[210]、Gilbert M. 等[257]、Bart N.[258]、Wu W. P.[259]
36	企业在所处的企业合作网络中处于核心地位	张巍等[210]、Gilbert M. 等[257]、Bart N.[258]、Wu W. P.[259]
37	企业能够辨识各种信息并对其进行分类归纳	邹立清[251]、薛云奎等[252]、李兴旺[250]、Kaplan R. S. 等[253]、Ittner C. D. 等[254]、Aaltonen P. 等[256]、Pearce J. A. 等[255]
38	企业具有良好的资源结构和较高的处理效率	饶扬德[270]、Shelby D. H. 等[271]、Teece D. J. 等[268]、Michael A. T. 等[272]、Candida G. B. 等[273]、Zott C.[269]
39	企业能够以较快的速度采用新工艺、新标准	唐健雄[267]、Hult G. T. M. 等[265]、Calantone R. J. 等[264]、Calantone R. J. 等[263]、J. Guan 等[266]
40	企业能够通过改变原有资源来提升工作效率	饶扬德[270]、Shelby D. H. 等[271]、Teece D. J. 等[268]、Michael A. T. 等[272]、Candida G. B. 等[273]、Zott C.[269]
41	企业形成了定期对经营状况进行总结的制度	邹立清[251]、薛云奎等[252]、李兴旺[250]、Kaplan R. S. 等[253]、Ittner C. D. 等[254]、Aaltonen P. 等[256]、Pearce J. A. 等[255]
42	企业能够正确地理解并使用所获取的各种知识	张巍等[210]、Gilbert M. 等[257]、Bart N.[258]、Wu W. P.[259]
43	企业设有对外部环境进行实时监控的工作人员	邹立清[251]、薛云奎等[252]、李兴旺[250]、Kaplan R. S. 等[253]、Ittner C. D. 等[254]、Aaltonen P. 等[256]、Pearce J. A. 等[255]

表4.2 续4

序号	初始题项	文献基础
44	企业已与两个或两个以上企业一起进行过合作	张巍等[210]、Gilbert M. 等[257]、Bart N.[258]、Wu W. P.[259]
45	企业能够灵活地调整组织结构以适应创新需要	唐健雄[267]、Hult G. T. M. 等[265]、Calantone R. J. 等[264]、Calantone R. J. 等[263]、J. Guan 等[266]
46	企业能够快速调整资源以应对外界环境的变化	饶扬德[270]、Shelby D. H. 等[271]、Teece D. J. 等[268]、Michael A. T. 等[272]、Candida G. B. 等[273]、Zott C.[269]
47	企业倡导员工层面、部门层面间的交流、合作	唐健雄[267]、Hult G. T. M. 等[265]、Calantone R. J. 等[264]、Calantone R. J. 等[263]、J. Guan 等[266]
48	企业能够随外部环境灵活地调整内部运行机制	邹立清[251]、薛云奎等[252]、李兴旺[250]、Kaplan R. S. 等[253]、Ittner C. D. 等[254]、Aaltonen P. 等[256]、Pearce J. A. 等[255]
49	企业通过达成共识的方式制定企业战略及目标	邹立清[251]、薛云奎等[252]、李兴旺[250]、Kaplan R. S. 等[253]、Ittner C. D. 等[254]、Aaltonen P. 等[256]、Pearce J. A. 等[255]
50	企业将长期战略细化为短期目标	邹立清[251]、薛云奎等[252]、李兴旺[250]、Kaplan R. S. 等[253]、Ittner C. D. 等[254]、Aaltonen P. 等[256]、Pearce J. A. 等[255]
51	企业能够在较短时间内设计或更改所生产的产品	万伦来等[261]、谢卫红等[262]、Gupta Y. P. 等[245]、Vokurka R. J. 等[260]
52	企业能够正确分析出企业经营受内部资源的影响	邹立清[251]、薛云奎等[252]、李兴旺[250]、Kaplan R. S. 等[253]、Ittner C. D. 等[254]、Aaltonen P. 等[256]、Pearce J. A. 等[255]
53	企业制定了与战略相匹配的组织结构和管理制度	邹立清[251]、薛云奎等[252]、李兴旺[250]、Kaplan R. S. 等[253]、Ittner C. D. 等[254]、Aaltonen P. 等[256]、Pearce J. A. 等[255]
54	企业能够预测并提供消费者未来将要使用的产品	唐健雄[267]、Hult G. T. M. 等[265]、Calantone R. J. 等[264]、Calantone R. J. 等[263]、J. Guan 等[266]

表4.2 续5

序号	初始题项	文献基础
55	企业能够在不多支出成本的情况下整合内部资源	饶扬德[270]、Shelby D. H. 等[271]、Teece D. J. 等[268]、Michael A. T. 等[272]、Candida G. B. 等[273]、Zott C.[269]
56	企业能够将战略思想嵌入到员工绩效的奖惩措施中	邹立清[251]、薛云奎等[252]、李兴旺[250]、Kaplan R. S. 等[253]、Ittner C. D. 等[254]、Aaltonen P. 等[256]、Pearce J. A. 等[255]
57	企业能够正确分析出企业经营受外部环境变化的影响	邹立清[251]、薛云奎等[252]、李兴旺[250]、Kaplan R. S. 等[253]、Ittner C. D. 等[254]、Aaltonen P. 等[256]、Pearce J. A. 等[255]
58	企业能够在产品生产水平变动的情况下保持稳定的利润	万伦来等[261]、谢卫红等[262]、Gupta Y. P.等[245]、Vokurka R. J. 等[260]
59	企业能够在产品生产水平变动的情况下保持稳定的管理成本	万伦来等[261]、谢卫红等[262]、Gupta Y. P.等[245]、Vokurka R. J. 等[260]
60	企业能够在不用支出太多研发费用的情况下获取一定的创新产品	万伦来等[261]、谢卫红等[262]、Gupta Y. P.等[245]、Vokurka R. J. 等[260]
61	企业能够在不用支出太多培训费用的情况下获得足够的人力资源	万伦来等[261]、谢卫红等[262]、Gupta Y. P.等[245]、Vokurka R. J. 等[260]
62	企业能够在不用支出太多采购费用的情况下获取不同种类的原材料	万伦来等[261]、谢卫红等[262]、Gupta Y. P.等[245]、Vokurka R. J. 等[260]
63	企业能够在不用支出太多销售成本的情况下获取稳定的产品销售量	万伦来等[261]、谢卫红等[262]、Gupta Y. P.等[245]、Vokurka R. J. 等[260]
64	企业能够及时反馈外部环境变化以对产品、市场等资源进行合理配置	饶扬德[270]、Shelby D. H. 等[271]、Teece D. J. 等[268]、Michael A. T. 等[272]、Candida G. B. 等[273]、Zott C.[269]
65	企业能够在有利可图并且调试成本变化不大的情况下生产不同规格的产品	万伦来等[261]、谢卫红等[262]、Gupta Y. P.等[245]、Vokurka R. J. 等[260]

在获得了初始问卷之后，需要对获取的装备制造企业成长能力问卷的各题项组成状况进行判定。2012 年 6 月，课题研究小组又选取哈尔滨地区第一次开放式调查中未调查的 6 家装备制造相关的企业，以这些企业的高中层领导人员作为调查对象，对编制好的初始问卷进行测试。此次问卷发放数量为 150 份，剔除无效的问卷后，获得 115 份有效问卷。对有效的 115 份问卷进行分析，将所有量表题项的总分按高低排序，分离出前 27% 和后 27% 的高低两组数据，计算出每个题项的平均值并用独立样本 t-test 检验得到每个题项的两组差异的显著性，将临界比率（Critical Ratio）大于 0.05 的题项给予删除；在项目分析之后，对修改后的问卷进行结构效度检验，在因素分析过程中，选用最大方差法正交旋转，从得到的计算列表中删除因素载荷分数以及共同度较低的题项；在项目分析和因素分析之后，对保留下来的题项进行修正、合并以及表达上的简化处理。最终，获得了包含 35 个题项的正式问卷（正式题项），如表 4.3 所示。

表 4.3　装备制造企业成长能力测量工具正式题项

编号	观测变量
N1	企业重视对人才创新的培养
N2	企业对研发投入了大量的经费
N3	企业拥有满意的资源管理部门
N4	企业提倡企业间的开放协作创新
N5	企业拥有使部门间共享的满意的资源
N6	企业制定了宽容创新失败的相关制度
N7	企业十分重视资源的层级性和匹配性
N8	企业能够以较快的速度更新同类产品
N9	企业已构建了密切的企业间合作关系
N10	企业与合作企业间具有较强的信任感
N11	企业具有较强的判断力和环境洞察力
N12	企业与合作企业间进行频繁的交流对话
N13	企业拥有满意的可供跨组织使用的资源
N14	企业与合作企业间已具有较长的合作时间
N15	企业能够采用联盟、并购的方式配置资源
N16	企业形成了获取合作企业知识的惯例机制
N17	企业在所处的企业合作网络中处于核心地位

表4.3　续

编号	观测变量
N18	企业能够以较快的速度采用新工艺、新标准
N19	企业已与两个或两个以上企业一起进行过合作
N20	企业能够灵活地调整组织结构以适应创新需要
N21	企业能够随外部环境灵活地调整内部运行机制
N22	企业能够将长期战略细化为短期目标
N23	企业能够在较短时间内设计或更改所生产的产品
N24	企业能够正确分析出企业经营受内部资源的影响
N25	企业制定了与战略相匹配的组织结构和管理制度
N26	企业能够在不多支出成本的情况下整合内部资源
N27	企业能够将战略思想嵌入到员工绩效的奖惩措施中
N28	企业能够正确分析出企业经营受外部环境变化的影响
N29	企业能够在产品生产水平变动的情况下保持稳定的利润
N30	企业能够在产品生产水平变动的情况下保持稳定的管理成本
N31	企业能够在不用支出太多研发费用的情况下获取一定的创新产品
N32	企业能够在不用支出太多培训费用的情况下获得足够的人力资源
N33	企业能够在不用支出太多采购费用的情况下获取不同种类的原材料
N34	企业能够在不用支出太多销售成本的情况下获取稳定的产品销售量
N35	企业能够及时反馈外部环境变化以对产品、市场等资源进行合理配置

在正式题项确定之后，本书采用李克特七分量表法（Multiple-item scales），将量表的答案设置成在七个选项中选择一个与客观事实最接近的选项，其中项目计分从1到7表示被调查者对题项所描述内容的认可程度逐渐提升，"1"为"完全不同意"，"7"为"完全同意"，进而制定出装备制造企业成长能力的正式调查问卷，具体见附录A。

基于修改好的装备制造企业成长能力结构维度调查问卷，本书通过以下两种途径发放问卷：一种是通过相关人员帮忙，联系笔者所在城市哈尔滨以及周边的城市（包括齐齐哈尔、牡丹江、大庆等）的装备制造企业，在此基础上，分派装备制造企业成长能力结构维度调查小组成员分别到各企业进行深入调研，直接发放并回收问卷；另一种是由于就读工商管理硕士、公共管理硕士以及工程管理硕士的在职研究生大多数至少已经是企业的基础管理者，因此，通过对哈尔滨工程大学经济管理学院2010级和2011级工商管理硕士、公共管理硕士及工程管理硕士在校生,以及 2009 级到 2011 级的在职博士研究生(其中很多涉及装备制造行业)进行该问卷调查的集中培训,使其能够在各自单位(包括黑龙江、吉林、辽宁、山东、广东等省)进行调查问卷的发放并回收。通过上述两种方式累计共发放问卷 680 份,直接回收及邮寄回来的问卷达到 649 份,问卷回收率为 95.4%。根据获得问卷的数据有效性,剔除掉答案过于极端、前后矛盾等无效问卷,最终得到有效问卷 612 份。

由于考虑到做完探索性因子分析之后还要进行验证性因子分析,并且根据协方差结构模型理论,验证性因子分析与探索性因子分析需要使用不同的样本数据,运用验证性因子分析需要较大的样本数。因此,本书将获取的 612 份有效问卷平均分为三份,随机抽选 204 份问卷进行探索性因子分析,剩余的 408 份问卷用于验证性因子分析[247,249]。

4.2.2 装备制造企业成长能力的探索性因子分析

本书 4.2.1 节确定了装备制造企业成长能力的测量工具——正式调查问卷,本节将利用统计分析软件 SPSS16.0 对收集的问卷数据进行结构分析,其中最有效的结构分析方法就是探索性因子分析(Exploratory Factor Analysis)。它主要是通过测试题项的协方差矩阵来探讨所有的测试题项后面隐藏了几个公共因子,而这些公共因子就是我们最关心的潜在变量,按照每个公因子对应的题项内容为各公共因子命名,与此同时,也需要兼顾所获取数据的测量工具信度和效度。

应用统计软件 SPSS16.0 对随机抽选的 204 份问卷数据进行探索性因子分析。首先需要考虑装备制造企业成长能力所有测试项是否适合做因子分析。从表 4.4 可以看出,所抽取样本数据的 KMO 值为 0.918,和 1 比较接近,说明所选样本量能够进行因子分析。同时,Bartlertt 球度检验(测试项相关矩阵为单位矩阵的假设)的卡方值为 804.339,自由度为 595,显著水平为 0.000,说明拒绝了原假设,此样本数据适合做因子分析。在此基础上,应用主成分分析求公共因子,同时为了能够得到更加简洁的结构,采用方差最大法进行正交旋转。在此过程中,本书应用两种确定公共因子的方法进行探索[247,249],一种是根据 4.1 节的理论分析,尝试先后固定公共因子数量分别为四个、五个、六个作为装备制造企业成长能力 35 个测试项的公共因子,在分析中需要注意将正交因子负荷矩阵中因子载荷小于 0.45 的测试项给予删除,通过测试,选择公共因子数为 5 时,公共因子数量的累计贡献率及因子载荷较为理想,具体见表 4.5、表 4.6(为了便于观察,删除了不需要的因子载荷数)。

从表 4.5 可以看出,将装备制造企业成长能力的 35 个测度项划分到五个公共因子,累计贡献率达到 64.167%,能够解释测度项的大部分信息,具有较好的解释性。表 4.6 的数据反映出无论是五个公共因子在 35 个测度项的载荷还是共同度都处在较高的水平,其中共同度都达到 59% 以上,这表明经提取的五个公共因子能够代表测度项所反映的全部信息。

表 4.4　KMO 值和 Bartlertt 球度检验

KMO 检验统计量	Bartlertt 球度检验		
	卡方值	自由度（df）	显著度（Sig.）
0.918	804.338	595	.000

表 4.5　主成分分析提取公共因子数

公共因子	特征值	贡献率（%）	累计贡献率（%）
F1	13.432	48.354	48.354
F2	1.526	4.953	53.307
F3	1.395	4.015	57.322
F4	1.084	3.698	61.02
F5	0.951	3.147	64.167

表 4.6　正交旋转后各测度项在公共因子的载荷及其共同度

测度项目	F1	F2	F3	F4	F5	共同度
N28	0.789					0.654
N24	0.752					0.638
N11	0.614					0.667
N25	0.601					0.716
N21	0.568					0.607
N22	0.526					0.631
N27	0.507					0.672
N9		0.658				0.639
N10		0.634				0.66
N12		0.619				0.714
N19		0.577				0.706

表4.6 续

测度项目	F1	F2	F3	F4	F5	共同度
N17		0.539				0.617
N14		0.509				0.634
N16		0.499				0.618
N35			0.701			0.759
N7			0.691			0.682
N15			0.632			0.637
N26			0.611			0.611
N5			0.564			0.701
N3			0.532			0.691
N13			0.503			0.644
N8				0.714		0.712
N18				0.693		0.766
N2				0.648		0.631
N20				0.564		0.608
N6				0.517		0.629
N4				0.501		0.641
N1				0.491		0.591
N23					0.699	0.637
N34					0.647	0.742
N30					0.625	0.677
N29					0.618	0.687
N31					0.581	0.682
N32					0.544	0.646
N33					0.513	0.657

在此基础上,根据表4.6中各公共因子正交旋转后所对应的测度项内容,可以对得到的5个公共因子进行命名。对于F1而言,包括分析企业外部环境的变化(N28)、分析企业自身资源情况(N24)、企业管理层的判断力和环境洞察力(N11)、与战略相匹配的结构及制度(N25)、随外部环境调整企业自身(N21)、根据长期战略制定短期目标(N22)和企业战略涉及企业每一个岗位(N27),这些测度项反映了企业战略层面的管理,主要强调企业能够制定出正确的战略并且具有能随外界变化对战略进行灵活调整的能力,因此将F1命名为战略转型能力。对F2而言,包括与其他企业的合作关系(N9)、与

其他企业建立了较强的信任感（N10）、与其他企业间有频繁的来往（N12）、企业同时与多个企业进行过合作（N19）、在合作网络中企业具有重要的作用（N17）、与其他企业进行了长期的合作（N14）和通过企业网络获取了合作企业的资源（N16），这些测度项反映了企业同网络内企业间的互动，并具有获取各自所需资源以共同成长的能力，因此将F2命名为外部网络嵌入能力。对于F3而言，包括企业对产品、市场等资源进行合理配置（N35），看重企业资源的层级性和匹配性（N7），通过联盟、并购的方式配置资源（N15），企业能够灵活调整内部资源的配置（N26），企业具有凸显自身优势的资源（N5）、企业拥有专门的资源配置部门（N3）和企业拥有多部门公用的资源（N13），这些测度项反映了企业不但能够与其他企业进行资源的分享，同时具有可以共同发挥自身与外界资源的优势以提升企业成长的能力，因此将F3命名为资源整合能力。对F4而言，包括快速更新企业同类产品（N8）、企业实施新的生产工艺或标准（N18）、企业投入大量研发经费（N2）、为了适应创新调整企业组织结构（N20）、企业考虑到创新给职工带来的风险性（N6）、企业鼓励与其他企业的创新合作（N4）和重视创新人才的培养（N1），这些测度项反映了企业拥有以创新活动为首要任务促进企业成长的能力，因此将F4命名为持续创新能力。对于F5而言，包括灵活地更改所生产的产品（N23）、在销售量变化的情况下保证销售成本不变（N34）、在产品生产水平变化的情况下保证管理成本不变（N30）、在产品生产水平变化的情况下保证利润不变（N29）、在研发费用变动的情况下保证一定的创新产品（N31）、在培训费用变动的情况下保证足够人力资源（N32）和在采购费用变动的情况下保证不同种类资源的提供（N33），这些测度项反映了企业能够在现有的条件下，通过企业自身灵活地微调以保证企业正常运营的能力，这一点正好突出了许多装备制造企业亟须具备的能力，因此将F5命名为柔性生产能力。

综上所述，通过对装备制造企业成长能力的测度项进行探索性因子分析，发现装备制造企业成长能力的结构可以划分为五个维度，即战略转型能力、外部网络嵌入能力、资源整合能力、持续创新能力及柔性生产能力。由于通过探索性因子分析将装备制造企业成长能力划分为五个结构维度仅是初步的判断，还需要后续对该结构维度进行验证性因子分析，同时，在进行验证性因子分析之前还需要对装备制造企业成长能力测度项问卷的信度和效度进行检验。

根据上述装备制造企业成长能力探索性因子分析的结果，得到了战略转型能力、外部网络嵌入能力、资源整合能力、持续创新能力和柔性生产能力五个子能力，将五个子能力对应的测度题项进行内部一致性检验，发现战略转型能力的 Cronbachα 信度系数值为 0.7614、外部网络嵌入能力的 Cronbachα 信度系数值为 0.7153、资源整合能力的 Cronbachα 信度系数值为 0.6843、持续创新能力的 Cronbachα 信度系数值为 0.7589、柔性生产能力的 Cronbachα 信度系数值为 0.7332；同时，装备制造企业成长能力测度题项的总体 Cronbachα 信度系数值为 0.8324，这些都说明装备制造企业成长能力测度问卷具有较强的内部一致性，而且通过该问卷获取的数据进行分析的结论具有可信性及可靠性，具体见表 4.7。此外，通过对五个子能力维度下各测度项与其对应维度能力及其他维度能力的相关性分析，结果表明只有测度项与其对应的维度能力间具有较高的相关性，相关系数落在 0.764~0.865 之间，这说明该问卷具有良好的内容效度。综合对问卷的信度和效度的验证，说明本书构建的 35 个测度项目且归属于五个结构维度的装备制造企业成长能力的测量问卷，具有合理的结构，能有效地拟合装备制造企业成长能力。

表 4.7 装备制造企业成长能力各维度 Cronbachα 信度系数值

序号	装备制造企业成长能力结构维度	测度项	Cronbachα 信度系数值
1	战略转型能力	N28	0.7614
		N24	
		N11	
		N25	
		N21	
		N22	
		N27	
2	外部网络嵌入能力	N9	0.7153
		N10	
		N12	
		N19	
		N17	
		N14	
		N16	

表4.7 续

序号	装备制造企业成长能力结构维度	测度项	Cronbachα信度系数值
3	资源整合能力	N35	0.6843
		N7	
		N15	
		N26	
		N5	
		N3	
		N13	
4	持续创新能力	N8	0.7589
		N18	
		N2	
		N20	
		N6	
		N4	
		N1	
5	柔性生产能力	N23	0.7332
		N34	
		N30	
		N29	
		N31	
		N32	
		N33	

4.2.3 装备制造企业成长能力的验证性因子分析

在应用探索性因子分析初步确定了装备制造企业成长能力结构维度之后，还需要对该结构维度进行验证。为了保证装备制造企业成长能力测度量表所测特质维度的确定性、稳定性和可靠性，本书将采用学术界普遍认可的交叉实证（Cross-Validation）研究程序。由于上一节已经应用SPSS统计软件对随机抽取的204份问卷数据进行了探索性因子分析，本节将利用统计分析软件

AMOS7.0 对剩余的 408 份问卷数据进行验证性因子分析（Confirmatory Factor Analysis）。此验证性因子分析内容不仅包括对探索性因子分析所确定的五个维度模型的验证，而且还要对可以存在的单维度、两维度、三维度及四维度模型进行比较，以满足省俭的原则。针对验证性因子分析，其判定准则主要关心样本协方差与模型估计协方差之间的相似程度，本书主要选取卡方自由度比（χ^2/df）、渐进残差均方和平方根（RMSEA）、残差均方和平方根（RMR）、良适性适配指标（GFI）、调整后良适性适配指标（AGFI）、规准适配指标（NFI）、比较适配指数（CFI）、期望跨效度指标（ECVI）等指标对各模型进行评判，其中需要对 ECVI 指标进行说明，它主要用于对来自同一样本的各模型进行比较分析，该指标值越小，说明该模型越优。

依据上述验证性因子分析的流程[247,249]，首先对上一节探索性因子分析得到的五维度的装备制造企业成长能力模型进行分析，应用统计分析软件 AMOS7.0 对其进行数据处理，得到的模型拟合指标如表 4.8 所示、模型路径如图 4.1 所示。在对五维度模型验证结果分析之前，先对各评判指标的允许临界范围给予介绍，其中，卡方自由度比值接近 2 时，表示该模型具有较好的拟合，当样本容量较大时，卡方自由度比值小于 5 也是可以接受的；渐进残差均方和平方根小于 0.05 时，表示该模型具有较好的拟合；残差均方和平方根小于 0.05 时，表示该模型具有较好的拟合；良适性适配指标值和调整后良适性适配指标值大于 0.9 时，表示该模型具有较好的拟合；规准适配指标值、比较适配指数值接近 1 时，表示该模型具有较好的拟合。基于上述评判标准，由表 4.8 可以被看出，五维度模型的八个拟合指标值均在允许的合理范围内，说明五维度模型对装备制造企业成长的诠释具有良好的拟合效果，也就是说五维度模型的拟合结果完全是可以接受的。由图 4.1 可以看出，装备制造企业成长能力所划分的五维子能力与其所对应测度题项之间具有较高的载荷关系，载荷值范围为 0.581~0.716，这表明装备制造企业成长能力的测度题项具有较好的收敛性，都分别收敛于其对应的子能力维度中。此外，装备制造企业成长能力所划分的五维子能力间的相关性均比较低，其数值范围为 0.298~0.462，与强相关性的临界值相差甚远，这表明装备制造企业成长所划分的五维子能力间具有较好的区分性。综合表 4.8、图 4.1，说明五维子能力模型具有较好的拟合能力，战略转型能力、外部网络嵌入能力、资源整合能力、持续创新能力和柔性生产能力能够较好地测度装备制造企业成长能力。

表 4.8 装备制造企业成长能力五维度模型的拟合指标值

验证模型	χ^2/df	RMSEA	RMR	GFI	AGFI	NFI	CFI	TLI
五维度模型	2.83	0.056	0.031	0.91	0.93	0.98	0.97	0.98

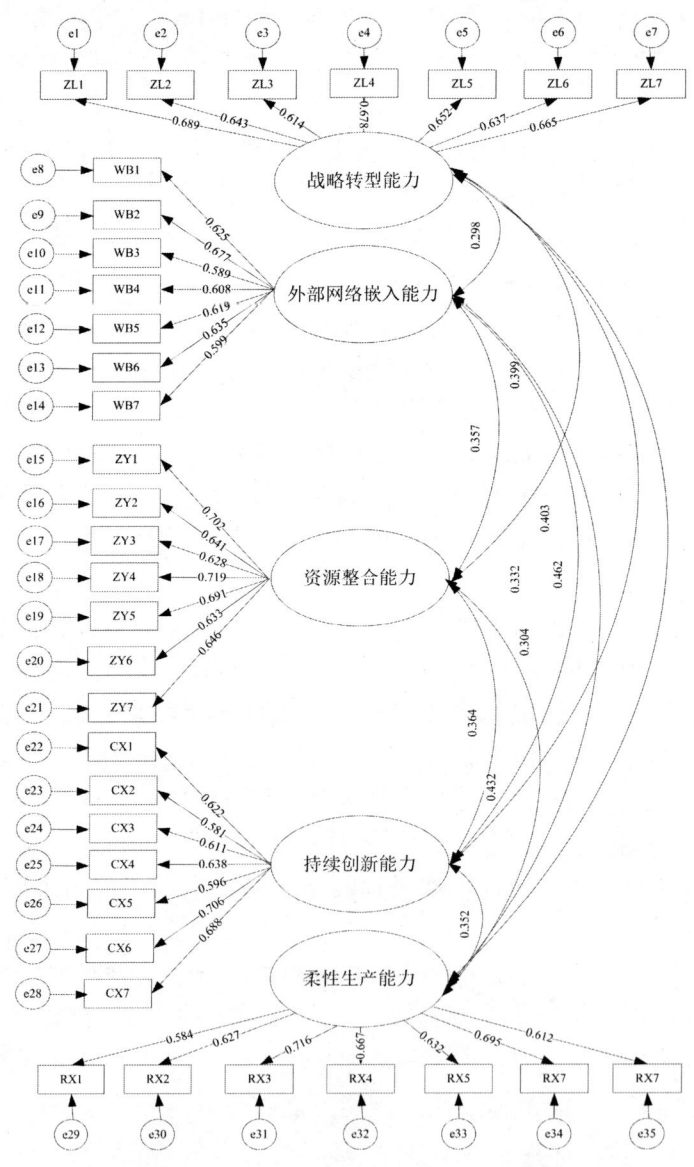

图 4.1 装备制造企业成长能力的五维子能力模型验证性因子分析

在对探索性因子分析得到的五维子能力模型验证之后，为了更进一步确定装备制造企业成长能力的结构维度，本节还将通过合并五维子能力模型中的若干个子能力，构建出装备制造企业成长能力的单维度、两维度、三维度和四维度模型，并且对其进行拟合效果检验。其中，单维度模型指将战略转型能力等五个子能力合并为一个维度的模型；两维度模型（a）指将战略转型能力、外部网络嵌入能力和资源整合能力合并为一个维度，将持续创新能力和柔性生产能力合并为一个维度，所形成的两个维度间具有相关性，这就是装备制造企业成长能力被划分为两个维度的结构模型；两维度模型（b）指战略转型能力和外部网络嵌入能力合并为一个维度，资源整合能力、持续创新能力和柔性生产能力合并为一个维度，所形成的两个维度间具有相关性，这就是装备制造企业成长能力被划分为两个维度的结构模型；三维度模型（a）指将战略转型能力与外部网络嵌入能力合并为一个维度，将持续创新能力与柔性生产能力合并为一个维度，所形成的三个维度间具有相关性，这就是装备制造企业成长能力被划分为三个维度的结构模型；三维度模型（b）指将资源整合能力与外部网络嵌入能力合并为一个维度，将持续创新能力与柔性生产能力合并为一个维度，所形成的三个维度间具有相关性，这就是装备制造企业成长能力被划分为三个维度的结构模型；三维度模型（c）指将战略转型能力与外部网络嵌入能力合并为一个维度，将资源整合能力与柔性生产能力合并为一个维度，所形成的三个维度间具有相关性，这就是装备制造企业成长能力被划分为三个维度的结构模型；四维度模型（a）指将战略转型能力与外部网络嵌入能力合并为一个维度，所形成的四个维度间具有相关性，这就是装备制造企业成长能力被划分为四个维度的结构模型；四维度模型（b）指将资源整合能力与外部网络嵌入能力合并为一个维度，所形成的四个维度间具有相关性，这就是装备制造企业成长能力被划分为四个维度的结构模型；四维度模型（c）指将资源整合能力与柔性生产能力合并为一个维度，所形成的四个维度间具有相关性，这就是装备制造企业成长能力被划分为四个维度的结构模型；四维度模型（d）指将持续创新能力与外部网络嵌入能力合并为一个维度，所形成的四个维度间具有相关性，这就是装备制造企业成长能力被划分为四个维度的结构模型。应用统计分析软件 AMOS7.0 对上述模型进行验证分析，其检验结果如表 4.9 所示。

表 4.9　装备制造企业成长能力各维度模型拟合指标比较

验证模型	χ^2/df	RMSEA	RMR	GFI	AGFI	TLI	CFI	NFI	ECVI
单维度模型	4.02	0.079	0.044	0.81	0.79	0.95	0.96	0.97	3.71
两维度模型（a）	3.96	0.076	0.041	0.83	0.82	0.96	0.97	0.98	3.67
两维度模型（b）	3.99	0.078	0.043	0.81	0.81	0.96	0.96	0.97	3.38
三维度模型（a）	3.18	0.066	0.032	0.89	0.87	0.98	0.97	0.98	2.85
三维度模型（b）	3.92	0.075	0.039	0.85	0.82	0.97	0.97	0.97	3.43
三维度模型（c）	3.84	0.072	0.036	0.86	0.83	0.97	0.97	0.98	3.33
四维度模型（a）	3.11	0.062	0.031	0.87	0.85	0.98	0.97	0.98	2.84
四维度模型（b）	3.74	0.071	0.039	0.85	0.83	0.98	0.97	0.98	2.99
四维度模型（c）	3.36	0.069	0.036	0.84	0.82	0.98	0.97	0.98	3.15
四维度模型（d）	3.19	0.066	0.033	0.87	0.89	0.98	0.97	0.98	2.91
五维度模型	2.83	0.056	0.031	0.91	0.93	0.98	0.97	0.98	2.69

根据表4.9的拟合指标值可以看出，装备制造企业成长能力的单维度模型、所有两维度模型、所有三维度模型和所有四维度模型的 GFI、AGFI、NFI、CFI 和 NFI 的拟合指标值均小于五维度模型，而五维度模型的 RMSEA、RMR 和 ECVI 的拟合指标值均小于其他维度模型的拟合值。这些都更进一步地说明了将装备制造企业成长能力划分为战略转型能力、外部网络嵌入能力、资源整合能力、持续创新能力和柔性生产能力五维度的合理性和有效性，即装备制造企业成长能力五维度的结构得以验证。

4.3　基于协同的装备制造企业成长能力各维度间的关系分析

4.1节和4.2节分别从理论逻辑演绎及问卷调查的角度进行了探索性、验证性实证分析，本书已确认将装备制造企业成长能力划分为五个结构维度，包括战略转型能力、外部网络嵌入能力、资源整合能力、持续创新能力和柔性生产能力。本节将在前文研究成果的基础上，以装备制造企业成长能力内部构成为出发点，应用协同学原理分析装备制造企业成长能力内部五个子维度间的相互作用以及各子维度的协同演化，从而更进一步地剖析装备制造企业成长能力内部构成的"黑箱"。

4.3.1 协同视角研究装备制造企业成长能力各维度关系的适应性分析

根据对装备制造企业成长能力内涵及构成要素的分析，已经得出装备制造企业成长能力是一种复合能力且包含五个子维度。根据系统理论，系统是由要素构成的，并且要素之间会相互作用、相互影响。装备制造企业成长能力也可以被看作是由五个子维度系统构成的复杂系统，也就是说，装备制造企业成长能力系统由战略转型能力子系统、外部网络嵌入能力子系统、资源整合能力子系统、持续创新能力子系统和柔性生产能力子系统构成，并且不同子系统在装备制造企业成长系统中承担着不同的功能。类似于生命有机体，只有各个功能单元相互协调匹配，生命有机体才能更好地运行。同样，装备制造企业成长能力系统也是如此，只有各个子系统相互间协调配合，产生子系统间的协同效应，才能提升企业成长能力，最终促进装备制造企业的健康、可持续成长。

本书认为装备制造企业成长能力系统包括战略转型能力子系统、外部网络嵌入能力子系统、资源整合能力子系统、持续创新能力子系统和柔性生产能力子系统。其中，战略转型能力是装备制造企业成长能力系统的前提要素；外部网络嵌入能力是装备制造企业成长能力系统的保障要素；资源整合能力是装备制造企业成长能力系统的基础要素；持续创新能力是装备制造企业成长能力系统的核心要素；柔性生产能力是装备制造企业成长能力系统的黏合剂。首先，装备制造企业成长能力系统的演变是由作为提前要素的战略转型能力发起，它是装备制造企业成长能力由外而内、内外结合的窗口，通过预见内、外部环境的变化，从而判断装备制造企业成长能力的演化方向以及调整的内容，然后依据作为基础要素的资源整合能力进行内外资源的选择及配置。其次，在这一过程中，作为保障要素的外部网络嵌入能力会通过具有的外部网络"触角"尽可能多地为资源整合能力提供资源的"原材料"。再次，这些装备制造企业成长能力子能力间的作用关系都可以通过作为黏合剂的柔性生产能力进行衔接，并使得企业成长能力的提升能够渗透到装备制造企业生产经营的微观层面。最后，值得注意的是，无论是战略转型能力、外部网络嵌入能力、资源整合能力，还是柔性生产能力，均离不开持续创新能力，它是装备制造企业成长能力的核心零件，其他四个子能力的提升都需要以持续创新能力的提升为前提，通过变革和创新使装备制造企业成长能力系统内部运行模式更新、更具有竞争力，从而保证装备制造企业成长能力的持续竞争优势。对于装备制造企业成长能力系统子能力的功能作用，具体如图 4.2

所示，反映出类似于齿轮间的相互带动作用。

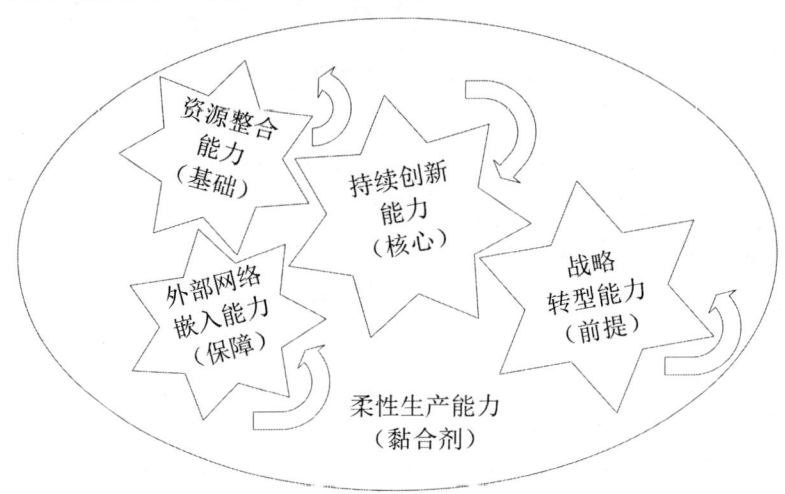

图 4.2　装备制造企业成长能力的五维子能力的功能

本节重点是应用协同原理分析装备制造企业成长能力内部五个子维度系统间的相互作用以及各子系统的协同演化，但是在应用协同原理对装备制造企业成长能力进行分析之前，需要先对装备制造企业成长能力各维度关系协同视角研究的适应性进行分析。20 世纪 50 年代后期，为了对复杂的社会和自然现象进行解释，人们提出了一批有效的方法论，其中最为突出的是以协同论、突变论、耗散结构论、超循环论等为主要内容的自组织理论。自组织理论强调系统能够通过自我形成有序状态并完善功能，也就是说，在外界环境达到一定条件下，通过系统内部的非线性作用，系统旧结构将突变为新的稳定结构状态[199]。作为一个自组织系统，企业具有耗散结构性[274]，企业是能力的整合体，企业的动态能力也是一个自组织系统[275]。同理，根据第 3 章中对装备制造企业成长能力特征的分析，装备制造企业成长具有动态性和创新性，装备制造企业成长能力作为企业的动态能力，也应该具有自组织系统的特征。1976 年由协同学的创始人哈肯对"自组织"进行了解释：如果一个体系在获得空间的、时间的或功能的结构过程中，没有外界的特定干涉，便说该体系是自组织的。这里"特定"一词是指，那种结构或功能并非外界强加给体系的，而且外界是以非特定的方式作用于体系的。[276] 本书认为装备制造企业成长能力系统具有鲜明的自组织特征，具体表现在以下几个方面。

（1）装备制造企业成长能力具有开放性。根据热力学第二定律，系统为了能够存活必须与外界进行能量与物质的交换，否则，当系统的熵值达到最大时，系统就会崩溃。装备制造企业成长能力是一个开放的系统，不仅系统内的战略转型能力、外部网络嵌入能力、资源整合能力、持续创新能力和柔性生产能力间相互开放，存在互动，而且装备制造企业成长能力也会与外界进行互动。知识、信息等无形的资源在装备制造企业成长能力内部及外部不断进行输入或输出。尤其是，目前外界环境变化瞬息万变，装备制造企业成长能力需要加速对知识、信息的流动，以更新自身系统内的结构资源，使得整个系统构建得到进一步的优化。

（2）装备制造企业成长能力具有自主性。所谓自主性是指组织不受外界的干扰，关键事情都是自己决定。对于装备制造企业，具有想要生存下来的本能，会非常主动地使自己健康成长、发展。同时，装备制造企业成长能力是装备制造企业先进性属性的决定因素，是最深层次决定企业成长的因素，其具有本能地、主动地使自身不断提升的特点。

（3）装备制造企业成长能力具有适应性。所谓适应性是指组织通过与外界进行物质、能量的交换，不断地学习并积累新经验，从而推动组织的发展。装备制造企业成长能力系统内强调对资源的整合能力，将系统内、外部的相匹配资源进行融合，产生系统发展所需要的新资源，可以替换以前的旧资源，并且，装备制造企业成长能力系统内部的外部网络嵌入能力可以尽可能多地获取与系统异质的资源，加强系统内部新资源的输入，进而保障资源整合能够有效进行。最终，资源整合子能力和外部网络嵌入子能力保证企业成长能力整个系统能够随外界变化进行相匹配的调整。

（4）装备制造企业成长能力具有非线性。所谓非线性是指能够使系统具备有序结构的内在动力。装备制造企业成长能力系统内的各子能力间存在非线性作用，因为装备制造企业成长能力系统内的各子能力在系统中承担着不同的功能作用，也就是说，子能力间存在异质性。这就使得各子能力对系统的影响是不同的。同时，系统内部的资源是有限的，系统内各子能力要想发展就存在对资源的竞争，有竞争的地方通常也会伴随着合作的存在，这就使得系统内会出现"1+1>2"或"1+1<2"的情况。对于装备制造企业成长能力而言，正是其所具有的非线性特征使装备制造企业成长能力能够从无序走向有序。

（5）装备制造企业成长能力具有非平衡性。非平衡性强调外界环境与系统间具有广义资源上的互动。对于装备制造企业成长能力，非平衡性与其开放性存在较大的关系。装备制造企业成长能力本身就具有开放性，同时，外界环境随时都在发生变化，装备制造企业成长能力也就无时无刻不在与外界进行物质和能量的交换，这也就使得整个系统内非平衡性加强，当达到一定临界值时，整个装备制造企业成长能力系统就会沿着从近似平衡区走向非平衡区。

（6）装备制造企业成长能力具有涨落。涨落强调对本征所产生的局部偏离。对于装备制造企业成长能力，系统内的随机涨落有可能会被扩大为一种巨大的涨落，而这种巨大的涨落表现为系统内某一子能力与外界环境的相互作用达到某一临界点，这时系统就会突破原有的结构形成有序的新结构。总之，涨落体现了使装备制造企业成长能力得以提升的过程。

综合上述六点特征可以得到，装备制造企业成长能力能够使装备制造企业合理配置自身所拥有的资源，并根据外界环境变化，整合自身发展所需资源，使系统不断结构化、有序化，从而不断从低层次向高层次迈进。因此，本书认为可以对具有自组织性的装备制造企业成长能力应用协同学理论进行分析，从而揭示装备制造企业成长能力各维度间的相互关系。

4.3.2　基于布尔运算的装备制造企业成长能力各维度间相互作用分析

4.3.1节对装备制造企业成长能力各子维度能力的功能及具有的自组织特征进行了分析，本节将从协同的视角出发，利用布尔运算对装备制造企业成长能力各子维度的相互作用进行分析。

在利用布尔运算进行分析之前，首先对布尔运算相关概念及基本假设给予了解。布尔代数运算最早是1847年英国数学家G. 布尔为了研究逻辑思维规律时所提出的，它是只处理数值0和1的代数系统。在布尔代数运算中，代数系统会处理"+"和"·"运算，并规定 $0+0=0 \cdot 0=0 \cdot 1=1 \cdot 0=0$；$0+1=1=1+1=1 \cdot 1=1$ [277]。

定义1：一个由0和1组成的 $m \times n$ 矩阵成为布尔矩阵。所有 $m \times n$ 布尔矩阵的集合可以用 $F(A)_{m \times n}$ 表示，当 $B=(b_{ij}) \in F(A)_{m \times n}$ 时，则将 b_{ij} 为 $b(i, j)$ 的一个元；当 $b_{ij}=0$ 时，则称 B 为零矩阵；当 $b_{ij}=1$，则称 B 为全矩阵；当 $b_{ij}=1(i=j)$ 且 $b_{ij}=0(i \neq j)$，则称 B 为单位矩阵[278]。

定义2：当 $X=(x_{ij})$，$Y=(y_{ij}) \in F(A)_{m \times n}$，则 $Z=X+Y=(z_{ij}) \in F(A)_{m \times n}$，这时 $z_{ij}=x_{ij}+y_{ij}$，即 X 与 Y 的和。当 $X=(x_{ij}) \in F(A)_{m \times q}$，$Y=(y_{ij}) \in F(A)_{q \times n}$，则 $Z=XY=(z_{ij}) \in F(A)_{m \times n}$，这时 $z_{ij}=\sum_{k=1}^{q} x_{ik} y_{kj}$，即 X 与 Y 的积[278]。

基于此，本书给出装备制造企业成长能力各维度间相互作用模型构建的基本假设,即假设装备制造企业成长能力系统包括五个要素或子维度系统,分别为 x_1——战略转型能力子系统,x_2——外部网络嵌入能力子系统,x_3——资源整合能力子系统,x_4——持续创新能力子系统,x_5——柔性生产能力子系统。在企业成长能力系统运行过程中,它们并不一定同时发挥作用,当它们发挥作用时,则赋值为1;当它们没有发挥作用时,则赋值为0。

定义3:假设集合 S 表示装备制造企业成长能力系统,则 S 包括五个元素,即 $S = \{x_1, x_2, x_3, x_4, x_5\}$。

定义4:当 $X, Y \in S$ 时,以所有有序对 $\langle X, Y \rangle$ 作为元素的集合,称为集合 S 与 S 的笛卡尔乘积,记为 $S \times S$,且有 $S \times S = \{\langle X, Y \rangle | (X \in S \wedge Y \in S)\}$。

定义5:假设 R 为集合 S 上的二元关系,则 R 为 $S \times S$ 的子集,记为 $R \subset S \times S$。当 $\langle X, Y \rangle \in R$ 时,则称 X 与 Y 间存在关系 R,记为 XRY。

定义6:假设集合 S 上有二元关系,当有 $r_{ij} = \begin{cases} 1 & \langle X, Y \rangle \in R \\ 0 & \langle X, Y \rangle \notin R \end{cases}$,则称 (r_{ij}) 是 R 的关系矩阵,记为 I_R。

根据上述的基本假设以及定义,本书将给出装备制造企业成长能力各子系统间相互作用矩阵模型,具体如表4.10所示。

表4.10 装备制造企业成长能力各子维度间相互作用矩阵

子系统	x_1	x_2	x_3	x_4	x_5
x_1	z_{11}	z_{12}	z_{13}	z_{14}	z_{15}
x_2	z_{21}	z_{22}	z_{23}	z_{24}	z_{25}
x_3	z_{31}	z_{32}	z_{33}	z_{34}	z_{35}
x_4	z_{41}	z_{42}	z_{43}	z_{44}	z_{45}
x_5	z_{51}	z_{52}	z_{53}	z_{54}	z_{55}

在表4.10中,元素 z_{ij} 的取值可以是1或0。当装备制造企业成长能力各子维度间相互作用矩阵满足定义6时,就说明在装备制造企业成长能力系统内,某一个子系统与另一个子系统发生作用时,则 $z_{ij} = 1$;当两个子系统间没有发生相互作用时,则 $z_{ij} = 0$。可以看出,这样构成的系统内相互作用关系矩阵 I_R 将会有很多,应用于装备制造企业成长能力系统中。也就是说,装备制造企业成长能力五个子系统中任意两个子系统间可以发生相互作用或不发生关系,基于此,就可以用关系矩阵加以表示,同时每一种关系矩阵将表示五

个子系统间的一种相互作用。为了便于研究，本书从众多关系矩阵中，筛选出具有代表性的四类关系矩阵进行研究，这四类关系矩阵分别为：I_{R1}、I_{R2}、I_{R3}、I_{R4}。其中，I_{R1} 表示装备制造企业成长能力系统内持续创新能力子系统（选取五个子系统中的任意一个）的自相关作用状态；I_{R2} 表示装备制造企业成长能力系统内持续创新能力子系统与其余四个子能力系统间的相互作用状态；I_{R3} 表示装备制造企业成长能力系统内，除了持续创新能力子系统之外其余四个子能力系统的自相关作用状态；I_{R4} 表示装备制造企业成长能力系统内，除了持续创新子系统之外其余四个子能力系统间的相互作用状态。此外，可以很容易看出 I_{R1}、I_{R2}、I_{R3}、I_{R4} 四者之和就是一个满秩矩阵 M_R，它涵盖了装备制造企业成长能力系统内所有子能力系统间的相互作用状态。

$$I_{R1} = \begin{bmatrix} 1 & 0 & 0 & 0 & 0 \\ 0 & 0 & 0 & 0 & 0 \\ 0 & 0 & 0 & 0 & 0 \\ 0 & 0 & 0 & 0 & 0 \\ 0 & 0 & 0 & 0 & 0 \end{bmatrix}; \quad I_{R2} = \begin{bmatrix} 0 & 1 & 1 & 1 & 1 \\ 1 & 0 & 0 & 0 & 0 \\ 1 & 0 & 0 & 0 & 0 \\ 1 & 0 & 0 & 0 & 0 \\ 1 & 0 & 0 & 0 & 0 \end{bmatrix}; \quad I_{R3} = \begin{bmatrix} 0 & 0 & 0 & 0 & 0 \\ 0 & 1 & 0 & 0 & 0 \\ 0 & 0 & 1 & 0 & 0 \\ 0 & 0 & 0 & 1 & 0 \\ 0 & 0 & 0 & 0 & 1 \end{bmatrix};$$

$$I_{R4} = \begin{bmatrix} 0 & 0 & 0 & 0 & 0 \\ 0 & 0 & 1 & 1 & 1 \\ 0 & 1 & 0 & 1 & 1 \\ 0 & 1 & 1 & 0 & 1 \\ 0 & 1 & 1 & 1 & 0 \end{bmatrix}; \quad M_R = \sum_{i=1}^{5} I_{Ri} = \begin{bmatrix} 1 & 1 & 1 & 1 & 1 \\ 1 & 1 & 1 & 1 & 1 \\ 1 & 1 & 1 & 1 & 1 \\ 1 & 1 & 1 & 1 & 1 \\ 1 & 1 & 1 & 1 & 1 \end{bmatrix}。$$

根据上述装备制造企业成长能力各子维度间相互作用的关系矩阵，以及 $I_{Ri}(i=1,2,3,4)$ 相对于满秩矩阵 M_R 属于非完备矩阵间的情况，可以进行关系矩阵间的乘法运算，并且通过关系矩阵的乘法运算来表示装备制造企业成长能力系统内各子能力系统在某种条件下的相互作用关系。也就是说，继续对 I_{Ri}，$I_{Rj}(i,j=1,2,3,4)$ 运用布尔乘积运算。同样，本书仅选取一些具有代表意义的乘积运算结果，并进一步研究它们所表示的装备制造企业成长能力各子能力维度间相互作用关系。其中，具有代表意义的关系矩阵乘积运算等式[279]有：

（1）$I_{R1} \times I_{R2} = I_{R2} \times I_{R3} = I_{R2} \times I_{R4} = N$；

（2）$I_{R2} \times I_{R1} = I_{R3} \times I_{R2} = I_{R4} \times I_{R2} = N^T$；

（3）$I_{R4} \times I_{R3} = I_{R3} \times I_{R4} = I_{R4}$；

（4）$I_{R1} \times I_{R1} = I_{R1}$；

（5）$I_{R3} \times I_{R3} = I_{R3}$；

(6) $I_{R1} \times I_{R4} = I_{R4} \times I_{R1} = 0$;

(7) $I_{R4} \times I_{R4} = I_{R3} + I_{R4}$；

(8) $I_{R2} \times I_{R2} = I_{R1} + I_{R3} + I_{R4}$。

其中，$N = \begin{bmatrix} 0 & 1 & 1 & 1 & 1 \\ 0 & 0 & 0 & 0 & 0 \\ 0 & 0 & 0 & 0 & 0 \\ 0 & 0 & 0 & 0 & 0 \\ 0 & 0 & 0 & 0 & 0 \end{bmatrix}$；$N^T = \begin{bmatrix} 0 & 0 & 0 & 0 & 0 \\ 1 & 0 & 0 & 0 & 0 \\ 1 & 0 & 0 & 0 & 0 \\ 1 & 0 & 0 & 0 & 0 \\ 1 & 0 & 0 & 0 & 0 \end{bmatrix}$。

接下来，针对上述关系矩阵乘积运算等式（1）～（8），详细分析它们在装备制造企业成长能力各子能力系统中所代表的含义，具体情况如下。第一，从关系矩阵乘积运算等式（4）和（5）可以看出，在装备制造企业成长能力系统内，如果只有持续创新能力子系统自相关作用或者只有其余四个子能力系统各自进行自相关作用，装备制造企业成长能力是无法得到提高的，等式（4）和（5）说明装备制造企业成长能力自身进入了自循环的"怪圈"，这样只能浪费时间，原地踏步。第二，单从关系矩阵乘积运算等式（6）可以看出，在装备制造企业成长能力系统内，只有持续创新能力子系统自相关作用得到的作用状态与只有其余四个子能力系统间相互作用得到的作用状态是无法再进行相互作用的，这就表明持续创新能力的提高离不开其余四个子能力的支持，同时，装备制造企业成长能力的提高对于系统内的战略转型能力、外部网络嵌入能力、资源整合能力、持续创新能力和柔性生产能力缺一不可，否则，只能停留在原地。第三，单从关系矩阵乘积运算等式（1）可以看出，在装备制造企业成长能力系统内，持续创新能力子系统自相关作用的作用状态作用于朝持续创新方向发展的其余四个子能力系统间相互作用的作用状态，或者以持续创新能力子系统与其余四个子能力系统间发生相互作用的作用状态作用于其余四个子能力系统两两间发生相互作用的作用状态，都能使得持续创新能力对其余四个子能力系统具有较强的作用关系，即关系矩阵 N。这种强的作用关系说明持续创新能力能够使其余四个子能力增强对持续创新的适应性，从而可以加强其余四个子能力的持续创新需求，这也进一步表明持续创新能力在装备制造企业成长能力系统中的结构地位，因此，持续创新能力是装备制造企业成长能力系统内具有核心作用的不可缺少的子能力。第四，单从关系矩阵乘积运算等式（2）可以看出，在装备制造企业成长能力系统内，其余四个子能力系统间相互作用的作用状态作用于只有持续创新能力子系统自相关作用的作用状态，或者以其余四个子能力系统两两间发生相互作用的作用状态作用于其余四个子能力系统间相互作用的作用状态,都能使其余四个子能力系统对持续创新能力子系统具有较强的作用关系,即关系矩阵 N^T。这种被加强的其余四个子能力系统能够使装备制造企业成长能力朝着更有利于持续创新的方向发展,反过来也对装备制造企业成长能力系统内的整体性提出了更高的要求,强化了装备制造企业成长能力系统的自组织性。第五,从关系矩阵乘积运算等式(1)、(2)和(3)可以看出,在装备制造企业成长能力系统内,$I_{R1} \times I_{R2} \neq I_{R2} \times I_{R1}$,$I_{R2} \times I_{R3} \neq I_{R3} \times I_{R2}$,$I_{R2} \times I_{R4} \neq I_{R4} \times I_{R2}$,但是 $I_{R3} \times I_{R4} = I_{R4} \times I_{R3}$。这就表明当持续创新能力子系统要与其余子能力系统间发生相互作用时,前后顺序将会影响最终各子系统间相互作用结果,体现了子能力系统间的顺序在装备制造企业成长能力提升过程中的关键作用,也就是说,要认清楚各子能力系统在装备制造企业成长能力系统内的主次关系,同时,各子能力系统间发生相互作用过程中,子能力的主次将关系到装备制造企业成长能力的发展方向,而只有其余四个子能力系统间相互作用(包括自相关作用和相互作用)时,主次关系对装备制造企业成长能力发展方向无关。第六,从关系矩阵乘积运算等式(7)和(8)可以看出,在装备制造企业成长能力系统内,其余四个子能力系统间相互作用的作用状态作用于自身,或者持续创新能力子系统与其余四个子能力系统间相互作用的作用状态作用于自身,均能够增强自组织系统的复杂性。对于关系矩阵乘积运算等式(8),也就是持续创新能力子系统与其余四个子能力系统间相互作用的作用状态作用于自身,这一过程一方面说明由于 I_{R2} 包含了持续创新能力与其余四个子能力间的主动关系和被动关系,体现了持续创新能力与其余四个子能力间的密切关系,同时持续创新能力具有较强的成长性,增加了装备制造企业成长能力系统的复杂性;另一方面 I_{R2} 自相关作用剔除了没有用的旧成分,产生了符合装备制造企业成长能力需要的新成分,使得装备制造企业成长能力更加丰富。总之,上述关系矩阵乘积运算等式都表明装备制造企业成长能力系统内的五个子维度谁也离不开谁,只有相互间协同演化才能促进整个成长能力系统的提升与发展。

4.3.3 基于序参量的装备制造企业成长能力各维度间协同演化分析

在上一节,本书利用布尔运算从装备制造企业成长能力各维度子系统层面对各子能力系统间相互作用关系进行了详细分析,本节同样基于协同视角,将利用序参量理论从更深入的层面对装备制造企业成长能力各子系统协同演化进行分析。

在利用序参量对装备制造企业成长能力各维度间协同演化分析之前，首先应对有关序参量的概念及理论进行了解。序参量（Order Parameter）这个词最早由物理学家朗道提出，之后，由德国德斯图加特大学教授赫尔曼·哈肯借用到协同论（Synergetics）中，用以替代熵描述系统的有序度。哈肯于1973年正式发表著作《协同学导论》，在该著作中提到，系统内部是因为有竞争才形成协同的，竞争使得系统内的一种或几种趋势得以综合、优化，并且最终能够受制于某一种趋势。在这一过程中，如果某个参量是从无到有不断变化的，并且能够预判出系统新结构的形成，对新结构进行测度，那么该变量就是序参量[280]。通过这段话，我们可以了解到序参量是微观子系统共同运动的产物，能够对相变的出现给予指示。在协同学理论中，通常用一组状态参量来表示协同系统的状态，当远离平衡状态的开放系统由无序向有序转化或者从低级有序向高级有序转化的过程中，系统内不同状态参量所发生的行为是不同的，尤其在临界点处的行为更是存在显著差异。一般地，在某一协同系统中，可以将状态参数划分为两大类，其中一类状态参量具有较大的阻尼、较快的衰减速度，并且只能在短时间内对系统产生作用，当系统受到外界干预，处于不稳定状态时，该状态参量倾向于恢复到原有的状态；另一类状态参量具有较小的阻尼，有时候甚至是零阻尼，衰减速度非常慢，当系统受到外界干预，偏离稳态时，该状态参量基本不发生变化，并且它在这一过程中起到主导作用，控制着其他状态参量的发展。在协同学理论中，将第一类状态参量称为快弛豫参量，第二类状态参量称为慢弛豫参量。快弛豫参量与慢弛豫参量之间是相互影响、相互作用的，共同存在于协同系统中，需要注意的是，通常协同系统中，快弛豫参量比慢弛豫参量要多很多，慢弛豫参量一般只有一个或几个，如果同时存在多个慢弛豫参量，那么它们之间也同样会存在竞争与合作。根据协同学理论，序参量应该具备以下四个特征[281]：序参量是产生于系统内部的宏观参量、序参量在系统中处于控制的主导地位、序参量在系统中能够长期存在、序参量能够衡量系统的有序程度。因此，序参量不同于微观层面的其他参量，它是能够描述系统宏观状态及有序度的参量。

在协同学所包含的众多理论中，与序参量直接相关的理论就是支配理论，也称使役理论，主要阐述的是序参量能够支配、控制系统内的各子系统。在上述提及快弛豫参量和慢弛豫参量的基础上，支配理论认为系统在演化的不同阶段，通常各子系统的发展是不同的，当控制参量没有达到临界值，也就是系统仍远离临界现象时，各子系统间差异化程度并不高，虽然能够促使整个系统向前发展，但是速度及效果并不是很大；当控制参量达到临界值，此时各子系统间差异将不断扩大,使得系统内部出现了激烈的竞争,导致大部分参量的影响力减弱,并且慢慢消失,这些参量就是快弛豫参量,剩余的一个或几个参量能够对整个系统进行控制,就成为慢弛豫参量。因此,这些慢弛豫参量就是系统的序参量,它对系统起主导作用的过程也就是支配理论在发挥着作用。

  在了解了序参量概念及支配理论之后,本书将利用序参量的相关理论对装备制造企业成长能力系统进行分析。一方面,基于企业生命周期划分维度通过对装备制造企业成长能力系统的分析,确定该系统的序参量;另一方面,通过构建序参量方程对装备制造企业成长能力各维度间协同演化进行分析。通常情况下,学者们将企业生命周期划分为企业初创阶段、企业成长阶段、企业成熟阶段及企业衰败阶段共四个阶段。本书将沿用这样的划分方法对装备制造企业成长能力进行划分,但是由于衰败阶段又可以被看作是一次新的开始,因此本书将从装备制造企业成长能力的三个阶段进行分析,即装备制造企业成长能力形成阶段、装备制造企业成长能力成长阶段以及装备制造企业成长能力成熟阶段。在装备制造企业成长能力形成阶段,主要强调的是如何使企业成长能力从无到有的过程。在这一阶段,由于整个系统内可利用的资源相对有限,要想形成企业成长能力还需要从系统内部、外部后天获取所需资源。后天获取资源要求系统内部进行创新,在原有旧资源的基础上创造出所需的新资源,因为在企业成长能力形成之初,系统内的各种发展有限,因此,在此阶段装备制造企业主要进行渐进性创新,它是一种不太剧烈的创新活动,可以通过模仿、改造等行为达到创新的目的。当然,这个过程需要一定的周期进行积累,只有积累到临界点时,装备制造企业成长能力才能形成;在装备制造企业成长能力成长阶段,主要强调如何将企业成长能力从不稳定走向稳定。在这一阶段,系统内已经形成了一定的企业成长能力,掌握了培育企业成长能力的一些方法,此时,需要将企业成长能力给予加强,使其能够更加稳定发展。同样借鉴企业成长能力形成之初的经验,系统内要求进行创新,努力使渐进性创新转变为突变性创新。同时,系统外部环境的瞬息万变也要求系统内的资源能够得到及时更新,而随着企业成长能力的发展,对于系统内资源的更新也提出了更高的要求。针对装备制造企业成长能力成长阶段,系统内通常以渐进性创新和突变性创新同时存在的形式为主,以不断提升企业成长能力;在装备制造企业成长能力成熟阶段,主要强调如何使企业成长能力实现下一个质的飞跃,以避免企业成长能力走向衰败。在这一阶段,企业成长能力发展资源的质量、数量及获取速度都开始出现了减弱,这对于促进企业成长能力的提升，甚至是维持现状都提出了疑问。因此，在企业成长能力成熟阶段，系统内部客观上将创新过程给予细化，并对各细化程序进行增强，其中最为突出的是获取创新所需的原材料。装备制造企业会不断地增加自身与外界的联系，不仅要增加对外界环境接触的"触角"，而且还需要延伸"触角"以对外界环境有更深的了解，通过这样的方式获取更多与自身异质的资源，从而提升系统内突变性创新的数量。只有不断产生高质量的突变性创新，装备制造企业成长能力才能越来越强。综上所述，可知在装备制造企业成长能力发展的不同阶段，始终都有某个因素影响着装备制造企业成长能力的发展，那就是持续创新能力，它对装备制造企业成长能力发展起到支配和控制作用。根据本研究的结论，装备制造企业成长能力包括持续创新能力等五个子能力，从而可以确定持续创新能力符合系统序参量应具备的四个特征，因此，持续创新能力是装备制造企业成长能力系统的序参量。

当装备制造企业成长能力系统的序参量确定之后，就可以根据支配理论，通过关注序参量的变化来研究装备制造企业成长能力系统的变化。根据协同学理论的思想，系统的演化模型由控制参量和状态参量构成，其中，控制参量主要反映系统内部与外界的相互作用，是系统进行演化的外在保障；状态参量主要反映系统内部各子系统间的相互作用。当控制参量达到临界值时，系统内部出现了不稳定现象，此时，序参量作为主宰参量支配着系统的发展方向。基于此，本书将通过构建序参量方程对装备制造企业成长能力系统进行分析。本书主要讨论持续创新能力子系统（序参量）与装备制造企业成长能力系统内其余四个子能力系统中任何一个子系统间的协同演化。序参量方程包括状态参量、控制参量、调整系数等部分，它的数学模型为[282]：

$$\begin{cases} \dfrac{\partial x_1}{\partial t} = -c_1 x_1 - T_1 x_2 x_1 \\ \dfrac{\partial x_2}{\partial t} = -c_2 x_2 + T_2 x_1^2 \end{cases}; \begin{cases} c_1 = i\sqrt{\prod_{i=1}^{n} \dfrac{c_i}{\overline{c_i}} \times C_{1i}} \\ c_2 = i\sqrt{\prod_{i=1}^{n} \dfrac{c_i}{\overline{c_i}} \times C_{2i}} \end{cases}; \begin{cases} T_1 = i\sqrt{\prod_{i=1}^{n} \dfrac{T_{1i}}{\overline{T_i}} \times C_{T_1 i}} \\ T_2 = i\sqrt{\prod_{i=1}^{n} \dfrac{T_{2i}}{\overline{T_i}} \times C_{T_2 i}} \end{cases}$$

(4-1)

其中，持续创新能力子系统中包括状态参量 x_1、控制参量 c_1 以及调整系数 T_1；装备制造企业成长能力系统内其余四个子能力系统中任何一个子系统包括状态参量 x_2、控制参量 c_2 以及调整系数 T_2。装备制造企业成长能力系统是存在阻尼的，它的系统时间常数为：$\tau_1 = \dfrac{1}{c_1}$，$\tau_2 = \dfrac{1}{c_2}$，当 $c_2 >> c_1$，且 $c_2 >$

0 时，则 $\tau_2 >> \tau_1$，这说明 x_1 为慢参量，x_2 为快参量。通过进一步运用绝热消去法，将 $\frac{\partial x_1}{\partial t} = 0$ 代入上述方程，可以得到 $x_2 = c_2^{-1} T_2 x_2^2$，$\frac{\partial x_1}{\partial t} = -c_1 x_1 - \frac{T_1 T_2}{c_2} x_1^3$，从而可以求出势函数为：$S(x_2) = \frac{1}{2} c_1 x_1^2 + \frac{1}{4} \frac{T_1 T_2}{c_2} x_1^4$。根据得出的势函数，可以画出当 $c_1 > 0$ 和 $c_1 < 0$ 且 $\frac{T_1 T_2}{c_2} > 0$ 两种情况下势函数 $S(x_2)$ 的变化情况。当 $c_1 > 0$ 时，势函数 $S(x_2)$ 存在唯一平衡且稳定的点，即 $x_1 = 0$。当 $c_1 < 0$ 且 $\frac{T_1 T_2}{c_2} > 0$ 时，势函数 $S(x_2)$ 存在三个平衡点，但是 $x_1 = 0$ 的点虽然是平衡点但是不稳定；$x_1 = \pm \sqrt{|c_1|/\left(\frac{T_1 T_2}{c_2}\right)}$ 是两个平衡且稳定的点，具体情况如图 4.3 所示。

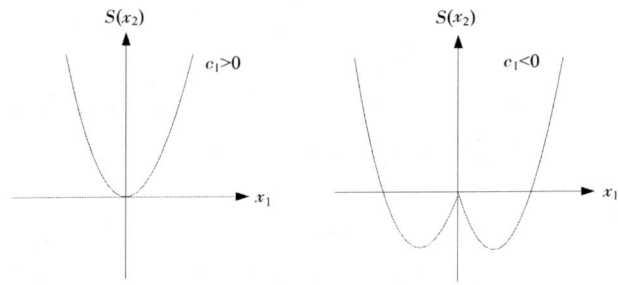

图 4.3　势函数曲线

从图 4.3 可以看出，当装备制造企业成长能力系统中慢参量 x_1 随控制参量 c_1 从正数变为负数时，其势函数曲线就从含有唯一稳定平衡点变为两个稳定平衡点。基于此，可以进一步分析持续创新能力对装备制造企业成长能力各子系统协同演化的影响。以下分两种情况进行讨论，当 $c_1 > 0$ 时，装备制造企业成长能力系统内的持续创新能力受到影响，持续创新能力会发生变化，它将引导整个装备制造企业成长能力得到进一步提升，这一过程将持续到装备制造企业自身成长能力与整个装备制造行业成长能力处于同一水平，也就是图 4.3 中 $x_1 = 0$ 的点；当 $c_1 < 0$ 时，装备制造企业成长能力系统内的持续创新能力受到外界不良因素的干扰，持续创新能力不能单独通过调整装备制造企业自身成长能力与整个装备制造行业成长能力之间的差异来实现装备制造企业自身成长能力的提升，也就是图 4.3 中 $x_1 = 0$ 不再是稳定点。此时，装备制造企业系统内部就需要自行进行创新，通过整个装备制造行业持续创新能

力的提升来带动装备制造企业自身成长能力的提升，这一过程将持续到 $x_1 = \pm \sqrt{|c_1|/\left(\dfrac{T_1 T_2}{c_2}\right)}$。

4.4 本章小结

本章首先从战略转型视角、外部网络嵌入视角、资源整合视角、持续创新视角以及装备制造产品特点五个方面对装备制造企业成长能力进行理论探讨分析，接着编制了装备制造企业成长能力初始量表并通过调查问卷的方式收集数据，采用探索性因子分析法和验证性因子分析法对最终装备制造企业成长能力的结构维度给予确认。在此基础上，基于协同研究视角应用布尔运算和序参量等理论对装备制造企业成长能力各维度间的关系进行分析。经过上述分析得出装备制造企业成长能力可以被划分为战略转型能力、外部网络嵌入能力、资源整合能力、持续创新能力和柔性生产能力五个维度，这五个维度能力间相互影响、相互作用，其中作为序参量的持续创新能力对装备制造企业成长能力系统协同演化具有支配和控制作用。

第5章

装备制造企业成长能力对企业绩效的作用机制分析

在深入剖析了装备制造企业成长能力的构成维度以及构成装备制造企业成长能力的五维子能力间的相互关系的基础上，还需要进一步定量地思考作为复合能力的装备制造企业成长能力到底对企业（绩效）自身能有多大程度的作用，以及在这一过程中主要受到哪些变量的影响。董尤心等学者认为人们在从事某项工作、制造某种产品或构造某个系统等活动时总是从中追求所得的收效，即活动的效果[283]。对系统作用效果的定义，目前并没有统一的标准，不同的组织提出了不同的定义。在借鉴美国航空无线电研究公司、美国海军、美国工业界武器效能咨询委员会（WSEIAC）、美国麻省理工学院的 A. H. Levis 教授，以及我国军事标准 GJB451A—2005《可靠性维修性保障性术语》等对系统作用效果定义的基础上，本书认为系统的作用效果是指系统在规定条件下满足特定任务需求的程度。借用系统作用效果的概念，本书将装备制造企业成长能力看作是一个能力系统，同时，又因为装备制造企业成长能力的载体是企业，并且企业的强弱在一定程度上体现为企业的绩效，所以装备制造成长能力系统作用效果最主要的分析就是要体现在对企业绩效作用程度的评价大小。基于此，本书将构建具有装备制造企业成长能力前置变量、后置变量、中介变量、调节变量的理论概念模型，以分析装备制造企业成长能力的作用机制，从而测评出装备制造企业成长能力对企业绩效作用程度的大小以及与其相关变量间的关系。

5.1　理论假设的提出

通过第 4 章对装备制造企业成长能力（CZ）的深入分析，已经得知装备制造企业成长能力是一个复合能力，可以被划分为五个子能力，即战略转型能力（CZZL）、外部网络嵌入能力（CZWB）、资源整合能力（CZZY）、持续创新能力（CZCX）和柔性生产能力（CZRX）。这五个子能力间不是相互独立的，而是相互联系、相互影响的，构成了一个有机整体。从企业成长能力的最终效果来看，装备制造企业成长能力的提升是为了通过获取竞争优势间接地达到企业绩效的提升，而企业绩效的提升并不是装备制造企业成长能力结构维度中某个子能力提升就能做到的。第 4 章中装备制造企业成长能力各维度间的关系已经告诉我们，装备制造企业成长能力系统中的五个子能力是相互影响的，通过产生协同效应而不断地进行动态演进。此外，从企业运营的视角，可以发现装备制造企业成长能力所包含的五个子能力正好体现了企业从战略的宏观层面进行整体把关，最大限度地从企业外部获取所需资源，并且结合自身情况进行内外资源整合，不断地创新出具有领先地位的技术或工艺，从而更好地满足生产制造的柔性要求，最后使企业绩效得以提升。

因此，可以看出装备制造企业成长能力的培育是为了能提升企业绩效，而如今随着经济体制改革的不断深入，装备制造企业已被越来越严重地暴露在复杂变化的外部环境中，为获取更高的企业绩效，装备制造企业在其正常的运营过程中将会受到来自企业内外各种因素的影响。基于全球经济知识化进程的不断加快，企业生存发展的商业环境已越来越依赖于知识、技术等隐性资料的储备，从而使得与企业运营相关的组织学习、知识存量受到了巨大的挑战。同时，在全国科技大会上，我国提出了2006—2020年国家中长期科技和技术发展规划纲要，从支持企业成为创新主体、大幅度增加科技投入、推进国家创新体系建设、加强创新人才队伍建设等一系列政策措施保障创新型国家的顺利实现。随着研究发展资源逐步转移到企业，装备制造企业作为承担着国家科技创新、成果转化与产业转移的创新主体的责任也越来越凸显。所以，本书将选取组织学习过程作为影响装备制造企业成长能力的前置变量；企业绩效作为装备制造企业成长能力最终的作用对象（后置变量）；知识交易作为装备制造企业作用于企业绩效过程的中介变量；结构资本作为装备制造企业成长能力作用于企业绩效的调节变量。基于此，通过对相关理论梳理的方式，对组织学习过程、企业绩效、知识交易和结构资本分别进行分析，并提出相应的理论假设。

5.1.1 前置变量——组织学习过程

学者们围绕组织学习过程从不同的视角进行了界定。其中，具有代表性的文献有：Argris C. 等（1978年）将学习过程分为发现、发明、执行和推广四个阶段，分别指发现实际情况与预期的结果不同、分析产生的原因并创造可行的解决方法、执行所创造出的方法、评价过去的经验并推广到组织惯例和规范中[284]。Huber G. P.（1991年）认为通过经验学习、移植等方法获取知识、分享信息以获得新的信息，对信息进行解释并积累知识，即将组织学习过程分为知识获取、信息分布、信息解释和组织记忆四个阶段[285]。Haeckel S. 等（1993年）把组织学习过程分为感知、解释、决策及行动四个部分[286]。Sinkula J. M.（1994年）认为完整有效的组织学习过程应包括信息获取、信息传播和共享解释三个阶段[287]。Nevis E. C. 等（1995年）把组织学习过程细分为知识取得、知识共享和知识应用，即组织获取或创造知识、分享学习成果、整合并应用学习成果使之适用于新情境[288]。陈国权等（2000年）在 Argris C. 等四阶段模型的基础上，增加反馈环节，构建了新的组织学习过程模型[289]。纵观已有的理论模型，可以发现有关组织学习过程的研究大致可以分为两大类：一类属于问题导向型，偏向于把组织学习看成从问题发现到问题解决的过程；另一类属于信息导向型，从信息的角度分析组织学习过程。结合并借鉴 Nevis E. C. 等的研究成果，本书从过程视角将组织学习过程（ZX）划分为知识获取（ZXHQ）、知识扩散（ZXKS）、知识整合（ZXZH）和知识应用（ZXYY）四个阶段，即在装备制造企业成长能力形成过程中，企业根据自身所处企业网络中的位置，与外部企业进行互动并获取企业成长所需的知识与技能，同时，还需要将个人的经验、知识扩散到组织层面，从而对自身的知识与获取的经验进行整合，最后应用到企业日常的柔性生产过程中，进而实现企业绩效的提升。

由于知识具有黏性的特质，所以导致企业获取知识过程相对复杂。通常，知识获取包含吸收知识的数量以及获得知识的质量，即强调知识的吸收能力[290]。装备制造企业成长能力的提升需要企业根据外部动态变化的环境对自身所培育的特异性知识进行匹配[291]，使得能够对装备制造企业成长能力所包含的子能力产生促进作用。当装备制造企业获取大量且高质量的知识时，利用这些优质的隐性资源能够充实企业高层管理者的智力资本，从而更方便且科学地制定企业战略的转型方案，增加企业在其所处网络中的"触角"，使企业嵌入到更远、更深的外部资源，同时这还能有利于丰富企业进行内外资源整合所需的知识原料以强化企业进行创新的资本。基于此，针对自身生产产品技术复杂、周期长的特点，装备制造企业进行改进以达到柔性生产的要求。此外，因为知识与普通商品存在较大的差别，知识的价值要在被运用之后才能较为准确地体现出来，所以装备制造企业应该具有良好的知识吸收能力，只有这样才能够为成长能力的提升提供动力。可见，装备制造企业的知识获取能力越强，越有利于装备制造企业成长能力的提升。

与物理学、生物学和化学中扩散的定义类似，知识的扩散被认为在一定环境下，由于知识原发体和知识接受体存在知识的势差，以及知识浓度、密度的不同，知识将由原发体传播至接受体。Linda A. 等认为，知识扩散在组织中是客观存在的，倾向于是一种客观现象[292]。同时，知识扩散的目的性较低，接受体的不确定性较高，这就使得知识原发体向外界传播知识时，外界接受体仅能以一定的概率接受知识，或者未能接触到所有知识。因此，为了使装备制造企业的每个部门及员工都能获得提升装备制造企业成长能力的知识，知识扩散的广度和深度具有较高的要求。可见，装备制造企业成长的知识扩散能力越强，越有利于装备制造企业成长能力的提升。

知识主体对某种特定知识的学习、获取、体验必须而且只能在某种特定的时空状态下进行,从而使知识产生异质性。汪丁丁[293]认为知识各个局部之间通常存在着相互解释或相互强化的关系,即知识的互补性。在装备制造企业成长过程中,不同企业之间由于业务流程合作和技术的相互关联,其知识具有很大的互补性,而企业在吸收其他企业知识时所体现的知识积累、知识相容度正是知识的互补性,这给企业间合作带来了规模收益,促进了企业的知识交易。针对知识的异质性与互补性,知识整合就是将获取的知识及其相关知识进行结合,它可以使知识的专用性风险下降、知识的相容性加强。同时,装备制造企业成长能力划分的结构维度中包含了资源整合能力,并且所划分的五个子能力间是相互影响、有机协同演进的整体,也就是说,企业知识整合通过影响资源整合能力最后提升装备制造企业成长能力。可见,装备制造企业的知识整合能力越强,越有利于其成长能力的提升。

企业竞争优势的源泉在于知识应用而不是知识本身,与商品、服务市场一样,知识市场中也同样存在竞争,知识拥有企业只有掌握了高质量的知识时,知识需求企业才会为之付出相应的代价。知识应用就是商业化知识以响应外部机会,其应用过程就是对知识实质性进行使用、评估的过程。对知识的状况进行经常性评估可以让企业清楚了解自身拥有知识的质量并使其进一步提高,包括知识在组织内传递的速度、员工对知识的满意度等。通过知识的有效应用将有助于装备制造企业成长能力的提升。可见,装备制造企业的知识应用能力越强,越有利于其成长能力的提升。

基于以上分析,本书提出如下假设(具体如图 5.1 所示):

H_1:组织学习过程(ZX)有利于提升装备制造企业成长能力(CZ);

H_{1a}:知识获取(ZXHQ)有利于提升装备制造企业成长能力(CZ);

H_{1b}:知识扩散(ZXKS)有利于提升装备制造企业成长能力(CZ);

H_{1c}:知识整合(ZXZH)有利于提升装备制造企业成长能力(CZ);

H_{1d}:知识应用(ZXYY)有利于提升装备制造企业成长能力(CZ)。

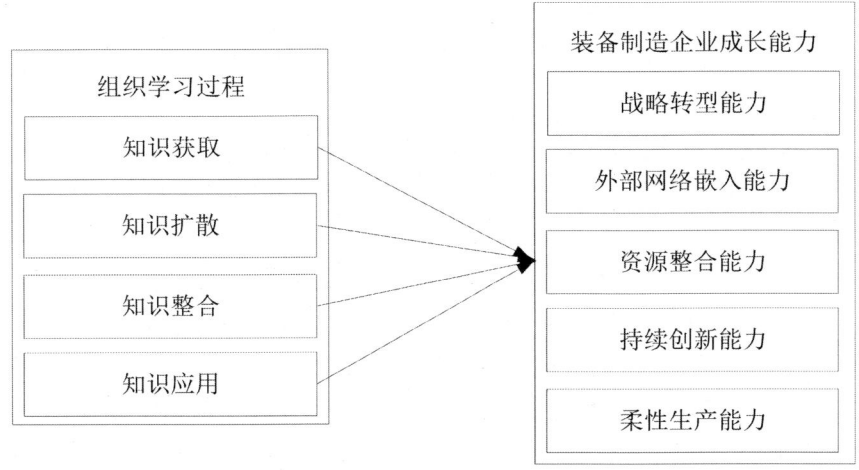

图 5.1　组织学习过程对装备制造企业成长能力的直接作用

5.1.2　后置变量——企业绩效

绩效是企业实现特定组织目标的程度，包括完成目标效能、效率及组织成员的满意度等[294]。企业绩效就是企业在国内外市场的表现。本研究对装备制造企业绩效的考察是通过企业自身成长能力的提升，从而获取新的、稳定的企业竞争优势，达到提升企业绩效水平的目的。因此，对企业绩效变量的分析至关重要。通过有关企业绩效相关文献的梳理，发现一半以上的文献对于企业绩效的测度采用了两个以上维度进行表示（Murphy K. J.，1996 年）。由此看出，多数学者认为单个维度或指标对企业绩效的描述不够全面，有可能对事后的推导造成误导[295]，赞同使用多维度对企业绩效进行衡量。由于不同学者从不同问题、不同视角出发进行研究，导致对于企业绩效研究时所使用的指标五花八门。Murphy K. J. 等（1996 年）学者对 51 篇将企业绩效作为研究对象的实证文献进行了分析，发现这些文献对企业绩效测评指标选取过于分散且不一致。Naman J. L.（1996 年）认为财务指标应该作为企业绩效具体指标体现的核心，其包含了对企业成长性和获利性的体现[296]。D. C. Steffens 等（2009 年）在此基础上，进一步指出企业绩效测量指标中的成长性指标和获利性指标会随着企业成长的不同阶段表现出不同的侧重点。Mark A. Huselid（1995 年）认为财务指标能够反映出企业绩效的历史性，而企业市场类指标能够更加直观地反映企业绩效水平。G. T. Lumpkin 和 Gregory G. Dess（1996 年）认为由于企业绩效的多维性，不可能对企业绩效的各方面都进行研究，提出了对企业绩效的研究应该至少包含企业规模、类型以及所有权等情况。宋剑锋认为市净率能够推断出企业的成长性，可以用企业市场价值与账面价值的比率来表示[297]。

随着对企业绩效研究的不断深入，许多实证研究报告反映出大部分学者普遍赞成从企业的财务绩效指标和非财务指标两方面对企业绩效进行分析。作为企业绩效测量的主要理论来源，战略理论研究了关于企业绩效测量的方法，认为测量企业绩效不仅需要结合反映企业有效性核心的财务绩效，同时还要考察非财务绩效（M. Venkatraman et al, 1986 年）。Murphy K. J. 等认为从财务与非财务两方面考察企业绩效框架是可行并有效的。然而，基于此，从理论或实践上来看，学者们又发现对于企业绩效测量的财务与非财务指标存在认识上的差异性、判断上的模糊性。之后，学者们基于学术规范的视角又添入了与其相关的理论进行企业绩效准确性的探讨。本书采用普遍认可的多维指标衡量企业绩效，同时引入平衡计分卡（Banlanced Scorecard）理论对企业绩效进行结构划分，以提高企业绩效测度的准确性和全面性，为后文的实证打好基础。

平衡计分卡被用来分割企业发展过程中需要达到的目标，既包括有形的目标也包括无形的目标，也就是说，平衡计分卡能够将抽象的企业目标、决策转化为各项具体指标。依据组织战略理论中将企业战略转化为有形指标和目标[298]，经典的平衡计分卡框架一般由财务、客户、内部业务流程和学习与成长四部分构成[299]。对于平衡计分卡的财务维度，它所提出的问题是企业需要向股东展示什么以表示财务方面的成功。虽然传统的企业绩效有过分注重财务指标的弊端，但是今后制定企业绩效指标也不能完全废除财务指标，因为财务指标反映了企业在过去的经济管理活动中取得成果的好坏，考核出企业所制定的战略是否被正确、有效地执行了，以及企业的阶段性目标是否达成。因此，仍然还是应该关注装备制造企业的财务方面的指标（JXCW）。对于平衡计分卡的客户维度，它所提出的问题是企业应该向顾客展示什么以说明企业的远景目标。一个企业是否能够在激烈竞争的市场中成长发展，关键看企业是否能够提供满足顾客需要的产品和服务，也同样可以反映出能够给股东带来多少价值。因此，能够反映目标客户和市场情况的指标应该是装备制造企业绩效需要体现的内容（JXKH）。对于平衡计分卡的内部业务流程维度，它所提出的问题是企业应该在哪些方面处于领先地位才能满足顾客和股东的需求。上述关于平衡计分卡的财务维度和客户维度，它们所表达的都是结果性维度，而内部业务流程维度表达的是要达到财务维度和客户维度所指定的指标，企业应该在哪些关键的业务流程中做好，以吸引住目标市场的客户并达到股东对财务指标的要求。这正是传统企业绩效衡量与平衡计分卡企业绩效衡量间的最大差异。根据企业价值链理论，内部业务流程包括创新、经营和售后服务三个过程。因此，反映企业内部决策、流程的一系列行为应该是装备制造企业绩效需要体现的内容（JXLC）；对于平衡计分卡的学习与成长维度，它所提出的问题是企业需要取得怎样的进步来适应未来的发展从而实现企业的远景。这个维度主要是从企业长远发展的角度给予考虑，通过平衡计分卡财务、客户、内部业务流程三个维度的分析，可以了解到目前企业真实的运营状况，在此基础上，与实现突破性业绩进行对比，指出差距所在，进而展开对未来的投资，包括职员技术的改造、组织程序的梳理以及信息技术的加强等，以弥补存在的差距。因此，反映企业生存和发展基础条件的学习与成长维度是装备制造企业绩效需要体现的内容（JXXC）。

关于装备制造企业成长能力对企业绩效的影响分析，虽然没有相关文献直接提及过，但是通过本书对装备制造企业成长能力五维子能力的划分，可以发现以往的学者对其也已做了相关研究。从近年来企业成长发展实践看，已有许多企业走上了战略转型的道路。许多学者认为企业绩效的好坏已成为企业进行战略转型的动因。Richard Nelson 等（1982 年）认为企业战略转型的可能性受到企业绩效好坏的影响，并且与过去相比，企业绩效变好了，企业通常不会进行战略转型，但企业绩效变差了，那么企业进行战略转型的可能性将很大[300]。由此可见，企业战略转型能力与企业绩效具有非常密切的关系。Miller E. D. 等（1982 年）认为通过进行战略转型以适应外部环境变革的企业能够比不进行战略转型企业获取更好的企业绩效[301]。Zajac E. 等（1989 年）认为企业战略与所处环境的不适应是导致企业绩效不好的原因，因此通过战略转型能够促进企业绩效的提升[302]。唐健雄等（2008 年）在分析国内外关于战略转型文献的基础上，通过 140 家中国企业的调查数据，实证分析了企业战略转型能力与企业绩效正相关[303]；20 世纪 80 年代以来，企业间只有竞争的传统关系已经发生了战略性调整，人们发现仅利用自身所拥有的资源是远远不够的，还应该善于发现与企业相关的外界隐性资源，渐渐地出现了企业间的合作竞争，搭建起战略联盟、供应链伙伴、合资、并购等形式的企业网络。近年来，企业网络的增加速度远高于单个企业的增加速度，对企业绩效产生着影响[304]。作为社会网络理论中重要的变量，大量的研究表明外部网络嵌入影响着企业绩效[305,306]。但是，企业外部网络嵌入的不同维度将会给企业带来不同的绩效。Granovetter M.（1973 年）认为由社会经济特征不同的行为主体间形成的弱关系比个体相似性很高的个体间形成的关系更能充当信息桥梁,这种信息更能给行为者带来绩效的提高[307]。稳定的外部网络关系使得企业能够应对外部环境不确定性的冲击,便于企业间知识的共享以及快而准确地找到所需信息企业,最终都能有利于企业绩效提升;企业在成长过程中,强大的资源整合能力能够使企业在获得成长所需资源的前提下,以更低的成本、更低的风险给予保障,并且发现更多促进企业成长的机会,从而促进企业绩效的提高[308];Subramanian A 等(1996年)认为不论是哪个行业,企业持续创新都能够提高其绩效水平[309]。Firth R. W. 等(1996年)认为企业产品创新程度越高,企业所获的利润就会越高,对于绩效水平也就会提升[310];柔性生产强调知识和信息的应用,通过无形资源的应用提高企业绩效水平。可见,装备制造企业成长能力将有利于企业绩效的提升。

基于以上分析,本书提出如下假设(具体如图5.2所示):

H_2:装备制造企业成长能力(包括 CZZL、CZWB、CZZY、CZCX、CZRX)有利于提升企业绩效(包括 JXCW、JXKH、JXLC、JXXC)。

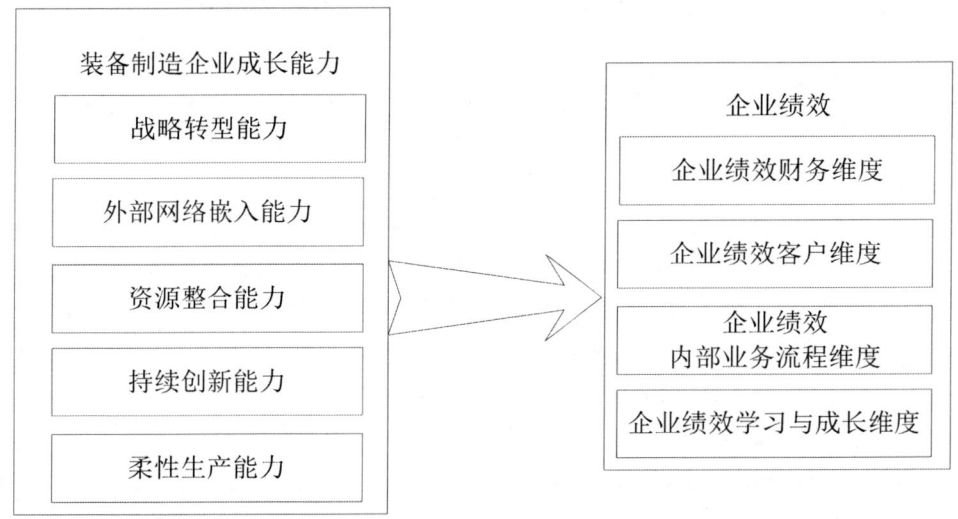

图 5.2 装备制造企业成长能力对企业绩效的直接作用

5.1.3 中介变量——知识交易

在知识经济时代,知识已经成为企业关键的经济资源,而且是竞争优势的主导来源[311]。现实中越来越多的企业重视从外部获取自身亟须的资源,选取合作的方式达到目的。现代经济理论中最早提及知识市场的文献,可以追溯到1937年由科斯在其论文《企业的性质》中提及的具有较好知识的人可以通过将其出售给其他人，而不需要亲自进行执行，就能获取利益[156]。Daveport T. H.（1998年）首次正式提出了知识市场的概念，认为与一般商品市场和服务市场一样，知识市场也存在买家、卖家以及知识中介，并且可以为知识协商出一个双方都满意的价格[312]。对于知识交易的研究，首先从企业内部的知识交易开始，例如，Ba S. 等（2001年）通过拍卖理论分析了知识交易的交易特性[313]；美国学者Desouza K. C. 等（2004年）认为企业内部知识交易能够解决企业内部遇到的相关技术难题，并验证了价格机制在企业内知识交易中的有效性[314]。Matson E. 等（2003年）研究了企业内部知识交易发生场所——知识市场的相关作用机制[315]。Brydon M. 等（2006年）提出了七种改进企业内部市场交易管理效果的措施[316]。国内关于企业内部知识交易的文献主要是追随国外的研究。应力（2001年）认为企业内部知识交易是掌握知识的主体将知识从一方向另外一方转移，并将企业内部知识交易分为管理不参与交易、管理直接交易和管理参与交易[317]。夏火松等（2002年）在研究知识市场时，将知识交易分为内部知识交易和外部知识交易[318]。姚海明（2003年）借鉴威廉姆森（1985年）对于交易的定义，认为知识交易是相邻知识包在不同段落之间的转移[319]。随着知识交易研究的不断深入，学者发现不仅企业的内部存在知识交易，企业的外部也同样存在知识交易，使得知识交易低效率运行的原因主要是信息的不对称、不完全。因此，阻碍知识交易顺利进行的原因在一定程度上是由于交易是需要成本的。根据已有的研究成果，本书将知识交易（JY）定义为在装备制造企业成长能力的提升过程中，知识拥有企业通过对知识转移过程"排他性"控制并获得相应报酬的过程。在此过程中，知识拥有企业将获得经济、地位、合作关系加强等报酬，同样，知识需求企业将付出一定的代价而获得知识，以促进自身的成长绩效。

知识交易能够促进知识的有序利用，对于提升企业核心竞争力具有重要作用。国内外学者对于知识交易的重要功能从不同角度进行了分析。Nonaka I.（1998年）认为知识一般需要隐性知识和显性知识间发生相互作用而产生，企业通过交易或与其他企业的互动将促进知识的获取，从而可以提高企业能力和绩效[320]。Hult G. T. 等（2006年）认为知识是战略性资源，并强调企业内部或企业之间需要进行知识的创造和转移。知识交易是知识创新的基础，知识在企业间的有效交易成为提高企业运作效率和获取竞争优势的重要途径之一[321]。Kogut B. 等（1992年）认为知识交流及整合能够促进组织自身的技术创新绩效[322]。Soo C. W. 等（2007年）通过数据分析发现企业外部知识获取越多，其自身创新性就越强[323]。可见，企业通过知识获取并加以有效应用可以提高其知识水平及绩效水平。基于不同企业的互补资源，知识交易可以有效促进企业间知识流动，使企业获取最新的市场知识，从而增强企业绩效。

由于装备制造产品的复杂性，所以装备制造产品的生产将会涉及多主体间的合作，包括在企业内部和企业外部。众所周知，知识已经成为促进企业发展最具"营养"的要素，而且，知识只有在广泛传播应用中，其效益才能发挥出来。装备制造企业内部及企业间的知识交易可以为知识的流动、传播提供桥梁。根据本书对装备制造企业成长能力五维结构的划分，在装备制造企业合作过程中，企业需要正确地判断自身所处的外在环境，具备良好的战略转型能力可以使企业对于目标市场产品的最新需求以及同类企业的发展状况有所了解，基于此，企业就能够更快、更准确地寻找到可以满足自身需求的相关企业，从而有利于两者之间的知识交易，通过这样的方式来进一步提升各自的企业绩效。在企业所处的网络中，每个企业都会根据自身的特点寻找资源，对于某些企业来说的非核心知识，有可能是其他企业梦寐以求的核心知识，因此，装备制造企业通过向外部网络进行嵌入，尽可能地挖掘出网络中其他企业的非核心知识，并且根据自身发展，有针对性进行知识交易，这样就可以促进信息的对称性，使知识交易更加顺利地开展，通过降低交易成本间接地提升企业绩效。在装备制造企业中，有很多企业都属于高新技术企业，Yli-Renko H. 等（2002 年）认为高新技术企业通过整合各行业的相关知识，获取外部组织的知识，能够促进企业产品的创新绩效[324]。也就是说，装备制造企业对多方资源进行整合将会促进新知识的产生，这从某种意义上就会提高知识交易的触发，使得企业能够有更多的新知识通过交易的方式获取利益，从而提升企业绩效。对于装备制造企业的持续创新能力促进知识交易的开展更是容易理解，只有不断地创造出更多的新知识，才能使得以前应用知识被淘汰掉，加快企业非核心知识的积累，从客观上为非核心知识交易提供更大可能，为企业绩效提升提出新的途径。装备制造企业的柔性生产能力越强，企业就能在动态变化的内、外部环境中快速做出行为反应，剔除非核心的业务，专注企业的关键业务流程，从而间接地分离出非核心的知识，储备更多的其他企业的互补知识，以备以后与企业外部组织进行知识交易，节省交易费用，提升企业绩效。

基于以上分析，本书提出如下假设（具体如图 5.3 所示）：

H_3：装备制造企业成长能力（CZ）有利于知识交易（JY）顺利开展；

H_{3a}：战略转型能力（CZZL）有利于知识交易（JY）顺利开展；

H_{3b}：外部网络嵌入能力（CZWB）有利于知识交易（JY）顺利开展；

H_{3c}：资源整合能力（CZZY）有利于知识交易（JY）顺利开展；

H_{3d}：持续创新能力（CZCX）有利于知识交易（JY）顺利开展；

H_{3e}：柔性生产能力（CZRX）有利于知识交易（JY）顺利开展；

H_4：知识交易（JY）有利于提升企业绩效（JX）；

H_5：知识交易（JY）在装备制造企业成长能力（CZ）与企业绩效（JX）的关系中起中介作用；

H_{5a}：知识交易（JY）在战略转型能力（CZZL）与企业绩效（JX）的关系中起中介作用；

H_{5b}：知识交易（JY）在外部网络嵌入能力（CZWB）与企业绩效（JX）的关系中起中介作用；

H_{5c}：知识交易（JY）在资源整合能力（CZZY）与企业绩效（JX）的关系中起中介作用；

H_{5d}：知识交易（JY）在持续创新能力（CZCX）与企业绩效（JX）的关系中起中介作用；

H_{5e}：知识交易（JY）在柔性生产能力（CZRX）与企业绩效（JX）的关系中起中介作用。

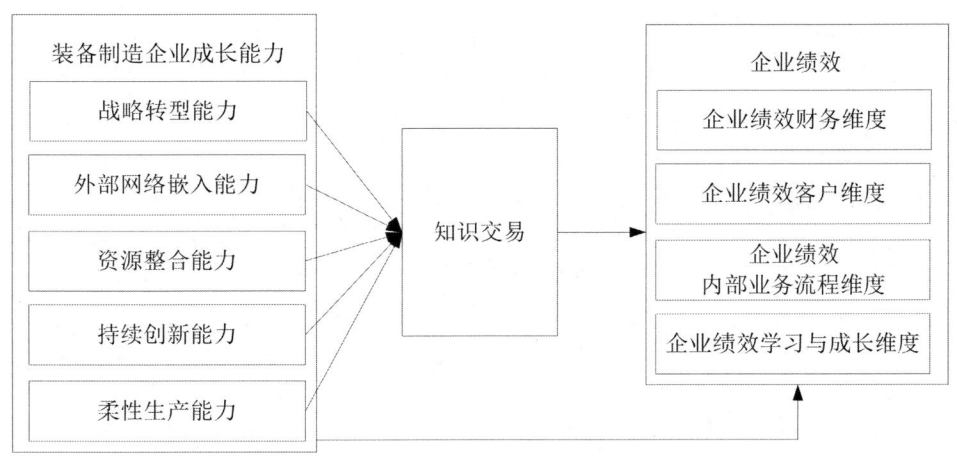

图 5.3　知识交易在装备制造企业成长能力与企业绩效的相互关系起中介作用

5.1.4　调节变量——结构资本

在传统经济学理论中，人们将资本视为可用于生产并实现价值增值的物质。直到马克思主义政治经济学的出现，资本的内涵才扩展到被物的属性所掩盖的人与人的关系。因此，企业所拥有以及能增强企业竞争能力的生产经营要素就具有了资本的属性。同时，结构资本是由企业组织所内生的一种组织力，它直接反映了企业整合各类资源、发挥系统效率的竞争能力，并且这种能力是可以不断积累并持续发挥作用的。目前，国内外对结构资本的研究尚未形成体系，虽然有许多文献都提及结构资本，但对其内涵以及表现形式还没有达成一致。斯维比认为，"结构资本是组织自身蕴含着的结构性隐含知识"[325]。弗兰西斯·赫瑞比（2000年）认为，"组织中的结构资本，可以是计算机系统、网络，也可以简单到电话、会议室，这些结构资本对于充分发挥智力资本的作用占有举足轻重的地位"[326]。Kehoe R. 认为每个企业都有自身特有的结构资本，其实质就是企业生产的副产品——默会知识[327]。与Kehoe观点类似，Edvinsson L.（1997年）认为由于市场价值与账面价值形成原因的差异，结构资本是组织内部稳定存在的资本，不会因组织成员转移而被带走，表现为人力资本的支持性结构，如信息技术系统、专利数据库、商标、版权等。Lev B. 和 Radhakrishnan S. 将技术、商业实践、设计、过程等集合成结构资本，具体表现为特定的商业流程、薪酬系统以及激励系统等[327]。按照现行的国际主流观点，结构资本是蕴含在企业组织机构、制度规范、企业文化中的组织性资产，它体现了组织聚合人力资源、创造价值的潜在能力和运作机制，而不是单纯地指企业组织结构本身[328]。Roos J. 等（1998年）认为结构资本包括关系资本、组织资本及更新与开发资本。其中，关系资本指组织与顾客、供应商、股东、联盟伙伴及其他利益相关者之间的关系；组织资本指组织的创新、流程、知识产权等；更新与开发资本指任何能在未来创造价值的活动，包括新产品开发、流程改造和组织重组等[329]。Bassi L. J. 等（1999年）依据 Kaplan R. S. 的平衡计分卡框架，认为结构资本与创新资本、流程资本具有很强的相关性，其中结构资本指信息科技、公司形象、组织思维、专利、商标和著作权等；创新资本包括企业的革新能力、创新成果、开发新产品与服务的潜力；流程资本指工作流程和专业技术等方面[330]。在此基础上，Nicholson G. J. 等（2004年）认为创新资本与流程资本作为体现组织内部管理与运作情况的资本要素，从根本上讲是组织的一种支持性结构，应该属于结构资本的范畴[331]。本书沿用 Nicholson G. J. 等的观点，认为企业结构资本（JZ）包括创新资本（JZCX）和流程资本（JZLC）。由此可见，结构资本的表现形式多样，它既可以蕴含在企业的组织机构、制度规范、企业文化之中，也可以体现为企业的价值体系、创新机制、激励模式、学习能力、团队精神等，并且主要是通过信息传递和相互沟通的方式来影响每个员工的行为，继而在整体上影响企业的经济绩效和竞争能力。

结构资本作为企业组织的一种协作机制、整合机制、协调机制，在企业管理运作的每一个阶段、每一个环节都在发挥作用[332]，对于结构资本与组织绩效（结果变量）关系的探讨一直都是结构资本研究的热点问题。研究者已从不同的角度出发，进行了大量的理论探讨与实证研究。文献研究表明，结构资本对组织绩效的作用机制存在三种不同的模型，即主效应模型[333]、缓冲效应模型[334]和调节效应模型[335]。但是上述研究多发生在发达国家或地区的市场，较少以发展中国家或地区为背景进行实证研究。而发展中国家或地区的装备制造企业成长环境等方面与发达国家或地区存在较大的不同，研究结构资本对装备制造企业成长能力与企业绩效的关系在发展中国家有着显著的实证意义。

根据 5.1.2 节的分析可知，良好的装备制造企业成长能力有利于提高企业绩效，接下来将分析结构资本对装备制造企业成长能力与企业绩效间关系的调节作用。从装备制造企业成长能力所划分的五个子能力出发，无论是装备制造企业基于内外部环境的变化而对企业战略的微调、基于自身所处的企业网络位置获取外部成长所需的资源，以及通过内外资源的融合获取的有效"营养"，还是基于前期积累所达到的技术、工艺创新成果和通过应用新技术、新工艺实施的柔性生产，归结到其"原子"层面，都可以认为是对相应领域知识的处理过程，也就是说，从某种程度上可以说装备制造企业成长能力是知识的一种特殊形式。众所周知，随着知识经济的不断发展，全球经济一体化程度加深，知识正不断地取代传统的资本、劳动、土地等生产资料，成为企业最优价值的资源，同时，企业竞争优势的表现也变为各种知识的集合，替代了以往某种产品或技术[336]。此外，知识经济改变了以往对于货币资本的利用方式，因为作为资本的知识，不像货币一样存在边际收益递减的规律，相反，知识传播得越广泛，所带来的效益越大，也就是说，知识具有边际效益递增的效应。人力资源作为知识的唯一载体，通过其特有的价值及有效性能够创造巨大的财富，无论是大型国有企业还是新生民营企业，都一致将人力资源作为企业最重要的核心优势。从本质上说，装备制造企业的结构资本是一种知识存量，它依附于企业内部，是支撑企业内部人力资本进行转换的基础平台，包括企业制度、企业文化结构、知识产权、研发技术等。吕飞豹和张悟移（2012 年）认为结构资本作为智力资本中的重要组成部分，是在某个时点上储藏在企业内的知识存量，知识存量的多少将对知识流动的方向、效率都产生一定的影响作用[327]。王霆（2006 年）从管理学角度认为企业所形成的结构资本价值需要通过某种机制传达给每一个职员，同时职员的行为、态度也需要及时地反馈到整个企业中，也就是说，结构资本在企业目标和职员需求之间充当媒介作用[325]。可以将结构资本比作化学反应中的催化剂，它能够使各类要素更加迅速地进入激活状态并且持续地为企业提供投入，提高企业绩效。从上述分析可以看出，优良的结构资本能够促进知识更好地流动，从而提升装备制造企业成长能力的状况，将蕴藏在各种子能力中的显性知识和隐性知识转化为企业成长所需的"营养"，促进企业绩效的提升。

企业作为一个结构体，通过其本身的技能以及其中各组成部分相互之间的联系，可形成特定的协调机制。应该说，不同性质的组织都有与之相适应的特定协调机制，并随着组织发展进入不同的阶段而不断变化，最终使其在绩效上有所差异。一方面，作为结构资本组成部分的创新资本，主要体现了企业革新能力，表现为企业 R&D 水平。自从熊彼特提出创新理论以来，R&D 活动对企业所产生的"创造性破坏"效果就备受学者们关注。Song & Zahedi（2001 年）基于计划行为理论（theory of planned behavior，TPB）和人际影响理论（interpersonal influence approach，IIA），通过实证研究指出创新资本能影响消费者的购买动机，间接地调整制造企业的柔性生产过程，进而影响企业绩效[337]。对于装备制造企业成长能力五维度子能力，创新资本 R&D 的投入都能够从某种程度上促使各子能力的提升，不断更新企业成长所需知识，最终体现在企业绩效的上升。另一方面，伴随 IT 技术的迅猛发展，人们也日益认识到信息化在提高企业核心竞争力和绩效方面的关键作用。近年来多家研究机构的研究报告表明，即使在现金流紧张、债务沉重、业绩不佳的企业中，平均 IT 投入占整个企业主营业收入的 1.83%[338]。这与现代企业已充分认识到结构资本中用于提高工作效率及专业技术水平的流程资本是企业正常运营过程中非常重要的影响因素相一致。知识经济时代，对于信息的处理和传播尤为重要，甚至可能决定某次企业间竞争的胜负。强大的结构资本服务平台所提供的方便，很大程度上源于企业自身内部强大的流程资本，且其最主要的表现方式为 IT 投资。

结构资本要想发挥效应，还必须依赖于结构资本各要素之间的密切协作（Bontis，1999 年）。Hanx（2001 年）认为结构资本各要素间存在互补关系，例如人力资本可以加强组织的创新资本和流程资本；同理，创新资本与流程资本也能够提高人力资本的质量[339]，即各种资本间的相互作用能够提升企业门户网站的表现水平。因此，结构资本中创新资本与流程资本间的协同能够创造出比它们单个更明显的效应。

基于以上分析，本书提出如下假设（具体如图 5.4 所示）：

H_6：结构资本（JZ）正向调节装备制造企业成长能力（CZ）与企业绩效（JX）之间的相互关系；

H_{6a}：创新资本（JZCX）正向调节装备制造企业成长能力（CZ）与企业绩效（JX）之间的相互关系；

H_{6a1}：创新资本（JZCX）正向调节战略转型能力（CZZL）与企业绩效（JX）之间的相互关系；

H_{6a2}：创新资本（JZCX）正向调节外部网络嵌入能力（CZWB）与企业绩效（JX）之间的相互关系；

H_{6a3}：创新资本（JZCX）正向调节资源整合能力（CZZY）与企业绩效（JX）之间的相互关系；

H_{6a4}：创新资本（JZCX）正向调节持续创新能力（CZCX）与企业绩效（JX）之间的相互关系；

H_{6a5}：创新资本（JZCX）正向调节柔性生产能力（CZRX）与企业绩效（JX）之间的相互关系；

H_{6b}：流程资本（JZLC）正向调节装备制造企业成长能力（CZ）与企业绩效（JX）之间的相互关系；

H_{6b1}：流程资本（JZLC）正向调节战略转型能力（CZZL）与企业绩效（JX）之间的相互关系；

H_{6b2}：流程资本（JZLC）正向调节外部网络嵌入能力（CZWB）与企业绩效（JX）之间的相互关系；

H_{6b3}：流程资本（JZLC）正向调节资源整合能力（CZZY）与企业绩效（JX）之间的相互关系；

H_{6b4}：流程资本（JZLC）正向调节持续创新能力（CZCX）与企业绩效（JX）之间的相互关系；

H_{6b5}：流程资本（JZLC）正向调节柔性生产能力（CZRX）与企业绩效（JX）之间的相互关系；

H_{6c}：创新资本与流程资本的交互效应（JZCX×JZLC）正向调节装备制造企业成长能力（CZ）与企业绩效（JX）之间的相互关系；

H_{6c1}：创新资本与流程资本的交互效应（JZCX×JZLC）正向调节战略转型能力（CZZL）与企业绩效（JX）之间的相互关系；

H_{6c2}：创新资本与流程资本的交互效应（JZCX×JZLC）正向调节外部网络嵌入能力（CZWB）与企业绩效（JX）之间的相互关系；

H_{6c3}：创新资本与流程资本的交互效应（JZCX×JZLC）正向调节资源整合能力（CZZY）与企业绩效（JX）之间的相互关系；

H_{6c4}：创新资本与流程资本的交互效应（JZCX×JZLC）正向调节持续创新能力（CZCX）与企业绩效（JX）之间的相互关系；

H_{6c5}：创新资本与流程资本的交互效应（JZCX×JZLC）正向调节柔性生产能力（CZRX）与企业绩效（JX）之间的相互关系。

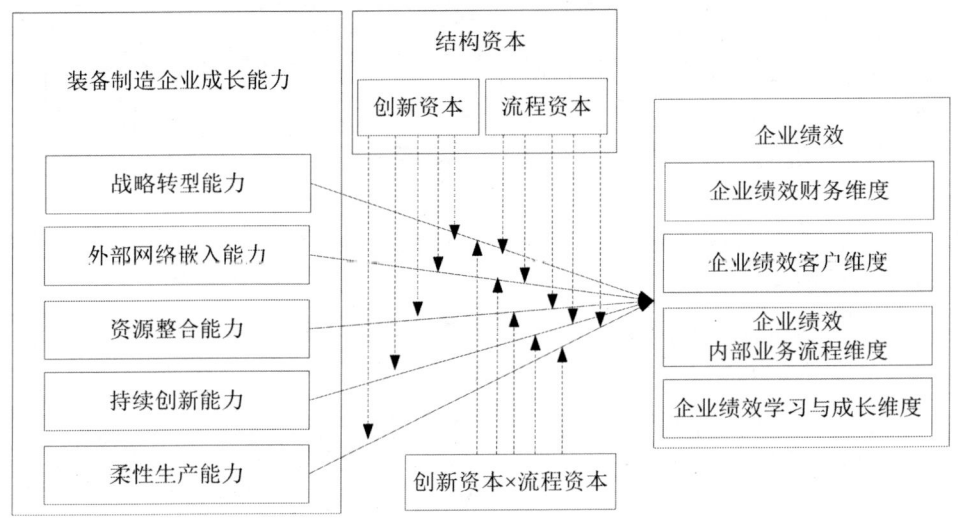

图5.4 结构资本在装备制造企业成长能力与企业绩效的相互关系起调节作用

5.1.5 装备制造企业成长能力作用机制理论研究框架

综合以上关于装备制造企业成长能力与组织学习过程、企业绩效、知识交易以及结构资本间关系的理论分析，本书提出了装备制造企业成长能力作用机制的理论分析框架，如图5.5所示。为便于理解，在图5.5中标明了各变量间所提出的假设关系，其中，虚线方框表示的是本书最重要的装备制造企业成长能力与企业绩效两个变量间的关系，并将其称为主效应关系；从虚线方框外指向装备制造企业成长能力与企业绩效两者关系的虚线箭头分别代表了作用于装备制造企业成长能力与企业绩效关系的前置变量作用、中介变量作用以及调节变量作用。具体的假设列于表5.1中。

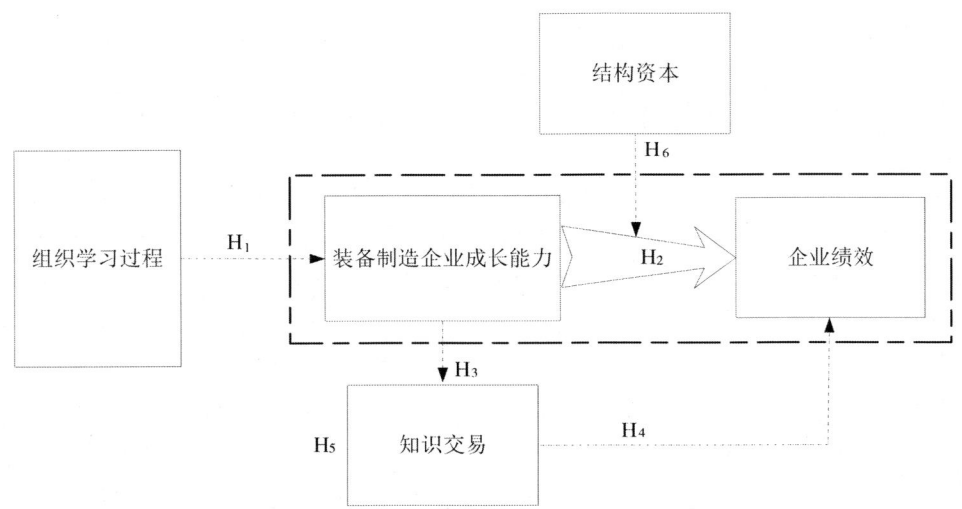

图 5.5 装备制造企业成长能力作用机制理论的分析框架

表 5.1 各变量间的假设关系

序号	假设关系
H_1	组织学习过程（ZX）有利于提升装备制造企业成长能力（CZ）
H_{1a}	知识获取（ZXHQ）有利于提升装备制造企业成长能力（CZ）
H_{1b}	知识扩散（ZXKS）有利于提升装备制造企业成长能力（CZ）
H_{1c}	知识整合（ZXZH）有利于提升装备制造企业成长能力（CZ）
H_{1d}	知识应用（ZXYY）有利于提升装备制造企业成长能力（CZ）
H_2	装备制造企业成长能力（包括 CZZL、CZWB、CZZY、CZCX、CZRX）有利于提升企业绩效（包括 JXCW、JXKH、JXLC、JXXC）
H_3	装备制造企业成长能力（CZ）有利于知识交易（JY）顺利开展
H_{3a}	战略转型能力（CZZL）有利于知识交易（JY）顺利开展
H_{3b}	外部网络嵌入能力（CZWB）有利于知识交易（JY）顺利开展
H_{3c}	资源整合能力（CZZY）有利于知识交易（JY）顺利开展
H_{3d}	持续创新能力（CZCX）有利于知识交易（JY）顺利开展
H_{3e}	柔性生产能力（CZRX）有利于知识交易（JY）顺利开展
H_4	知识交易（JY）有利于提升企业绩效（JX）

表5.1 续1

序号	假设关系
H_5	知识交易（JY）在装备制造企业成长能力（CZ）与企业绩效（JX）的关系中起中介作用
H_{5a}	知识交易（JY）在战略转型能力（CZZL）与企业绩效（JX）的关系中起中介作用
H_{5b}	知识交易（JY）在外部网络嵌入能力（CZWB）与企业绩效（JX）的关系中起中介作用
H_{5c}	知识交易（JY）在资源整合能力（CZZY）与企业绩效（JX）的关系中起中介作用
H_{5d}	知识交易（JY）在持续创新能力（CZCX）与企业绩效（JX）的关系中起中介作用
H_{5e}	知识交易（JY）在柔性生产能力（CZRX）与企业绩效（JX）的关系中起中介作用
H_6	结构资本（JZ）正向调节装备制造企业成长能力（CZ）与企业绩效（JX）之间的相互关系
H_{6a}	创新资本（JZCX）正向调节装备制造企业成长能力（CZ）与企业绩效（JX）之间的相互关系
H_{6a1}	创新资本（JZCX）正向调节战略转型能力（CZZL）与企业绩效（JX）之间的相互关系
H_{6a2}	创新资本（JZCX）正向调节外部网络嵌入能力（CZWB）与企业绩效（JX）之间的相互关系
H_{6a3}	创新资本（JZCX）正向调节资源整合能力（CZZY）与企业绩效（JX）之间的相互关系
H_{6a4}	创新资本（JZCX）正向调节持续创新能力（CZCX）与企业绩效（JX）之间的相互关系
H_{6a5}	创新资本（JZCX）正向调节柔性生产能力（CZRX）与企业绩效（JX）之间的相互关系
H_{6b}	流程资本（JZLC）正向调节装备制造企业成长能力（CZ）与企业绩效（JX）之间的相互关系
H_{6b1}	流程资本（JZLC）正向调节战略转型能力（CZZL）与企业绩效（JX）之间的相互关系
H_{6b2}	流程资本（JZLC）正向调节外部网络嵌入能力（CZWB）与企业绩效（JX）之间的相互关系

表5.1 续2

序号	假设关系
H_{6b3}	流程资本（JZLC）正向调节资源整合能力（CZZY）与企业绩效（JX）之间的相互关系
H_{6b4}	流程资本（JZLC）正向调节持续创新能力（CZCX）与企业绩效（JX）之间的相互关系
H_{6b5}	流程资本（JZLC）正向调节柔性生产能力（CZRX）与企业绩效（JX）之间的相互关系
H_{6c}	创新资本与流程资本的交互效应（JZCX×JZLC）正向调节装备制造企业成长能力（CZ）与企业绩效（JX）之间的相互关系
H_{6c1}	创新资本与流程资本的交互效应（JZCX×JZLC）正向调节战略转型能力（CZZL）与企业绩效（JX）之间的相互关系
H_{6c2}	创新资本与流程资本的交互效应（JZCX×JZLC）正向调节外部网络嵌入能力（CZWB）与企业绩效（JX）之间的相互关系
H_{6c3}	创新资本与流程资本的交互效应（JZCX×JZLC）正向调节资源整合能力（CZZY）与企业绩效（JX）之间的相互关系
H_{6c4}	创新资本与流程资本的交互效应（JZCX×JZLC）正向调节持续创新能力（CZCX）与企业绩效（JX）之间的相互关系
H_{6c5}	创新资本与流程资本的交互效应（JZCX×JZLC）正向调节柔性生产能力（CZRX）与企业绩效（JX）之间的相互关系

5.2 实证数据的获取

通过5.1节提出的装备制造企业成长能力作用机制理论模型及研究假设，本书需要对所提出的理论模型及假设进行实证检验分析，在进行实证分析之前需要获取理论模型及假设所涉及变量的可操作化变量和实证数据。因此，本节将对实证分析所需的各变量的量表和问卷调查数据进行分析。

5.2.1 各变量的量表选取

由于变量测量量表将直接影响实证结论的可靠性和有效性，所以要获取准确的变量测量量表就需要用科学的方法。本书引用前人实证研究已用的成熟量表，借鉴与本书研究内容相关的学术文献，同时结合实际调研、访谈及相关领域专家的意见，把每个抽象的变量转化为若干个维度和可观察的测量量表[340]，使测量量表能够尽可能地符合我国装备制造企业的实际情况。本书的理论模型及假设研究共涉及装备制造企业成长能力、组织学习过程、知识交易、结构资本和企业绩效共五个变量。由于应用调查问卷的方式获取数据,需要将抽象的变量转化为具体的可观测题项,所以采用 Likert7 分度量表法对变量进行定义和测量,从 1 到 7 分别表示从"完全不同意"向"完全同意"过渡。具体情况如下。

(1) 装备制造企业成长能力。本书第 4 章已应用探索性因子分析和验证性因子分析对装备制造企业成长能力结构维度进行了分析,提取了战略转型能力、外部网络嵌入能力、资源整合能力、持续创新能力和柔性生产能力共五个子能力。在此就沿用本书所得到的结论,战略转型能力包括七个题项(CZZL1—CZZL7)、外部网络嵌入能力包括七个题项(CZWB1—CZWB7)、资源整合能力包括七个题项(CZZY1—CZZY7)、持续创新能力包括七个题项(CZCX1—CZCX7)、柔性生产能力包括七个题项(CZRX1—CZRX7)。装备制造企业成长能力量表如表 5.2 所示。

表 5.2 装备制造企业成长能力量表

变量	维度	题项	文献基础
装备制造企业成长能力	战略转型能力	企业能够正确分析出企业经营受外部环境变化的影响	本书研究分析所得
		企业能够正确分析出企业经营受内部资源的影响	
		企业具有较强的判断力和环境洞察力	
		企业制定了与战略相匹配的组织结构和管理制度	
		企业能够随外部环境灵活地调整内部运行机制	
		企业将长期战略细化为短期目标执行	
		企业能够将战略思想嵌入到员工绩效的奖惩措施中	
	外部网络嵌入能力	企业已构建了密切的企业间合作关系	
		企业与合作企业间具有较强的信任感	
		企业与合作企业间进行频繁的交流对话	
		企业已与两个或两个以上企业一起进行过合作	
		企业在所处的企业合作网络中处于核心地位	
		企业与合作企业间已具有较长的合作时间	
		企业形成了获取合作企业知识的惯例机制	

表5.2 续

变量	维度	题项	文献基础
装备制造企业成长能力	资源整合能力	企业能够及时反馈外部环境变化以对产品、市场资源进行合理配置	本书研究分析所得
		企业十分重视资源的层级性和匹配性	
		企业能够采用联盟、并购的方式配置资源	
		企业能够在不多支出成本的情况下整合内部资源	
		企业拥有使部门间共享满意的资源	
		企业拥有满意的资源管理部门	
		企业拥有满意的可供跨组织使用的资源	
	持续创新能力	企业能够以较快的速度更新同类产品	
		企业能够以较快的速度采用新工艺、新标准	
		企业对研发投入了大量的经费	
		企业能够灵活地调整组织结构以适应创新需要	
		企业制定了宽容创新失败的相关制度	
		企业提倡企业间的开放协作创新	
		企业重视对人才创新的培养	
	柔性生产能力	企业能够在较短时间内设计或更改所生产的产品	
		企业能够在不用支出太多销售成本的情况下获取稳定的产品销售量	
		企业能够在变动产品生产水平的情况下保持稳定的管理成本	
		企业能够在变动产品生产水平的情况下保持稳定的利润	
		企业能够在不用支出太多研发费用的情况下获取一定的创新产品	
		企业能够在不用支出太多培训费用的情况下获得足够的人力资源	
		企业能够在不用支出太多采购费用的情况下获取不同种类的原材料	

（2）组织学习过程。本书将组织学习过程划分为知识获取、知识扩散、知识整合和知识应用四个维度。知识获取采用的量表来自 Anderson M. H.[341]、Soo C.[342]、Lyles M. A. 和 Salk J. E.[343]等的研究，结合研究目的进行适当调整，共包括六个题项（ZXHQ1—ZXHQ6），该量表设计用来评价企业如何提高自身的知识存量。知识扩散采取的量表来自 Bock G. W.[344]、Hooff B. 和

Ridder J.[345]、Zarraga C. 和 Bonache J.[346]等的研究，结合研究目的进行适当调整，共包括五个题项（ZXKS1—ZXKS5），该量表设计用来评价企业与其他企业间进行知识扩散的情况。知识整合采用的量表来自 Boer D. M. 等[347]、Kogut B. 等[348]、David J. Teece 等[268]的研究，结合研究目的进行适当调整，共包括五个题项（ZXZH1—ZXZH5），该量表设计用来评价企业在充分交流与沟通的基础上，将所接收的知识进行吸收、合并和重组的情况。知识应用采用的量表来自 Gold A. H.[349]、Grant R. M.[350]和王众托[351]等的研究，结合研究目的进行适当调整，共包括六个题项（ZXYY1—ZXYY6），该量表设计用来评价企业对已经掌握的知识进行应用的情况。组织学习过程量表如表 5.3 所示。

表 5.3 组织学习过程量表

变量	维度	题项	文献基础
组织学习过程	知识获取	企业获取的管理概念、方法能够解决自身问题所需	Anderson M. H.[341]；Soo C. 等[342]；Lyles M. A. 等[343]
		企业能够经常获得最新的知识	
		企业能够及时获取解决内部出现的效率低等运作问题的方法	
		企业所获取的管理概念、方法具有较强的可靠性	
		企业通过不同渠道获取的管理概念、方法具有显著差异	
		企业能够多渠道获取新管理概念、方法	
	知识扩散	企业内部各部门能够有相同的机会来学习新知识	Bock G. W. 等[344]；Hoof B. 等[345]；Zarrage C. 等[346]
		企业内部各部门间能够互相帮助	
		企业成员不愿意与其他成员分享知识	
		企业成员乐意帮助其他成员解决问题	
		企业内部部门愿意主动帮助其他部门解决问题	
	知识整合	企业能够整合与目标相关的零散知识	Boer D. M. 等[347]；Kogut B. 等[348]；David J. Teece 等[268]
		企业能够有效地结合新知识与旧经验	
		企业能够结合不同领域知识进行新思想的碰撞	
		企业成员能够将其他人的知识、经验嵌入到企业目标中	
		企业认为整合思想比单独工作更能推动目标实现	

表5.3 续

变量	维度	题项	文献基础
组织学习过程	知识应用	企业成员已意识到知识对企业绩效的重要作用	Gold A. H. 等[349]；Grant R. M. 等[350]；王众托[351]
		企业注重通过新知识提升企业竞争力	
		企业能够快速地将新知识应用到关键项目中	
		企业能够定期评估技术对企业成长的影响	
		企业能够从失败的项目中学习新的知识	
		企业能够快速找到解决问题所需的知识	

（3）知识交易。由于目前国内外对于企业知识交易的文献较少，还没有关于知识交易的实证研究，没有找到知识交易的经典量表。鉴于此，参考国内学者唐炎华[352]关于知识转移量表的设计和张旭梅、陈伟的相关研究[353,354]，结合知识交易的特性及研究目的，共包括五个题项（JY1—JY5），该量表设计用来评价企业进行知识交易行为以及知识交易的效果等情况。知识交易量表如表5.4所示。

表5.4 知识交易量表

变量	题项	文献基础
知识交易	企业愿意与其他企业进行知识交易活动	唐炎华等[352]；陈伟等[353]；张旭梅[354]
	企业愿意投入更多的知识来参与知识交易活动	
	企业与其他企业有频繁的知识交易活动	
	企业通过知识交易获取了许多新知识	
	企业通过知识交易提升了企业的知识水平	

（4）结构资本。本书将结构资本划分为创新资本和流程资本两个维度。借鉴Aramburu N. 等[355]、Bassi L. J. 等[330]、Nicholson G. J. 等[331]、吕飞豹等[327]的研究，结合研究目的进行适当调整，得到描述创新资本的五个题项（JZCX1—JZCX5）和描述流程资本的六个题项（JZLC1—JZLC6），该量表设计用来体现创新资本包含的革新能力、创新成果、开发新产品与服务的潜力等，以及流程资本包含的工作流程、专业技术等。结构资本量表如表5.5所示。

表 5.5 结构资本量表

变量	维度	题项	文献基础
结构资本	创新资本	企业能够定期提交新的创新成果	Aramburu N. 等[355]; Bassi L. J. 等[330]; Nicholson G. J. 等[331]; 吕飞豹等[327]
		企业具有对旧事物进行革新的能力	
		企业具有开发新产品、服务的潜力	
		企业能够及时地更新研发知识	
		企业愿意投入更多的资源进行 R&D 研究	
	流程资本	企业拥有健全的自身数据库（知识库中心）	
		企业拥有合理的组织结构设计	
		企业拥有良好的企业文化来鼓励知识传播	
		企业愿意在信息技术方面投入更多的资源	
		企业拥有良好的专业技术并能进行知识交流	
		企业拥有合理的业务流程、产品生产流程	

（5）企业绩效。本书结合平衡计分卡理论将企业绩效划分为财务、客户、内部业务流程和学习与成长四个维度。借鉴 Robert S. 等[298]、孙永玲[299]、唐健雄[356]的研究，结合研究目的进行适当调整，得到描述企业绩效财务维度的三个题项（JXCW1—JXCW3）、企业绩效客户维度的三个题项（JXKH1—JXKH3）、企业绩效内部业务流程维度的三个题项（JXLC1—JXLC3）和企业绩效学习与成长维度的三个题项（JXXC1—JXXC3），该量表从有形目标和无形目标两方面体现企业的成长状况。企业绩效量表如表 5.6 所示。

表 5.6 企业绩效量表

变量	维度	题项	文献基础
企业绩效	财务维度	企业制定了合理的销售和利润目标	Robert S. 等[298]; 孙永玲[299]; 唐健雄[356]
		企业具有较高的营业收入	
		企业具有较高的利润总额	
	客户维度	企业具有较高的满意度	
		企业具有较高的客户增长率	
		企业具有较高的市场占有率	

表5.6 续

变量	维度	题项	文献基础
企业绩效	内部业务流程维度	企业成员具有较高的劳动生产率	
		企业具有较低的生产成本	
		企业产品具有较高的品质	
	学习与成长维度	企业成员对企业具有较高的满意度	
		企业成员具有较高的上岗率	
		企业产品具有较高的美誉度	

（6）控制变量。参考和借鉴史丽萍等[357]、李柏洲等[358]、杨燕等[359]的相关研究，选取企业年龄（NL）、企业规模（GM）、企业所有制类型（LX）、企业在所处行业中的位置（WZ）、被调查者受教育程度（SJ）五个统计变量作为控制变量，如表5.7所示。其中，被调查企业年龄（NL）使用测点年份减去企业成立年份所得值的自然对数来表示，被调查企业规模（GM）使用企业员工数的自然对数来表示，被调查企业所有制类型（LX）使用虚拟变量来表示，将国有及国有控股企业设为1，非国有企业设为0。被调查企业在所处行业中的位置（WZ）使用Likert5分制量表来表示，其中"前15%"设为1，"15%~30%"设为2，"中间"设为3，"后30%~15%"设为4，"后15%"设为5。被调查者受教育程度（SJ）使用Likert5分制量表来表示，其中"大专以下学历"设为1，"大专学历"设为2，"本科学历"设为3，"硕士学历"设为4，"博士学历"设为5。

表5.7 控制变量量表

变量	维度	文献基础
控制变量	被调查企业年龄	史丽萍等[357]；李柏洲等[358]；杨燕等[359]
	被调查企业规模	
	被调查企业所有制类型	
	被调查企业在所处行业中的位置	
	被调查者受教育程度	

5.2.2 问卷调查数据选取

问卷调查方式收集的数据质量将直接影响到最终理论模型和研究假设的检验结果，因此，数据收集过程对之后的实证分析起到关键作用。为了保证变量测量数据的有效性和可靠性，本书依据5.2.1中对各变量量表的可操作化定义，编制了初始量表，并通过哈尔滨市五家装备制造企业进行了初始量表测试，在获取的数据基础上进行了项目分析。依据临界比率值的显著性水平对初始量表进行筛选，最终形成能够应用于大范围调查的正式问卷。该正式问卷采用李克特7分量表法（Multiple-item scales），将量表的答案设置成在七个选项中选择一个与客观事实最接近的选项，其中项目计分从1到7表示被调查者对题项所描述内容的认可程度逐渐提升，"1"为"完全不同意"，"7"为"完全同意"，进而制定出装备制造企业成长能力作用机制研究的正式调查问卷，具体见附录B。

本书将选择国内的装备制造企业作为研究样本，结合研究问题的需要，问卷的填写对象主要是装备制造企业中、高层领导及基层管理者。为了获取尽可能多的调查样本，本书通过以下几种方式进行问卷发放：第一，对符合调查要求的企业进行上门调研，并通过现场培训填写问卷及进行问卷收回；第二，通过随机抽取的方式在企业黄页中选取符合调查要求的企业，利用纸质邮寄、电话访谈、电子邮件等形式进行问卷调查，并告知问卷回收方式；第三，利用"态度8调查网"（http://www.taidu8.com/index.htm）等专门用于问卷调查的网站发放问卷，通过网站的专业服务回收问卷。此次调研均采用匿名填写的形式，共发放问卷450份，直接回收及邮寄回来的问卷达到419份，问卷回收率为93.11%。根据获得问卷数据的有效性，将企业所属行业不符、被调查者对象职位不符、答案明显不符合实际、答案极端值过多、答案前后有明显的矛盾、答案具有明显的规律性、存在缺失项太多等情况的无效问卷给予剔除，最终获得有效问卷384份，最终的问卷有效率为85.33%。一般来说，用于实证分析的样本数量最少应在100~150以上（Lin Ding和Yayne F. Velicer，1995年），根据实证分析应用的分析方法，本书认为所获取的384份样本数量已符合研究的需要。依据所收集有效的调查问卷统计数据，被调查者的相关情况包括：按性别划分，男性占58.31%，女性占41.69%；按受教育程度划分，大专及以下学历占12.15%，本科学历占39.21%，硕士及以上学历占48.64%。被调查者所在企业的相关情况包括：按所属细分行业划分，金属制品业占11.42%，通用设备制造业占16.78%，专用设备制造业占 13.52%，交通运输设备制造业占 17.99%，电气机械及器材制造业占 20.03%，通信设备、计算机及其他电子设备制造业占 10.37%，仪器仪表及文化、办公用机械制造业占 9.89%；按所有制类型划分，国有及国有控股企业占 45.82%，私营和私人控股企业占 39.52%，外资和合资企业占 14.66%；按企业规模划分，500 人以下占 3.98%，500~1000 人占 8.87%，1000~1500 人占 28.94%，2000 人以上占 58.21%；按企业年龄划分，1~5 年占 10.06%，5~10 年占 26.15%，10~15 年占 34.18%，15 年以上 29.61%。通过上述描述，可以看出无论是被调查者还是被调查者所在企业均达到本研究的分析要求，具有广泛的代表性，为之后的实证分析提供了良好的基础，同时为得出普遍性的结论提供了可能。

在对问卷调查的基础情况分析之后，还需要对所调查各变量的数据情况进行分析，本书主要通过对获取数据的变量进行平均值和标准差的统计描述，从整体上了解数据的内部规律。应用 SPSS16.0 对本书涉及的各变量测量数据进行平均值和标准差的计算，具体情况如表 5.8 所示。从表中可以看出，变量的测量数值的平均值在 4.34 和 4.91 之间，标准差在 1.214 和 1.542 之间，表明调研所获取的调研样本具有良好的离散状态，能够进行之后的分析。

表 5.8　各研究变量测量数据的描述性统计

变量		平均值	标准差	变量		平均值	标准差
战略转型能力（CZZL）	CZZL1	4.72	1.281	资源整合能力（CZZY）	CZZY1	4.53	1.308
	CZZL2	4.67	1.254		CZZY2	4.58	1.244
	CZZL3	4.62	1.246		CZZY3	4.51	1.261
	CZZL4	4.67	1.255		CZZY4	4.61	1.542
	CZZL5	4.69	1.354		CZZY5	4.55	1.264
	CZZL6	4.71	1.284		CZZY6	4.57	1.379
	CZZL7	4.66	1.214		CZZY7	4.64	1.276

表5.8 续1

变量		平均值	标准差	变量		平均值	标准差
外部网络嵌入能力（CZWB）	CZWB1	4.91	1.384	持续创新能力（CZCX）	CZCX1	4.74	1.341
	CZWB2	4.82	1.375		CZCX2	4.65	1.374
	CZWB3	4.81	1.349		CZCX3	4.69	1.391
	CZWB4	4.65	1.281		CZCX4	4.61	1.289
	CZWB5	4.85	1.415		CZCX5	4.77	1.437
	CZWB6	4.83	1.334		CZCX6	4.59	1.422
	CZWB7	4.67	1.452		CZCX7	4.66	1.387
柔性生产能力（CZRX）	CZRX1	4.48	1.259	知识交易（JY）	JY1	4.64	1.406
	CZRX2	4.45	1.316		JY2	4.68	1.374
	CZRX3	4.58	1.357		JY3	4.72	1.391
	CZRX4	4.67	1.369		JY4	4.59	1.442
	CZRX5	4.81	1.381		JY5	4.78	1.385
	CZRX6	4.63	1.411				
	CZRX7	4.69	1.435				
企业绩效财务维度（JXCW）	JXCW1	4.91	1.365	企业绩效内部业务流程维度（JXLC）	JXLC1	4.79	1.248
	JXCW2	4.88	1.347		JXLC2	4.86	1.341
	JXCW3	4.81	1.462		JXLC3	4.88	1.299
企业绩效客户维度（JXKH）	JXKH1	4.82	1.395	企业绩效学习与成长维度（JXXC）	JXXC1	4.67	1.361
	JXKH2	4.86	1.421		JXXC2	4.87	1.357
	JXKH3	4.81	1.377		JXXC3	4.75	1.389
知识获取（ZXHQ）	ZXHQ1	4.76	1.384	知识应用（ZXYY）	ZXYY1	4.81	1.437
	ZXHQ2	4.79	1.364		ZXYY2	4.35	1.258
	ZXHQ3	4.68	1.431		ZXYY3	4.68	1.425
	ZXHQ4	4.82	1.349		ZXYY4	4.75	1.377
	ZXHQ5	4.69	1.466		ZXYY5	4.64	1.361
	ZXHQ6	4.57	1.375		ZXYY6	4.55	1.396

表5.8 续2

变量		平均值	标准差	变量		平均值	标准差
知识扩散 (ZXKS)	ZXKS1	4.68	1.354	知识整合 (ZXZH)	ZXZH1	4.34	1.394
	ZXKS2	4.52	1.397		ZXZH2	4.39	1.403
	ZXKS3	4.49	1.431		ZXZH3	4.42	1.379
	ZXKS4	4.72	1.472		ZXZH4	4.37	1.413
	ZXKS5	4.59	1.365		ZXZH5	4.85	1.455
创新资本 (JZCX)	JZCX1	4.51	1.421	流程资本 (JZLC)	JZLC1	4.57	1.386
	JZCX2	4.64	1.384		JZLC2	4.49	1.435
	JZCX3	4.59	1.422		JZLC3	4.58	1.347
	JZCX4	4.72	1.378		JZLC4	4.67	1.376
	JZCX5	4.66	1.346		JZLC5	4.61	1.457
					JZLC6	4.74	1.341

5.2.3 量表的信度和效度检验

正如上文所提到的，收集的调研数据质量将直接影响到最终理论模型和研究假设的检验结果，因此，在通过问卷调查获得数据后，为了使接下来的实证分析结论的正确性更有保障，还需要对收集的各变量的问卷调查数据进行信度和效度检验，只有通过了信度和效度检验的数据才能被用来进行之后的实证分析。

信度检验主要是考察测量量表的内部一致性，也就是验证该测量量表以不同的形式或在不同时间对相同或相似的调研对象进行问卷发放，其回收的数据具有结果的一致性。多数情况下，对于采用李克特量表法得到的数据应用"Cronbachα"系数对量表内部一致性进行分析。根据 Churchill Jr（1979 年）[248]和 Smith A.M.（1999 年）[360]的建议需要分别计算问项总分相关值 CITC（Corrected Item-Total Correaltion）、Cronbachα 值以及该问项已删除的 Cronbachα 值，其中，CITC 值要求大于 0.5，否则需要依据理论意义进行问题删减；Cronbachα 的公式为 $\alpha = \dfrac{k}{k-1}\left(1 - \dfrac{\sum_{i=1}^{k}\delta_i^2}{\sum_{i=1}^{k}\delta_i^2 + 2\sum_{i}^{k}\sum_{j}^{k}\delta_{ij}}\right)$（$k$ 为测量变量的问项数，δ 为问项 i 的方差，δ_{ij} 为相关问项的协方差），Cronbachα 系数值大于 0.7 时才表明该测量量表具有较高的信度；该问项已删除的 Cronbachα 值需要小于该问项所在变量的 Cronbachα 值才能够不被删除，否则就表明该问项的删除能够提升所在变量下的信度。本研究各量表的信度检验具体结果如表 5.9 所示。

  效度检验主要是考察量表有效测出所研究变量的程度，一般而言，效度检验包含三个方面，即内容效度、效标关联效度和建构效度[361]，在实证研究过程中，学者们通常对内容效度和建构效度分析得较多，其中，建构效度又被划分为收敛效度和区分效度。首先，对于量表的内容效度，在本研究中，装备制造企业成长能力量表是经过文献梳理、结合相关领域专家和企业管理者建议修改而得，并经过大、小样本两阶段调查的规范分析流程最终确定的，组织学习过程、知识交易、结构资本和企业绩效均借鉴了已有研究成果中具有高信度和效度的量表。此外，从调研访谈的反馈情况也可以看出现实的企业管理者也认可这些变量的量表问项，因此，本研究所涉及的变量量表具有较高的内容效度。其次，对于量表的收敛效度，应用探索性因子分析对量表进行分析，计算 KMO 值（Kaiser-Meyer-Olkin）、Bartlett 球度检验的显著性水平、各变量的因子载荷值以及公因子的累计解释方差变异百分比。其中，要求 KMO 值至少在 0.6 以上且 Bartlett 球度检验具有显著性，否则将不能进行因子分析；各变量的因子载荷值要大于 0.5，公因子的累计解释方差变异百分比要达到 30%，否则将不予以认为是有效的[359]。基于此，本研究各量表的收敛效度具体结果如表 5.9 所示。最后，对于量表的区分效度，通过各测量问项间的相关系数进行评定，要求对应的各测量问项间的相关系数具有显著性，同时，各测量问项间的相关系数的置信区间均不能含有数值 1（置信区间等于相关系数±2 倍的标准性误差），否则也将不予以认为是有效的[362]。基于此，本研究各量表的区分效度具体结果如表 5.9 所示。

表 5.9　研究量表的信度与效度检验

变量		观测变量	CITC	α	问项删除的 α	KMO	因子载荷	解释方差	问项相关系数
CZ	CZZL	CZZL1	0.654	0.892	0.836	0.752	0.845	78.652%	0.354~0.654
		CZZL2	0.687		0.795		0.861		
		CZZL3	0.634		0.821		0.867		
		CZZL4	0.762		0.861		0.873		
		CZZL5	0.715		0.866		0.852		
		CZZL6	0.622		0.815		0.862		
		CZZL7	0.599		0.844		0.814		
	CZWB	CZWB1	0.631	0.872	0.778	0.764	0.864	75.364%	0.491~0.718
		CZWB2	0.676		0.791		0.815		
		CZWB3	0.604		0.816		0.873		
		CZWB4	0.731		0.798		0.834		
		CZWB5	0.793		0.826		0.846		
		CZWB6	0.667		0.742		0.831		
		CZWB7	0.639		0.776		0.824		
	CZZY	CZZY1	0.761	0.899	0.781	0.715	0.861	77.815%	0.531~0.766
		CZZY2	0.739		0.767		0.845		
		CZZY3	0.745		0.715		0.863		
		CZZY4	0.788		0.816		0.841		
		CZZY5	0.803		0.867		0.854		
		CZZY6	0.697		0.817		0.873		
		CZZY7	0.654		0.786		0.834		
	CZCX	CZCX1	0.781	0.905	0.869	0.766	0.864	84.624%	0.461~0.697
		CZCX2	0.725		0.794		0.873		
		CZCX3	0.736		0.814		0.845		
		CZCX4	0.749		0.856		0.862		
		CZCX5	0.733		0.842		0.815		
		CZCX6	0.711		0.813		0.872		
		CZCX7	0.762		0.852		0.861		

表5.9 续1

变量		观测变量	CITC	α	问项删除的α	KMO	因子载荷	解释方差	问项相关系数
CZ	CZRX	CZRX1	0.628	0.887	0.842	0.774	0.841	71.845%	0.318~0.704
		CZRX2	0.594		0.832		0.867		
		CZRX3	0.635		0.855		0.831		
		CZRX4	0.765		0.784		0.846		
		CZRX5	0.789		0.841		0.819		
		CZRX6	0.835		0.787		0.872		
		CZRX7	0.871		0.837		0.862		
ZX	ZXHQ	ZXHQ1	0.768	0.917	0.875	0.815	0.814	69.715%	0.439~0.725
		ZXHQ2	0.761		0.865		0.856		
		ZXHQ3	0.746		0.825		0.816		
		ZXHQ4	0.762		0.877		0.836		
		ZXHQ5	0.698		0.835		0.864		
		ZXHQ6	0.835		0.853		0.842		
	ZXKS	ZXKS1	0.686	0.895	0.786	0.792	0.832	76.815%	0.394~0.671
		ZXKS2	0.638		0.835		0.836		
		ZXKS3	0.761		0.823		0.831		
		ZXKS4	0.768		0.845		0.814		
		ZXKS5	0.809		0.798		0.846		
	ZXZH	ZXZH1	0.576	0.887	0.866	0.783	0.834	73.719%	0.314~0.628
		ZXZH2	0.687		0.864		0.861		
		ZXZH3	0.634		0.831		0.875		
		ZXZH4	0.731		0.821		0.834		
		ZXZH5	0.771		0.844		0.817		
	ZXYY	ZXYY1	0.748	0.891	0.762	0.835	0.865	75.618%	0.467~0.637
		ZXYY2	0.763		0.833		0.861		
		ZXYY3	0.625		0.852		0.866		
		ZXYY4	0.612		0.873		0.835		
		ZXYY5	0.654		0.799		0.816		
		ZXYY6	0.834		0.813		0.818		

表5.9 续2

变量		观测变量	CITC	α	问项删除的 α	KMO	因子载荷	解释方差	问项相关系数
JY		JY1	0.815	0.888	0.792	0.816	0.831	73.374%	0.531~0.691
		JY2	0.768		0.815		0.861		
		JY3	0.745		0.861		0.835		
		JY4	0.763		0.825		0.813		
		JY5	0.836		0.834		0.835		
JZ	JZCX	JZCX1	0.648	0.909	0.894	0.865	0.865	68.674%	0.476~0.638
		JZCX2	0.639		0.842		0.826		
		JZCX3	0.715		0.834		0.824		
		JZCX4	0.831		0.825		0.816		
		JZCX5	0.761		0.873		0.846		
	JZLC	JZLC1	0.731	0.874	0.834	0.842	0.862	69.745%	0.427~0.618
		JZLC2	0.767		0.795		0.851		
		JZLC3	0.639		0.849		0.814		
		JZLC4	0.597		0.834		0.846		
		JZLC5	0.647		0.837		0.831		
		JZLC6	0.668		0.819		0.845		
JX	JXCW	JXCW1	0.826	0.893	0.877	0.835	0.861	67.647%	0.529~0.634
		JXCW2	0.861	0.907	0.864		0.817		
		JXCW3	0.794	0.899	0.831		0.815		
	JXKH	JXKH1	0.647	0.903	0.836	0.901	0.831	68.621%	0.517~0.671
		JXKH2	0.636		0.891		0.842		
		JXKH3	0.725		0.876		0.834		
	JXLC	JXLC1	0.796		0.895	0.783	0.837	72.984%	0.476~0.633
		JXLC2	0.741		0.846		0.843		
		JXLC3	0.635		0.873		0.852		
	JXXC	JXXC1	0.785		0.899	0.866	0.861	74.045%	0.443~0.707
		JXXC2	0.811		0.876		0.856		
		JXXC3	0.861		0.819		0.835		

通过表5.9可以看出，各变量的测量指标均超过0.576，大于要求的0.5；各变量的总量表Cronbachα值超过0.872，并且各变量的测量问项的已删除Cronbachα值均小于其相对应维度的Cronbachα值，因此，本书的研究量表具有较高的信度。通过SPSS16.0软件进行探索性因子分析得出，各变量的KMO值均超过0.715且在概率小于0.001的条件下Bartlett球度检验具有显著性；各变量的测量指标的因子载荷均超过0.813，公因子的累计解释方差变异百分比均大于67.647%，因此，本书的研究量表的收敛效度得到了验证。各测量问项间的相关系数在其相应的概率（$p<0.01$ 或 $p<0.05$）下均达到了显著性水平，且相关系数的置信区间均不包含数值1，因此，本书的研究量表通过了区分效度检验。

5.3 实证过程分析及其结果

正如本章开头所述，装备制造企业成长能力的作用效果着重围绕作为复合能力的装备制造企业成长能力对企业自身绩效能有多大程度的作用，即装备制造企业成长能力的作用效果评价。通常做法是应用传统的统计评价分析法（如主成分分析、模糊评价法、层次分析法）对构建的评价指标体系进行评价，本书利用路径图的方式来表现装备制造企业成长能力对企业绩效的效果评价。通过5.1节对本研究所涉及变量间关系的理论探索，本书构建了相应的概念模型及提出了相应的研究假设，可以看出装备制造企业成长能力的作用效果评价共存在四种路径关系效应：（1）装备制造企业成长能力对企业绩效的主效应关系；（2）组织学习过程对装备制造企业成长能力与企业绩效关系的前置变量作用；（3）知识交易对装备制造企业成长能力与企业绩效关系的中介变量作用；（4）结构资本对装备制造企业成长能力与企业绩效关系的调节变量作用。基于此，本书分别采用典型相关分析法（Canonical Correlation Analysis）对主效应关系（研究假设 H_2）进行检验，采用基于Boostrap的结构方程模型（Boostrap Structural Equation Model）对前置变量作用（研究假设 H_1）进行检验，采用层次回归分析法（Hierarchical Regression Analysis）对中介变量作用（研究假设 H_3、H_4、H_5）和调节变量作用（研究假设 H_6）进行检验。接下来，将应用典型相关分析法、Bosstrap结构方程模型和层次回归分析法对本研究提出的研究假设依次进行检验。

5.3.1 基于投影寻踪法的各变量指标计算

由于装备制造企业成长能力、组织学习过程、知识交易、结构资本、企业绩效等变量的测量指标值间可能存在较为复杂的非线性相关关系,并且本研究所涉及的变量可能还会出现联合非正态分布以及测量指标存在高维性,而高维度数据的计算非常容易产生多重共线且造成计算不便,虽然曾经有学者采用各变量测量指标的平均值来代替各变量评价值或者应用因子分析法得到各变量的综合值[358],但是这些做法仍然有可能对实证估计造成增加或减小的结果。因此,为了既能达到降低各变量的维度以排除多重共线性的目的,又能避免上述描述的现象,本书将采用投影寻踪法(Projection Pursuit)对各变量的调查问卷数据进行计算,得到降低维度后的低维变量评价值。

投影寻踪法是一种处理具有非正态、非线性、高维度的数据,忽略与数据结构或特征不相关变量的影响,对数据和样本容量没有特别的要求,能够实现维度降低使得研究对象更加简洁的有效探索性数据分析方法[357]。它的基本原理是采用遗传算法从高维数据中选取最大投影向量并将其投影到低维度空间,用低维度空间中投影的散点分布结构来揭示高维度数据的结构特征,从而达到剖析高维度数据的目的。一般而言,投影寻踪法包含以下步骤[363]。

第一步,对各变量测量指标进行归一化处理。设各变量测量指标值的样本集合为 $\{x'_{ij} \mid i=1,2,\cdots,n; j=1,2,\cdots,m\}$,其中 x'_{ij} 为第 i 个样本的第 j 个变量测量指标值,n、p 分别表示被调查的样本容量和变量测量指标数量。指标的归一化处理是为了消除不同指标量纲同时统一各测量指标的变化范围。

对于正向指标,归一化公式为:
$$x_{ij} = (x'_{ij} - \min_i x'_{ij}) / (\max_i x'_{ij} - \min_i x'_{ij}) \tag{5-1}$$

对于逆指标,归一化公式为:
$$x_{ij} = (\max_i x'_{ij} - x'_{ij}) / (\max_i x'_{ij} - \min_i x'_{ij}) \tag{5-2}$$

其中 $\min_i x'_{ij}$ 和 $\max_i x'_{ij}$ 分别为第 j 个变量测量指标值的最小值和最大值,$\{x_{ij} \mid i=1,2,\cdots,n; j=1,2,\cdots,m\}$ 为测量指标值经归一化后的序列集合。

第二步,构造投影指标函数 $Q(a)$。投影寻踪方法就是把 m 维数据 $\{x_{ij} \mid j=1,2,\cdots,m\}$ 转化为以 $a = \{a_1, a_2, \cdots, a_m\}$ 为投影方向的一维投影值。

$$z_i = \sum_{j=1}^{m} a_j x_{ij}, \quad i=1,2,\cdots,n \tag{5-3}$$

并将 z_i 的值进行排序。在求测量指标投影值时,要注意 z_i 的散步特征,包括局部投影点应尽可能地密集,最好能够聚集成若干个点团;整体上投影点团之间尽可能分开。投影指标函数可以表示为 $Q(a) = S(a)D(a)$，其中 $S(a)$ 是 n 个投影值 z_i 的标准差，$D(a)$ 是投影值 z_i 的局部密度。

即：
$$S(a) = \sqrt{\frac{\sum_{i=1}^{n}(z_i - E)^2}{N-1}} = \sqrt{\frac{\sum_{i=1}^{n}\left(\sum_{j=1}^{m}a_j x_{ij} - E\right)^2}{N-1}} \quad (5-4)$$

其中，$E = \frac{1}{N}\sum_{i=1}^{n} z_i = \frac{1}{N}\sum_{i=1}^{n}\sum_{j=1}^{m} a_j x_{ij}$；$D(a) = \sum_{i=1}^{n}\sum_{j=1}^{n}(R - r_{ij})u(R - r_{ij})$

$$(5-5)$$

其中，$r_{ij} = |z_i - z_j| = \left|\sum_{k=1}^{m} a_k(x_{ik} - x_{jk})\right|$，$R$ 为局部密度的窗口半径，根据具体的实验确定，$u(t) = \begin{cases} 1, & t \geq 0 \\ 0, & t < 0 \end{cases}$。

第三步，优化投影指标函数，计算最优投影方向 a 并求出最佳投影值 z_i^*。当各变量测量指标的样本集合给定时，投影指标函数 $Q(a)$ 只随着投影方向 a 而变化。进而考虑以下优化问题：

$$\begin{cases} \max \quad Q(a) = S(a)D(a) \\ \text{s.t.} \quad j = \sum_{j=1}^{m} a_j^2 = 1 \end{cases} \quad (5-6)$$

这是一个 m 维变量 a 的非线性优化问题，由于 u 函数与 r_{ij} 的定义，目标函数 $Q(a)$ 在某些点将不连续或不可微分，利用传统的优化方法将不能进行求解，因此，本书采用实数编码的加速遗传算法（Real-coded Accelerating Genetic Algorithm）[364]对上述非线性优化问题进行求解。设定通过求解优化问题得出最佳投影方向为 a^*，按照公式（5-3）即可求出各变量测量指标的调研对象的最佳投影值 z_i^*，$i = 1, 2, \cdots, n$。

基于上述投影寻踪法的计算步骤，可以降低最终各变量测量调研样本投影值的非一致性对最终结果的负面影响，减少结论的偏差，保证调研样本投影值的稳定性。根据利用实数编码的假设遗传算法求解投影指标的优化函数，需要对一些重要参数进行事前设定，在 RAGA 过程中选定父代初始种群规模 $N = 400$，交叉概率 $P_c = 0.8$，变异概率 $P_m = 0.2$，$\alpha = 0.05$，加速次数为 7，在此基础上，利用 Matlab7.1 软件即可得到各变量测量指标的最优投影方向，具体情况如表 5.10 所示。在获取最优投影方向之后，利用公式（5-3）就能够求出各调研样本的最优投影值，由于数据量过大，考虑篇幅的问题，在此不做列出。

表 5.10　各变量测量指标的最优投影方向

变量	最优投影方向
CZ	(0.0206, 0.1865, 0.1153, 0.1725, 0.1531, 0.1920, 0.1613, 0.1437, 0.1637, 0.0487, 0.1162, 0.1674, 0.1492, 0.2110, 0.1632, 0.1629, 0.1514, 0.2376, 0.0503, 0.2023, 0.1995, 0.2026, 0.2102, 0.2029, 0.1819, 0.0909, 0.1931, 0.1687, 0.2028, 0.1675, 0.1561, 0.1251, 0.2171, 0.1576, 0.2164)
CZZL	(0.1283, 0.4866, 0.2358, 0.5268, 0.2913, 0.3641, 0.4430)
CZWB	(0.5994, 0.0958, 0.5060, 0.2248, 0.5322, 0.0512, 0.1980)
CZZY	(0.1754, 0.5156, 0.1757, 0.5369, 0.1137, 0.1546, 0.5893)
CZCX	(0.5039, 0.4425, 0.3994, 0.3486, 0.3959, 0.2646, 0.2060)
CZRX	(0.3771, 0.1124, 0.6009, 0.3089, 0.2530, 0.5447, 0.1675)
ZX	(0.1807, 0.1654, 0.1909, 0.1631, 0.2610, 0.2270, 0.1742, 0.2552, 0.2678, 0.0.1624, 0.1724, 0.2598, 0.2346, 0.1671, 0.2499, 0.1326, 0.2082, 0.2646 0.2091, 0.2142, 0.2047, 0.2423)
ZXHQ	(0.5364, 0.1911, 0.5611, 0.1710, 0.3734, 0.4385)
ZXKS	(0.5545, 0.2606, 0.5141, 0.2737, 0.5343)
ZXZH	(0.4536, 0.4404, 0.4470, 0.4479, 0.4470)
ZXYY	(0.5066, 0.4200, 0.4626, 0.3515, 0.4586, 0.1383)
JY	(0.16445, 0.7401, 0.0390, 0.1048, 0.6424)
JZ	(0.2423, 0 1108, 0.3071, 0.2569, 0.2802, 0.4733, 0.1852, 0.4083, 0.3872, 0.3111, 0.1355)
JZCX	(0.2569, 0.0380, 0.0156, 0.7086, 0.6559)
JZLC	(0.3652, 0.1699, 0.5615, 0.4496, 0.1940, 0.5317)
JX	(0.2206, 0.2878, 0.1712, 0.2717, 0.3412, 0.2898, 0.2290, 0.3385, 0.3629, 0.2608, 0.2566, 0.3646)
JXCW	(0.6570, 0.0005, 0.7539)
JXKH	(0.7077, 0.0045, 0.7065)
JXLC	(0.6929, 0.0335, 0.7203)
JXXC	(0.6155, 0.6155, 0.4924)

5.3.2 基于典型相关分析的主效应检验

5.3.1 投影寻踪法的应用使得调研数据更具有稳定性，为之后的实证分析奠定坚实的基础。本书首先对装备制造企业成长能力与企业绩效的主效应关系进行检验。为了验证研究假设 H_2，采用典型相关分析深入剖析装备制造企业成长能力对企业绩效影响的直接效应，因为简单相关分析只考虑了一个变量与另一个变量的关系，多元相关分析也只考虑了一个变量与多个变量间的关系[365]，而装备制造企业成长能力与企业绩效都是由多个变量组成的，所以，采用典型相关分析法研究装备制造企业成长能力对企业绩效影响的主效应相关性比较合适。

典型相关分析是应用类似于主成分分析法处理两个随机向量间的相互关系，从而缩减变量维数，实现多变量转为两个单变量间的关系。具体过程可以简述为获取每组变量的一个最大相关的线性变量组合，当每组变量间各变量的相关性提取完毕时结束[366]。典型相关分析的数学模型可描述为[367]：假设 $x = (X_1, X_2, \cdots, X_p)'$，$y = (Y_1, Y_2, \cdots, Y_q)'$ 是两个相互关联的随机变量，通过应用主成分思想提取两组随机变量中若干对有代表的综合变量 U_i、V_i，其中每一对综合变量都是原变量的线性组合，即：$U_i = a_{i1}X_1 + a_{i2}X_2 + \cdots + a_{ip}X_p \equiv a'x$ 和 $V_i = b_{i1}Y_1 + b_{i2}Y_2 + \cdots + b_{iq}Y_q \equiv b'y$。此时，考虑同时满足 $a'x$ 与 $b'y$ 的方差为 1，且它们之间的相关系数达到最大的常熟向量 a_1、b_1，即：$f(a'_1 x, b'_1 y) = \max f(a'x, b'y)$ 和 $\mathrm{var}(a'x) = \mathrm{var}(b'y) = 1$，则称 $a'_1 x$、$b'_1 y$ 是 x、y 的第一对典型相关变量。应用类似的方法可以求出相互间没有关系的第二对、第三对等典型相关变量。x 和 y 的相互关系就可以通过以上所求的若干对典型相关变量来反映。典型相关分析的基本步骤可以概括为：（1）变量的相关性分析；（2）典型相关系数及其检验；（3）典型相关模型分析；（4）典型结构分析；（5）典型冗余分析。接下来本书将按照典型相关分析的基本步骤分析装备制造企业成长能力对企业绩效的主效应关系。

本书应用 SPSS16.0 统计软件对装备制造企业成长能力与企业绩效进行典型相关分析。由于 SPSS 中存在 cancrr 命令和 MANOVA 命令两种方式，且这两种方法输出的结果存在差异，为保证结果可靠、全面，本书将两种方法相结合进行分析。

（1）变量的相关性分析。

装备制造企业成长能力被划分为战略转型能力、外部网络嵌入能力、资源整合能力、持续创新能力和柔性生产能力，其各变量间的相关矩阵如表

5.11 所示。企业绩效被划分为企业绩效财务维度、企业绩效客户维度、企业绩效内部业务流程维度和企业绩效学习与成长维度，其各变量间的相关矩阵如表 5.12 所示。从表 5.11 可以看出装备制造企业成长能力各子能力变量间均为正相关性，其中，外部网络嵌入能力与资源整合能力、战略转型能力与持续创新能力存在较强的正相关系数，表明企业从外部网络获取的资源越丰富，就越能给企业提供更充足的资源，从而更利于资源间的整合。同时，针对装备制造类企业，企业高层领导的战略决策对于企业今后技术创新产生了较大推力。从表 5.12 可以看出企业绩效各维度变量间也均为正相关性。但是，总体而言，企业绩效财务维度、客户维度、内部业务流程维度和学习与成长维度存在较低的相关性。这也从侧面反映了在企业绩效维度划分时，利用平衡计分卡理论所划分的四个维度是合适的。

表 5.11　装备制造企业成长能力各子能力变量组内相关系数矩阵

	CZZL	CZWB	CZZY	CZCX	CZRX
CZZL	1.0000	0.5834	0.3116	0.6334	0.3251
CZWB	0.5834	1.0000	0.7357	0.4978	0.3576
CZZY	0.3116	0.7357	1.0000	0.5265	0.3302
CZCX	0.6334	0.4978	0.5265	1.0000	0.1468
CZRX	0.3251	0.3576	0.3302	0.4168	1.0000

表 5.12　企业绩效各维度变量组内相关系数矩阵

	JXCW	JXKH	JXLC	JXXC
JXCW	1.0000	0.3098	0.4653	0.2654
JXKH	0.3098	1.0000	0.3254	0.2378
JXLC	0.4653	0.3254	1.0000	0.4563
JXXC	0.2654	0.2378	0.4563	1.0000

从上述两个表可以看出，这两组原始变量组内存在一定相关性，而这种相关性又不属于高度的多重共线性。因此，样本数据适合进行典型相关分析[368]。

(2) 典型相关系数及其检验。

运用 SPSS 统计分析软件的 MANOVA 命令进行典型相关分析，结果如表 5.13 所示。其中两个典型相关系数分别为 0.495、0.328。

表 5.13　特征根与典型相关系数

典型变量对	特征根	百分比	累计百分比	典型相关系数
1	11.362	91.911	91.911	0.495
2	0.962	8.089	100.000	0.328

典型相关系数的显著性检验采用整体检验和维度递减检验两种方法分别进行。整体检验是同时检验所有的典型相关系数，看是否有一个是显著的，即对总体的典型相关程度有推断意义。表 5.14 是 MANOVA 方法输出的整体检验结果。Pillai 统计值、Hotelling 统计值及 Wilk 统计值通过换算为近似 F 分布进行检验，结果表明显著性水平小于 0.05，即相关显著。此外，Roy 统计值即为一个典型相关系数值的平方，其结果显示大于 0.1，说明起码第一对典型变量所表达的维度上的相关是显著的。维度递减检验检验的是从本行对应的典型相关系数及其以后的所有典型相关系数，如表 5.15 所示。可以看出，维度递减检验的第一行和第二行的显著水平均小于 0.05，表明第一典型相关和第二典型相关均显著。

表 5.14　MANOVA 输出中的整体检验结果

统计量	数值	近似 F	假设自由度	误差自由度	显著性水平
Pillais	0.38451	2.42657	20	200	0.001
Hotellings	0.49504	2.42657	20	196	0.001
Wilks	0.62526	2.42657	20	198	0.001
Roys	0.24502				

表 5.15　SPSS 程序命令方法输出的维度递减检验结果

典型变量对	Wilks 统计值	卡方	自由度	显著性水平
1	0.625	39.165	20	0.001
2	0.842	11.957	10	0.001

(3) 典型相关模型。

第一对典型相关变量的特征根为观察变量总方差的 91.911%，第二对典型相关变量的特征根只占观察变量总方差的 8.089%，表明第一对典型相关变量已经基本上可以说明需要考虑的变量组间的关系。但是，两个典型相关都通过了多元检验，因此，为了全面地描述装备制造企业成长能力与企业绩效的关系，将列出这两个典型相关模型。

由于各指标间存在量纲差异，为体现各指标的同等重要性，利用各指标的平均值、标准差对装备制造企业成长能力子维度和企业绩效子维度进行无量纲化处理。根据 SPSS 程序命令方法给出标准化的典型变量对的线性方程为：

公式（1）：

$$\begin{cases} U_1 = 0.568CZZL + 0.405CZWB + 0.354CZZY + 0.632CZCX + 0.344CZRX \\ V_1 = 0.687JXCW + 0.259JXKH + 0.593JXLC + 0.751JXCX \end{cases}$$

公式（2）：

$$\begin{cases} U_2 = 0.314CZZL + 0.392CZWB + 0.468CZZY + 0.264CZCX + 0.687CZRX \\ V_2 = 0.456JXCW + 0.791JXKH + 0.521JXLC + 0.354JXCX \end{cases}$$

从第一对典型相关模型可以看出：持续创新能力 CZCX 对第一个典型变量 U_1 的贡献最大，典型系数为 0.632；其次是战略转型能力 CZZL，典型系数为 0.568，说明装备制造企业成长能力中影响企业绩效的主要是持续创新能力和战略转型能力。企业绩效成长与学习维度 JXCX、企业绩效财务维度 JXCW 对第一个典型变量 V_1 的贡献较大，说明企业绩效中影响装备制造企业成长能力的四个子维度中，企业绩效成长中学习维度、财务维度比客户维度和内部业务流程维度的影响大一些。因此，U_1 和 V_1 这对典型变量主要反映了装备制造企业持续创新能力、战略转型能力与企业绩效成长中学习维度、财务维度间的强烈正相关关系。从第二对典型相关模型可以看出，典型变量 U_2 主要是由柔性生产能力 CZRX 决定的，企业绩效客户维度 JXKH 对典型变量 V_2 的贡献较大，由此可以看出，U_2 和 V_2 这对典型变量主要反映了装备制造企业柔性生产能力与企业绩效客户维度间存在正相关关系。

(4) 典型结构分析。

通过原始观察变量与典型变量之间的相关关系进行简单相关分析，包括典型负载系数和交叉负载系数。

① 典型负载系数。典型负载系数是典型变量与本组的观察变量之间的两两简单相关系数。

由表 5.16 可知，装备制造企业成长能力的第一典型变量 U_1 与持续创新能力 CZCX、战略转型能力 CZZL 高度相关，与外部网络嵌入能力 CZWB 中度相关，与资源整合能力 CZZY、柔性生产能力 CZRX 低度相关，说明持续创新能力、战略转型能力和外部网络嵌入能力与装备制造企业成长能力相关程度较高，其他指标变量与装备制造企业成长能力相关程度较低，但也有一定的影响力。企业绩效的第一典型变量 V_1 与企业绩效中学习与成长维度、财务维度的相关系数分别为 0.811、0.795，属于高度相关，与企业绩效客户维度、内部业务流程维度的相关系数也达到 0.415、0.531，这说明企业绩效的四个维度绩效表现都比较大，且 V_1 反映的学习与成长、财务的成分更多一些。由于第一典型变量的典型负载系数都较大，装备制造企业成长能力和企业绩效组内大部分原始观察变量与本组的第一典型变量之间均呈现出较高的相关关系，这种一致性从数量上体现了装备制造企业对企业绩效的本质影响作用。表明典型相关分析结果具有较高的可信度。

装备制造企业成长能力的第二典型变量 U_2 与柔性生产能力 CZRX、资源整合能力 CZZY 高度相关，与持续创新能力 CZCX 低度相关，说明装备制造企业成长能力主要受柔性生产能力、资源整合能力等指标变量的影响，即使持续创新能力与装备制造企业成长能力相关程度较低，但也有一定的影响力。企业绩效的第二典型相关变量 V_2 与企业绩效客户维度 JXKH、财务维度 JXCW 的相关系数分别为 0.651、0.541，与企业绩效客户维度的相关系数属于高度相关，与企业绩效财务维度的相关系数稍小，这说明两种企业绩效表现的影响都较大，且 V_2 反映的客户维度成分更多一些。由于第二典型变量的典型负载系数都较大，装备制造企业成长能力和企业绩效组内大部分原始观察变量与本组的第二典型变量之间均呈现出较高的相关关系，这种一致性从数量上体现了装备制造企业成长能力对企业绩效的本质影响作用。表面典型相关分析结果具有较高的可信度。

② 交叉负载系数。交叉负载系数是典型变量与另一组的观察变量之间的两两简单相关系数，该系数的平方表示该组原始观察变量的变异量能被另一组的典型变量解释的百分比。

由表 5.16 可知，企业绩效组的四个指标变量与第一典型变量 U_1 的交叉负载系数分别为 0.525、0.364、0.254、0.647，这四个数值的平方分别为 0.2756、0.1325、0.0645、0.4186，表明 U_1 可以分别解释企业绩效组的四个变量变异量的 27.56%、13.25%、6.45% 以及 41.86%。装备制造企业成长能力的五个子能力变量与第一典型变量 V_1 的交叉负载较大的主要是持续创新能力 CZCX 和柔性生产能力 CZRX，其取平方分别得到 0.2411 和 0.2237，表明 V_1 主要可以解释装备制造企业成长能力组中持续创新能力和柔性生产能力变异量的 24.11% 和 22.37%。

表 5.16 典型负载系数和交叉负载系数

能力＼变量	U_1	U_2	V_1	V_2
CZZL	0.785	0.249	0.369	0.397
CZWB	0.406	0.365	0.254	0.487
CZZY	0.357	0.534	0.311	0.409
CZCX	0.824	0.121	0.491	0.211
CZRX	0.314	0.695	0.473	0.247
	V_1	V_2	U_1	U_2
JXCW	0.795	0.541	0.525	0.318
JXKH	0.415	0.651	0.364	0.488
JXLC	0.531	0.446	0.254	0.512
JXXC	0.811	0.359	0.647	0.469

企业绩效组的四个指标变量与第二典型变量 U_2 的交叉负载系数分别为 0.318、0.488、0.512、0.469，这四个数值的平方分别为 0.1011、0.2381、0.2621、0.2200，表明 U_1 可以解释企业绩效的四个变量的平方分别为 10.11%、23.81%、26.21%以及 22.00%。装备制造企业成长能力的五个子能力变量与第二典型变量 V_2 的交叉负载较大的主要是外部网络嵌入能力 CZWB 和资源整合能力 CZZY，其取平方分别得到 0.2372 和 0.1673，表明 V_2 主要可以解释装备制造企业成长能力组中外部网络嵌入能力和资源整合能力变异量的 23.72%和 16.73%。

（5）典型冗余分析。

冗余指数是一组观察变量总方差中与一个变量所共享的比率，它不是本组变量对本组观察变量总方差的代表比率，而是一组当中形成的典型变量对另一组观察变量总方差的解释比率。

表 5.17 典型变量的解释能力

典型变量	被自身典型变量解释的百分比	典型相关系数平方	被对方典型变量解释的百分比（冗余指数）
U_1	0.153	0.245	0.048
U_2	0.183	0.108	0.032
V_1	0.461	0.245	0.124
V_2	0.613	0.108	0.079

由表 5.17 可知，第一对典型变量 U_1 和 V_1 以及第二对典型变量 U_2 和 V_2 的预测能力和交互解释能力均较弱。其中，在第一对典型变量中装备制造企业成长能力与企业绩效被自身解释的比率分别为 15.3%和 46.1%，来自装备制造企业成长能力组的方差被企业绩效典型变量 V_1 解释的方差比率为 4.8%，来自企业绩效组的方差被装备制造企业成长能力组的典型变量 U_1 解释的方差比率为 12.4%；第二对典型变量中装备制造企业成长能力与企业绩效被自身解释的比率分别为 18.3%和 61.3%，来自装备制造企业成长能力组的方差被企业绩效典型变量 V_2 解释的方差比率为 3.2%，来自企业绩效组的方差被装备制造企业成长能力组的典型变量 U_2 解释的方差比率为 7.9%。可以看出两对典型变量均具有一定的解释能力，并且，装备制造企业成长能力作为自变量所得到的各典型变量、企业绩效作为因变量所得到的各典型变量与企业绩效作为因变量所得到的各典型变量间均具有较强的关联度，但从数值大小可以看出解释能力还较弱。由此可知，装备制造企业成长能力对企业绩效存在正向相关，但影响水平相对较弱。因此，本书提出的理论假设 H_2 得到验证。此外，装备制造企业成长能力与企业绩效的典型相关分析如图 5.6 所示，其中实线表示第一对典型相关，虚线表示第二对典型相关。连接典型变量 V_1、U_1 和 V_2、U_2 的双箭头上方的数据为典型相关系数，原始变量与典型变量的连线旁边的数据为典型系数。

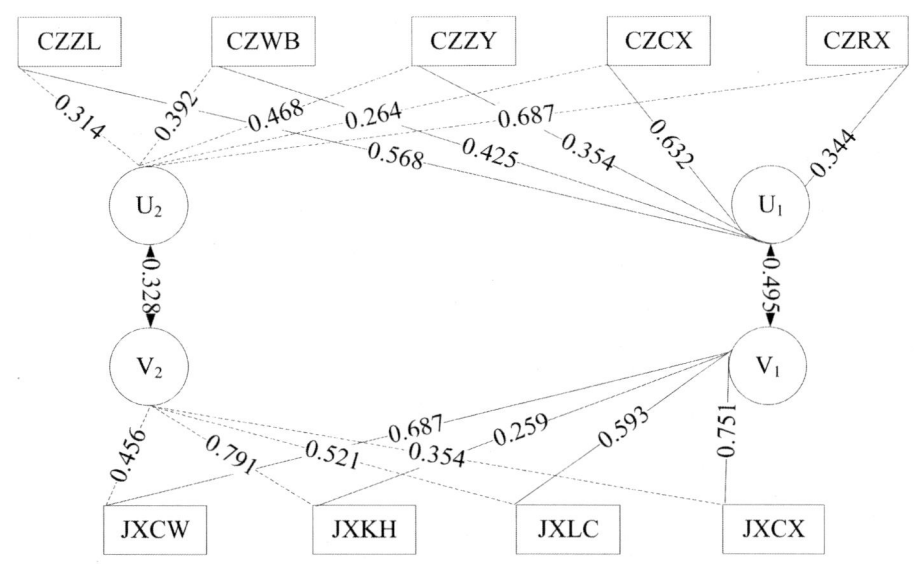

图 5.6　装备制造企业成长能力与企业绩效的典型相关分析模型

5.3.3　基于 Bootstrap 结构方程模型的前置效应检验

根据 5.3.2 应用典型相关分析探讨了装备制造企业成长能力对企业绩效存在正的相关关系，同时，基于全球经济知识化进程不断加速的今天，企业生存发展的商业环境已越来越依赖于知识、技术等隐性资料的储备，从而使得与企业运营相关的组织学习受到了巨大的挑战，本书也通过理论推理得出组织学习过程作为装备制造企业成长能力的重要前置变量对装备制造企业成长存在正向的促进作用，因此，本书将通过基于 Bootstrap 结构方程模型对组织学习过程的前置效应进行验证，并观察组织学习过程是否还能强化装备制造企业成长能力对企业绩效的主效应。

结构方程模型（Structure Equation Model，SEM）作为一种多元统计建模分析方法，主要用来剖析潜在变量之间的线性关系，对它们之间的因果关系进行检验。结构方程模型中有两个基本的模型：测量模型（Measured Model）与结构模型（Structural Model）。测量模型由潜在变量与观察变量组成，而结构模型是潜在变量间因果关系模型的说明，即外因潜在变量对内因潜在变量的解释程度。结构方程模型适配度的评价就是判断假设模型与实际数据是否契合。一般而言，需要同时对模型三个方面指标进行验证，即基本适配度指标、整体模型适配度指标、模型内在结构适配度指标[369]。模型的基本适配度检验主要是检验模型序列误差、辨认问题、数据文件的输入等是否有误。需要遵从的准则包括估计参数中不能出现误差为负，误差变异必须达到显著水平，估计参数统计量间不能有很强的相关性，以及潜在变量与其测量变量间的因子负荷量最好介于0.5~0.95。模型的整体模型适配度检验可以说是模型外在质量的检核，可将其细分为绝对适配指标、增值适配指标和简约适配指标[370]，其中绝对适配指标指模型适配后留下的残差或未解释的变异量都可以观察到，增值适配指标指通过待检验的假设理论模型与基准线模型的适配度相互比较进而判断模型的契合度，简约适配指标指模型如何结合适配性和简约性。本研究的模型整体适配度检验指标如表5.18所示。模型的内在结构适配检验被认为是模型内在质量的检核，包括以下两个方面：一为测量模型的评价，关注测量变量是否足以反映其相应的潜在变量，即测量模型的信度与效率；二为结构模型的评价，关注理论建构阶段所界定的因果关系是否成立。一般而言，结构方程内在适配度检验项目主要有所估计的参数均达到显著水平，指标变量个别项目的信度高于0.5，潜在变量的平均方差抽取值（AVE）大于0.5，潜在变量的组合信度大于0.6。

表5.18 模型整体适配度检验指标

指数	统计检验量	适配标准或临界值
绝对适配度指数	χ^2值	>0.05
	GFI值	>0.9
	AGFI值	>0.9
	RMR值	<0.05
	RMSEA值	<0.05
增值适配度指数	NFI值	>0.9
	RFI值	>0.9
	IFI值	>0.9
	TLI值	>0.9
	CFI值	>0.9
简约适配度指数	PGFI值	>0.5
	PNFI值	>0.5
	NC值	1~3

本研究使用AMOS7.0统计分析软件对组织学习过程对装备制造企业成长

能力的前置作用的结构方程模型进行分析。在应用结构方程模型进行实证分析之前，需要对量表的联合正态分布方面进行检验[371]。应用 AMOS7.0 对变量量表的联合正态分布检验结果如表 5.19 所示。通过表 5.19 可以看出，有些变量的偏度和峰度所对应的显著性检验的数值已经超过-2 到 2 的区间范围，同时，多变量峰度系数的检验系数大于 10，根据荣泰生关于联合正态分布的判定准则[372]，这些都表明该变量量表存在严重的联合非正态分布。

表 5.19 各变量量表联合正态分布检验

变量	最小值	最大值	偏度	临界比值	峰度	临界比值
CZRX	0.169	1.542	-0.365	-3.013	0.517	2.314
CZCX	0.132	1.374	0.254	2.466	-0.492	-1.934
CZZY	0.096	1.165	-0.334	-2.974	-0.614	-3.151
CZWB	0.144	1.382	-0.412	-3.493	0.543	2.563
CZZL	0.209	1.684	0.317	2.655	-0.423	-1.781
ZXYY	0.354	2.142	0.251	2.461	0.572	2.671
ZXZH	0.321	2.036	-0.217	-1.341	0.632	3.419
ZXKS	0.298	1.984	0.325	2.879	-0.496	-2.036
ZXHQ	0.351	2.223	-0.287	-2.517	0.537	2.416
JXCW	0.154	2.631	0.314	2.623	0.731	4.025
JXKH	0.125	2.214	0.366	3.141	-0.397	-1.635
JXLC	0.107	2.339	-0.284	-2.502	-0.461	-1.816
JXXC	0.184	2.146	-0.305	-2.587	-0.594	-2.715
多变量		83.519	37.652			

基于所获取的变量量表为联合非正态分布，因此为了避免非正态性所带来的不利影响，本研究将采用基于 Bootstrap 的结构方程模型进行检验分析。Bootstrap 方法是可以在不进行分布假设的情况下，基于现有的原始数据样本对总体分布进行统计推理的非参数方法，具体操作是通过有放回地随机抽取同一个大小的样本数据得到 Bootstrap 样本。处理该问题的结构方程模型的 Bootstrap 方法包括偏差校正法（Bias Correction）、Bollen-Stine 法、百分比校正法（Per-centile-correction）。本书采用最常用的 Bollen-Stine 法。Bollen-Stine 法处理非正态数据的方法不是调整 χ^2 值，而是调整 χ^2 临界值[373]。

因此，在 AMOS7.0 中对结构方程模型进行参数设置，设置 2000 个 Bootstrap 样本量进行 Bollen-Stine Bootstrap 运算，发现通过迭代 21 次达到了收敛。观察结果发现，基于 Bootstrap 的结构方程模型在 1684 个 Bootstrap 样本中具有较好的适配度，而在 316 个 Bootstrap 样本中的适配度较差或不适合，Bollen-Stine Bootstrap 的显著性概率值为 0.107，可以得出，虽然原始数据不具有联合正态分布特性，但是原始数据对模型的适配度已达到了合理的范围内。在此基础上，验证组织学习过程对装备制造企业成长能力的前置作用效应，具体情况如图 5.7 所示。

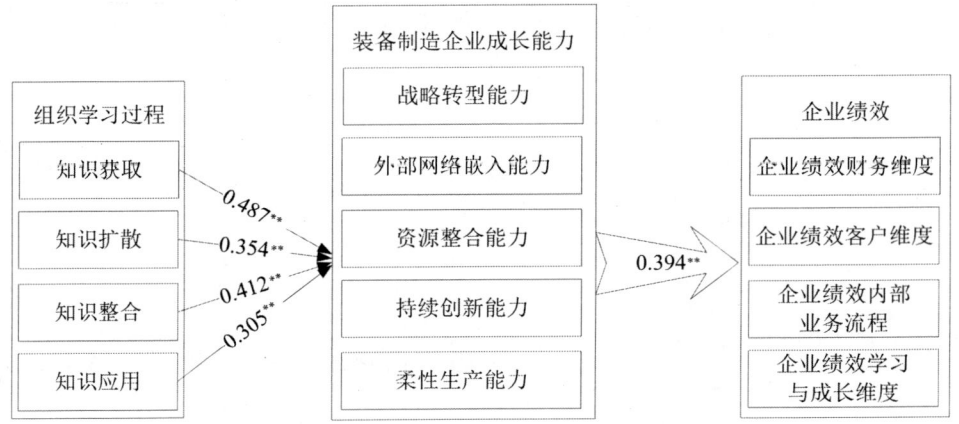

图 5.7 基于 Bootstrap 结构方程模型组织学习过程对装备制造企业成长能力的直接作用

该结构方程模型的整体拟合优度指标情况如下。绝对适配度指标：χ^2/df 为 3.25，大于 3 且小于 5；GFI 为 0.951，AGFI 为 0.978，均大于 0.9；RMR 为 0.039，RMSEA 为 0.031，均小于 0.05。增值适配度指数：NFI 值、RFI 值、IFI 值、TLI 值和 CFI 值均大于 0.9。简约适配度指数：PGFI 值和 PNFI 值均大于 0.5。可以得出变量量表数据很好地拟合了研究模型。从图 5.7 可以看出组织学习过程各子维度与装备制造企业成长能力的路径系数，其中，知识获取与装备制造企业成长能力间的路径系数为 0.487（p 小于 0.01）；知识扩散与装备制造企业成长能力间的路径系数为 0.354（p 小于 0.01）；知识整合与装备制造企业成长能力的路径系数为 0.412（p 小于 0.01）；知识应用与装备制造企业成长能力的路径系数为 0.305（p 小于 0.01）；装备制造企业成长能力对企业绩效的路径系数为 0.394（p 小于 0.01）。可见，研究假设 H_1、H_{1a}、H_{1b}、H_{1c}、H_{1d} 得到了验证，组织学习过程对装备制造企业的前置作用效应存在，且组织学习过程中知识获取对于装备制造企业成长能力的促进作用最大，同时，研究假设 H_2 得到进一步验证。

5.3.4 基于层次回归分析的中介效应检验

根据 5.3.2 应用典型相关分析探讨了装备制造企业成长能力对企业绩效存在正的相关关系，发现装备制造企业成长能力对企业绩效的解释能力比较弱，其中，来自企业绩效组的方差被装备制造企业成长能力组的 U_1、U_2 典型变量解释的方差比率分别为 12.4%、7.9%。可见，装备制造企业成长能力对企业绩效的这种弱化性影响说明在装备制造企业成长能力与企业绩效之间存在其他的中介变量或者调节变量的影响。根据 5.1.3 的理论推理，本节仅就知识交易在装备制造企业成长能力与企业绩效关系中的中介效应进行检验。一般来说，当一个变量在某种程度上能解释自变量和因变量之间的关系时，我们就认为它可能起到了中介效应，此时，中介变量是用来解释变量之间为什么会存在关系以及这个关系是如何发生的，因此，研究中介效应的目的是在已知某些关系的基础上，探索这个关系内部产生的作用机制。

针对中介效应，目前存在几种检测中介效应的方法，如 ANOVA、偏相关、回归分析等。在现实中，使用最多的检测方法是回归，本书将应用层次回归分析 (Hierarical Regression Analysis, HRA) 对知识交易的中介效应进行检验，它是应用强制进入法 (enter) 逐步往回归方程中引入解释变量，相对于后一个"Block"，前面"Block (s)"引入的解释变量可看作控制变量，通过比较当前模型与前一模型的 R^2，计算 ΔR^2，可了解新"Block"引入变量在"控制了其他潜在影响变量对因变量方差解释"的情况下对因变量方差的"独特贡献"[374]。如果 m 充当中介变量角色，则中介效应的直观表现形式就是 x→m→y，Baron 和 Kenny 认为可以通过比较下列三个回归方差来分析中介效应[375]：首先，把因变量对自变量做回归 (x→y)；其次，把中介变量对自变量做回归 (x→m)；最后，把因变量同时对自变量和中介变量做回归 (x，m→y)。

本研究使用 SPSS16.0 统计分析软件对知识交易对装备制造企业成长能力与企业绩效关系的中介效应进行实证分析，同时根据中介效应的验证步骤，引入 5.2.1 中提到的五个控制变量，即企业年龄 (NL)、企业规模 (GM)、企业所有制类型 (LX)、企业在所处行业中的位置 (WZ)、被调查者受教育程度 (SJ)。在此之前，应用 Pearson 简单相关系数对装备制造企业成长能力、知识交易、企业绩效等变量之间的相关性进行分析，具体如表 5.20 所示。从表 5.20 可以看出，中介效应各主要变量间都具有正向的相关关系，且都在对应概率显著性水平上达到显著,接下来将运用层次回归分析做进一步检验。

表5.20 中介效应各主要变量间的相关系数

变量	CZZL	CZWB	CZZY	CZCX	CZRX	JY	JX
CZZL	1						
CZWB	0.5834**	1					
CZZY	0.3116**	0.7357**	1				
CZCX	0.6334**	0.4978**	0.5265**	1			
CZRX	0.3251**	0.3576**	0.3302**	0.4168**	1		
JY	0.3643**	0.3454**	0.2971**	0.3251**	0.3056**	1	
JX	0.3472*	0.4022*	0.3917*	0.3348*	0.3143*	0.4846*	1

注:** 表示 $p<0.01$ 水平上显著,* 表示 $p<0.05$ 水平上显著。

模型1~8分别检验了装备制造企业成长能力、知识交易与企业绩效的关系,回归分析结果如表5.21所示。其中,模型1检验企业年龄、企业规模、企业所有制类型、企业在所处行业中的位置、被调查者受教育程度这五个控制变量与企业绩效的关系;模型2~6分别检验装备制造企业成长能力的战略转型能力、外部网络嵌入能力、资源整合能力、持续创新能力、柔性生产能力与企业绩效的关系;模型7是模型2~6的汇总,同时检验装备制造企业成长能力的战略转型能力、外部网络嵌入能力、资源整合能力、持续创新能力、柔性生产能力与企业绩效的关系;模型8检验知识交易与企业绩效的关系。根据表5.21可以得到,各模型的 F(sig) = 0.000<0.05,表明回归模型总体上均有效;VIF均值小于10,各模型不存在严重多重共线性;DW值均在2附近,各模型误差项不存在序列自相关现象。模型2~6表明,装备制造企业成长能力的战略转型能力、外部网络嵌入能力、资源整合能力、持续创新能力、柔性生产能力对企业绩效的标准回归系数分别为0.155、0.301、0.271、0.197、0.158,且都在对应概率显著性水平上达到显著,这里又再一次验证了装备制造企业成长能力对企业绩效的主效应,即研究假设 H_2 得到证实,并且进一步分析了五个子能力与企业绩效的关系;模型7则更进一步验证假设 H_2;在模型8中,知识交易对企业绩效的标准回归系数为0.465且在 $p<0.01$ 的水平上显著,说明知识交易有利于提升企业绩效,因此研究假设 H_4 得到证实。

表 5.21 装备制造企业成长能力、知识交易、企业绩效的关系

变量		因变量							
		JX							
		模型1	模型2	模型3	模型4	模型5	模型6	模型7	模型8
控制变量	NL	0.054	0.061	0.058	0.057	0.061	0.035	0.075	0.042
	GM	0.061	0.051	0.064	0.055	0.032	0.048	0.061	0.059
	LX	0.053	0.036	0.041	0.067	0.065	0.075	0.045	0.054
	WZ	0.101	0.094	0.087	0.079	0.076	0.063	0.064	0.098
	SJ	0.074	0.062	0.047	0.061	0.065	0.051	0.035	0.071
自变量	CZZL		0.155*						0.199*
	CZWB			0.301**					0.255**
	CZZY				0.271**				0.246**
	CZCX					0.197**			0.223**
	CZRX						0.158*		0.187*
中介变量	JY								0.465**
回归结果	R^2	0.023	0.164	0.172	0.178	0.192	0.186	0.208	0.231
	$AdjR^2$	0.000	0.154	0.162	0.167	0.184	0.172	0.193	0.217
	ΔR^2		0.141	0.149	0.155	0.169	0.163	0.185	0.208
	$Adj\Delta R^2$		0.154	0.162	0.167	0.184	0.172	0.193	0.217
	F	5.621*	6.845*	7.265**	7.641**	8.141**	7.975*	11.263*	12.314*
	VIF	<10	<10	<10	<10	<10	<10	<10	<10
	DW	1.921	1.934	1.941	1.917	1.932	1.925	1.946	1.971

注：*** 表示 $p<0.001$ 水平上显著，** 表示 $p<0.01$ 水平上显著，* 表示 $p<0.05$ 水平上显著。

模型 9~13 分别检验了装备制造企业成长能力的战略转型能力、外部网络嵌入能力、资源整合能力、持续创新能力、柔性生产能力与知识交易的关系，如表 5.22 所示。根据表 5.22 可以得到，各模型的 F（sig）= 0.000<0.05，表

明回归模型总体上均有效；VIF 均值小于 10，各模型不存在严重多重共线性；DW 值均在 2 附近，各模型误差项不存在序列自相关现象。模型 9~13 表明，装备制造企业成长能力的战略转型能力、外部网络嵌入能力、资源整合能力、持续创新能力、柔性生产能力对知识交易的标准回归系数分别为 0.194、0.381、0.342、0.254、0.196，且都在对应概率显著性水平上达到显著，说明装备制造企业成长能力的各子能力有利于知识交易顺利开展，则研究假设 H_{3a}、H_{3b}、H_{3c}、H_{3d}、H_{3e} 得到了证实，也就是研究假设 H_3 得到了验证。

表 5.22 装备制造企业成长能力与知识交易的关系

变量		因变量 JY				
		模型 9	模型 10	模型 11	模型 12	模型 13
控制变量	NL	0.064	0.048	0.047	0.003	0.024
	GM	0.051	0.064	0.062	0.037	0.064
	LX	0.063	0.051	0.063	0.041	0.052
	WZ	0.081	0.079	0.086	0.061	0.077
	SJ	0.064	0.089	0.081	0.053	0.068
自变量	CZZL	0.194*				
	CZWB		0.381**			
	CZZY			0.342**		
	CZCX				0.254**	
	CZRX					0.196*
回归结果	R^2	0.135	0.154	0.148	0.141	0.145
	$AdjR^2$	0.113	0.142	0.134	0.132	0.131
	F	8.154**	9.614**	9.352**	8.746**	9.043**
	VIF	<10	<10	<10	<10	<10
	DW	1.943	2.015	2.034	1.964	1.957

注：*** 表示 $p<0.001$ 水平上显著，** 表示 $p<0.01$ 水平上显著，* 表示 $p<0.05$ 水平上显著。

模型 14~18 分别检验了知识交易在装备制造企业能力的战略转型能力、外部网络嵌入能力、资源整合能力、持续创新能力、柔性生产能力对企业绩效关系中的中介作用,如表 5.23 所示,各模型的 F(sig) = 0.000<0.05,表明回归模型总体上均有效;VIF 均值小于 10,各模型不存在严重多重共线性;DW 值均在 2 附近,各模型误差项不存在序列自相关现象。通过比较模型 2 和模型 14 可以发现,战略转型能力对企业绩效的标准回归系数由 0.155 下降为 0.091,说明引入知识交易之后,战略转型能力对企业绩效的促进作用有所下降,同时,模型 9 证实了战略转型能力对知识交易具有显著的正向作用,模型 8 也已证实了知识交易对企业绩效存在正向的促进作用,这些都已表明战略转型能力对企业绩效的促进作用下降时,因为战略转型能力通过知识交易实现了对企业绩效的影响,也就是说知识交易在战略转型能力对企业绩效的影响中起中介作用,因此研究假设 H_{5a} 得到了证实。同理,通过比较模型 3 和模型 15、模型 4 和模型 16、模型 5 和模型 17、模型 6 和模型 18,可以得到知识交易在外部网络嵌入能力、资源整合能力、持续创新能力、柔性生产能力对企业绩效的影响中起中介作用,即研究假设 H_{5b}、H_{5c}、H_{5d}、H_{5e} 得到了证实,因此研究假设 H_5 也得到了验证。

表 5.23 知识交易的中介作用

变量		因变量				
		JX				
		模型 14	模型 15	模型 16	模型 17	模型 18
控制变量	NL	0.044	0.035	0.068	0.074	0.064
	GM	0.063	0.085	0.051	0.059	0.058
	LX	0.051	0.051	0.036	0.046	0.063
	WZ	0.066	0.072	0.106	0.094	0.045
	SJ	0.086	0.063	0.067	0.048	0.071
自变量	CZZL	0.091**				
	CZWB		0.168**			
	CZZY			0.143**		
	CZCX				0.106**	
	CZRX					0.097**
中介变量	JY	0.331***	0.348***	0.375***	0.358***	0.312***

表5.23 续

变量		因变量 JX				
		模型 14	模型 15	模型 16	模型 17	模型 18
回归结果	R^2	0.243	0.259	0.261	0.251	0.274
	$AdjR^2$	0.229	0.241	0.248	0.243	0.261
	ΔR^2	0.079	0.087	0.083	0.059	0.088
	$Adj\Delta R^2$	0.075	0.079	0.081	0.059	0.089
	F	12.795**	13.515**	13.942**	13.463**	14.106**
	VIF	<10	<10	<10	<10	<10
	DW	1.935	2.018	2.004	2.048	1.941

注:*** 表示 p<0.001 水平上显著,** 表示 p<0.01 水平上显著,* 表示 p<0.05 水平上显著。

5.3.5 基于层次回归分析的调节效应检验

根据5.3.2应用典型相关分析探讨了装备制造企业成长能力对企业绩效存在正的相关关系,发现装备制造企业成长能力对企业绩效的解释能力比较弱,说明在装备制造企业成长能力与企业绩效之间还存在其他的调节变量的影响,同时,根据5.1.4的理论推理,本节将实证检验结构资本在装备制造企业成长能力与企业绩效关系中的调节效应。调节效应是指两个变量之间的关系会因为第三个变量的作用而改变,因此,调节变量就是具体说明不同情况下,自变量对因变量产生的不同作用。与中介效应检验一样,本研究也采用层次回归分析来进行结构资本的调节效应检验。以 x_2 影响 x_1 与 y 之间的关系为例,这里 x_2 充当调节变量的角色,用数学公式表现出来,即: $\Delta y/\Delta x_1 = mx_2+n$,要想让公式有意义,则 $m \neq 0$,将含有调节效应的公式表示为 $y = b_0 + b_1x_1 + b_2x_2 + b_3x_1x_2 + \varepsilon$,要证明 x_2 在 x_1 与 y 之间具有调节效应,只要证明 b_3 显著不等于0即可。调节效应的检验通常分为三个步骤[376]:首先,把自变量 x_1 放入回归方程中,看它的决定系数 R_1^2 的大小,即 x_1 对因变量 y 的解释程度;其次,把调节变量 x_2 放入回归方程中,这时看决定系数的变化程度 $R_2^2 - R_1^2$,判断 x_2 对因变量 y 的独特贡献力;最后,把交互项 $x_2 \cdot x_1$ 放入回归方程中,这时看决策系数的变量程度, $x_2 \cdot x_1$ 的独特贡献就是 $R_3^2 - R_2^2$。

本研究同样使用SPSS16.0统计分析软件对结构资本对装备制造企业成长

能力与企业绩效关系的调节效应进行实证分析,根据调节效应的验证步骤,引入 5.2.1 中提到的五个控制变量,即企业年龄(NL)、企业规模(GM)、企业所有制类型(LX)、企业在所处行业中的位置(WZ)、被调查者受教育程度(SJ)。在此之前,应用 Pearson 简单相关系数对装备制造企业成长能力、结构资本、企业绩效等变量之间的相关性进行分析,具体如表 5.24 所示。从表 5.24 可以看出,调节效应各主要变量间都具有正向的相关关系,且都在对应概率显著性水平上达到显著,接下来将运用层次回归分析做进一步检验。

表 5.24 调节效应各主要变量间的相关系数

变量	CZZL	CZWB	CZZY	CZCX	CZRX	JZCX	JZLC	JX
CZZL	1							
CZWB	0.5834**	1						
CZZY	0.3116**	0.7357**	1					
CZCX	0.6334**	0.4978**	0.5265**	1				
CZRX	0.3251**	0.3576**	0.3302**	0.4168**	1			
JZCX	0.3154**	0.2987**	0.3514**	0.3176**	0.2894**	1		
JZLC	0.2647**	0.3365**	0.3221**	0.2841**	0.3052**	0.3198**	1	
JX	0.3472*	0.4022*	0.3917*	0.3348*	0.3143*	0.4255*	0.4041*	1

注:** 表示 $p<0.01$ 水平上显著,* 表示 $p<0.05$ 水平上显著。

在应用层次回归分析验证调节效应时,为避免自变量和调节变量与它们乘积项间存在的较高相关性,按照通常做法,将所有的变量进行中心化处理。本书分别检验创新资本、流程资本以及创新资本×流程资本对装备制造企业成长能力与企业绩效间关系的调节作用。需注意,由于交互效应是否存在与主效应是否存在没有必然的联系,与调节变量单独对结果变量的效应也没有必然联系,所以本书只标注调节效应显著性[376]。

模型 1~10 分别检验了创新资本在装备制造企业成长能力的战略转型能力、外部网络嵌入能力、资源整合能力、持续创新能力、柔性生产能力对企业绩效关系中的调节作用,如表 5.25 和表 5.26 所示,各模型的 F(sig)=0.000<0.05,表明回归模型总体上均有效;VIF 均值小于 10,各模型不存在严重多重共线性;DW 值均在 2 附近,各模型误差项不存在序列自相关现象。通过观察模型 2、模型 4、模型 6、模型 8 和模型 10 可以发现,这些模型的交互项均在对应概率显著性水平上达到了显著,也就是说创新资本在战略转型

能力、外部网络嵌入能力、资源整合能力、持续创新能力、柔性生产能力对企业绩效的影响中起正向调节作用，即研究假设 H_{6a1}、H_{6a2}、H_{6a3}、H_{6a4}、H_{6a5} 得到了证实，因此研究假设 H_{6a} 也得到了验证。为了更加形象地表达创新资本的调节效应，以战略转型能力为例，描绘创新资本在战略转型能力与企业绩效关系中的调节作用，如图 5.8 所示，在创新资本处于高水平时，战略转型能力与企业绩效之间的回归线斜率大一些，说明创新资本对战略转型能力与企业绩效之间关系起到正向强化作用。

表 5.25 创新资本的调节效应检验结果 1

变量		因变量				
		JX				
		模型 1	模型 2	模型 3	模型 4	模型 5
控制变量	NL	0.054	0.064	0.072	0.039	0.057
	GM	0.042	0.054	0.054	0.064	0.063
	LX	0.071	0.043	0.063	0.045	0.073
	WZ	0.026	0.075	0.043	0.037	0.029
	SJ	0.036	0.034	0.058	0.078	0.053
自变量	CZZL	0.135	0.151			
	CZWB			0.203	0.238	
	CZZY					0.182
	CZCX					
	CZRX					
调节变量	JZCX	0.413	0.576	0.389	0.634	0.435
交互项	CZZL×JZCX		0.536**			
	CZWB×JZCX				0.581**	
	CZZY×JZCX					
	CZCX×JZCX					
	CZRX×JZCX					

表5.25 续

变量		因变量 JX				
		模型1	模型2	模型3	模型4	模型5
回归结果	R^2	0.364	0.387	0.408	0.426	0.371
	$AdjR^2$	0.351	0.376	0.384	0.411	0.359
	ΔR^2		0.023		0.018	
	$Adj\Delta R^2$		0.025		0.027	
	F	26.314**	24.847**	24.975*	23.569**	27.158*
	VIF	<10	<10	<10	<10	<10
	DW	1.967	1.981	2.031	2.052	1.988

注：*** 表示 p<0.001 水平上显著，** 表示 p<0.01 水平上显著，* 表示 p<0.05 水平上显著。

表5.26 创新资本的调节效应检验结果2

变量		因变量 JX				
		模型6	模型7	模型8	模型9	模型10
控制变量	NL	0.061	0.067	0.043	0.039	0.081
	GM	0.038	0.064	0.036	0.051	0.067
	LX	0.081	0.039	0.084	0.067	0.038
	WZ	0.054	0.046	0.064	0.029	0.051
	SJ	0.036	0.044	0.038	0.073	0.064
自变量	CZZL					
	CZWB					
	CZZY	0.193				
	CZCX		0.156	0.173		
	CZRX				0.147	0.163
调节变量	JZCX	0.567	0.466	0.689	0.562	0.735

表5.26 续

变量		因变量				
		JX				
		模型6	模型7	模型8	模型9	模型10
交互项	CZZL×JZCX					
	CZWB×JZCX					
	CZZY×JZCX	0.684**				
	CZCX×JZCX			0.538**		
	CZRX×JZCX					0.654**
回归结果	R^2	0.396	0.413	0.442	0.366	0.382
	$AdjR^2$	0.383	0.401	0.429	0.357	0.373
	ΔR^2	0.025		0.029		0.016
	$Adj\Delta R^2$	0.024		0.028		0.016
	F	26.746*	22.648**	21.157**	25.648*	.24.313**
	VIF	<10	<10	<10	<10	<10
	DW	2.001	2.013	2.029	1.925	1.938

注:*** 表示 $p<0.001$ 水平上显著,** 表示 $p<0.01$ 水平上显著,* 表示 $p<0.05$ 水平上显著。

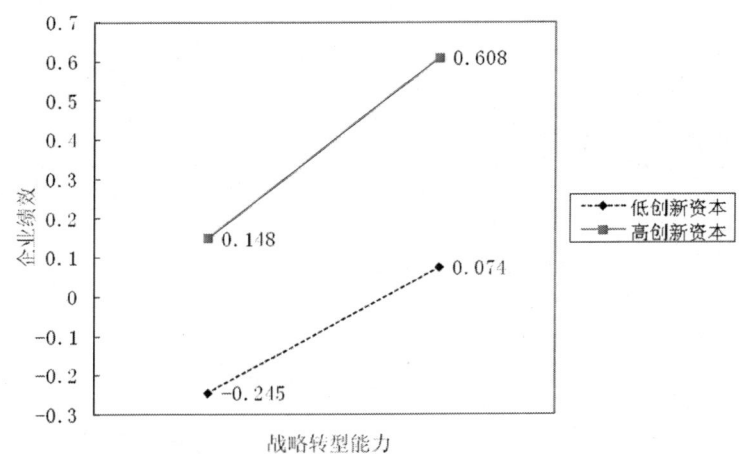

图5.8 创新资本的调节效应

模型 11~20 分别检验了创新资本在装备制造企业成长能力的战略转型能力、外部网络嵌入能力、资源整合能力、持续创新能力、柔性生产能力对企业绩效关系中的调节作用，如表 5.27 和表 5.28 所示，各模型的 F（sig）=0.000<0.05，表明回归模型总体上均有效；VIF 均值小于 10，各模型不存在严重多重共线性；DW 值均在 2 附近，各模型误差项不存在序列自相关现象。通过观察模型 12、模型 14、模型 16、模型 18 和模型 20 可以发现，这些模型的交互项均在对应概率显著性水平上达到了显著，也就是说流程资本在战略转型能力、外部网络嵌入能力、资源整合能力、持续创新能力、柔性生产能力对企业绩效的影响中起正向调节作用，即研究假设 H_{6b1}、H_{6b2}、H_{6b3}、H_{6b4}、H_{6b5} 得到了证实，因此研究假设 H_{6b} 也得到了验证。为了更加形象地表达流程资本的调节效应，以战略转型能力为例，描绘流程资本在战略转型能力与企业绩效关系中的调节作用，如图 5.9 所示，在流程资本处于高水平时，战略转型能力与企业绩效之间的回归线斜率大一些，说明流程资本对战略转型能力与企业绩效之间的关系起到正向强化作用。

表 5.27 流程资本的调节效应检验结果 1

变量		因变量				
		JX				
		模型 11	模型 12	模型 13	模型 14	模型 15
控制变量	NL	0.051	0.034	0.046	0.071	0.042
	GM	0.038	0.065	0.061	0.064	0.039
	LX	0.061	0.043	0.043	0.038	0.071
	WZ	0.064	0.031	0.057	0.051	0.037
	SJ	0.045	0.076	0.048	0.034	0.062
自变量	CZZL	0.142	0.161			
	CZWB			0.216	0.242	
	CZZY					0.198
	CZCX					
	CZRX					
调节变量	JZLC	0.432	0.602	0.397	0.641	0.447

表5.27 续

变量		因变量 JX				
		模型 11	模型 12	模型 13	模型 14	模型 15
交互项	CZZL×JZLC		0.554**			
	CZWB×JZLC				0.597***	
	CZZY×JZLC					
	CZCX×JZLC					
	CZRX×JZLC					
回归结果	R^2	0.376	0.394	0.410	0.431	0.384
	$AdjR^2$	0.362	0.381	0.387	0.415	0.368
	ΔR^2		0.018		0.021	
	$Adj\Delta R^2$		0.019		0028	
	F	26.846**	25.061**	25.105*	23.947*	27.621*
	VIF	<10	<10	<10	<10	<10
	DW	1.961	1.993	2.004	2.061	2.014

注:*** 表示 $p<0.001$ 水平上显著,** 表示 $p<0.01$ 水平上显著,* 表示 $p<0.05$ 水平上显著。

表 5.28 流程资本的调节效应检验结果 2

变量		因变量 JX				
		模型 16	模型 17	模型 18	模型 19	模型 20
控制变量	NL	0.042	0.061	0.037	0.041	0.067
	GM	0.067	0.038	0.046	0.069	0.074
	LX	0.071	0.074	0.068	0.071	0.039
	WZ	0.031	0.046	0.052	0.036	0.045
	SJ	0.054	0.034	0.061	0.028	0.055

表5.23 续

变量		因变量 JX				
		模型 16	模型 17	模型 18	模型 19	模型 20
自变量	CZZL					
	CZWB					
	CZZY	0.223				
	CZCX		0.166	0.182		
	CZRX				0.159	
调节变量	JZLC	0.594	0.476	0.677	0.588	0.741
交互项	CZZL×JZLC					
	CZWB×JZLC					
	CZZY×JZLC	0.698***				
	CZCX×JZLC			0.545**		
	CZRX×JZLC					0.675**
回归结果	R^2	0.406	0.423	0.451	0.381	0.396
	$AdjR^2$	0.394	0.418	0.445	0.369	0.384
	ΔR^2	0.022		0.028		0.015
	$Adj\Delta R^2$	0.026		0.027		0.015
	F	26.978*	22.894**	21.597*	26.032*	24.865*
	VIF	<10	<10	<10	<10	<10
	DW	2.007	1.933	2.015	1.974	1.988

注：*** 表示 $p<0.001$ 水平上显著，** 表示 $p<0.01$ 水平上显著，* 表示 $p<0.05$ 水平上显著。

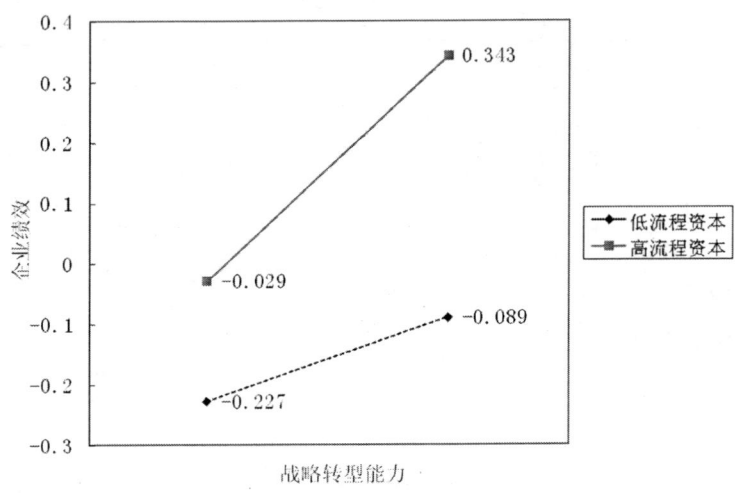

图 5.9 流程资本的调节效应

模型 21~30 分别检验了创新资本在装备制造企业成长能力的战略转型能力、外部网络嵌入能力、资源整合能力、持续创新能力、柔性生产能力对企业绩效关系中的调节作用,如表 5.29 和表 5.30 所示,各模型的 F(sig)= 0.000<0.05,表明回归模型总体上均有效;VIF 均值小于 10,各模型不存在严重多重共线性;DW 值均在 2 附近,各模型误差项不存在序列自相关现象。通过观察模型 22、模型 24、模型 26、模型 28 和模型 30 可以发现,这些模型的交互项均在对应概率显著性水平上达到了显著,也就是说(创新资本×流程资本)在战略转型能力、外部网络嵌入能力、资源整合能力、持续创新能力、柔性生产能力对企业绩效的影响中起正向调节作用,即研究假设 H_{6c1}、H_{6c2}、H_{6c3}、H_{6c4}、H_{6c5} 得到了证实,因此研究假设 H_{6a} 也得到了验证。为了更加形象地表达(创新资本×流程资本)的调节效应,以战略转型能力为例,描绘(创新资本×流程资本)在战略转型能力与企业绩效关系中的调节作用,如图 5.10 所示,在(创新资本×流程资本)处于高水平时,战略转型能力与企业绩效之间的回归线斜率大一些,说明(创新资本×流程资本)对战略转型能力与企业绩效之间关系起到正向强化作用。

表 5.29 创新资本×流程资本的调节效应检验结果 1

变量		因变量				
		JX				
		模型 21	模型 22	模型 23	模型 24	模型 25
控制变量	NL	0.073	0.064	0.062	0.066	0.073
	GM	0.061	0.061	0.038	0.054	0.054
	LX	0.025	0.054	0.048	0.051	0.046
	WZ	0.037	0.049	0.067	0.047	0.038
	SJ	0.048	0.033	0.035	0.036	0.055
自变量	CZZL	0.127	0.146			
	CZWB			0.194	0.203	
	CZZY					0.176
	CZCX					
	CZRX					
调节变量	JZCX	0.383	0.469	0.373	0.607	0.422
交互项	CZZL×(JZCX×JZLC)		0527**			
	CZWB×(JZCX×JZLC)				0.568**	
	CZZY×(JZCX×JZLC)					
	CZCX×(JZCX×JZLC)					
	CZRX×(JZCX×JZLC)					

表5.29 续

变量		因变量				
		JX				
		模型21	模型22	模型23	模型24	模型25
回归结果	R^2	0.356	0.369	0.395	0.418	0.366
	$AdjR^2$	0.348	0.358	0.384	0.405	0.347
	ΔR^2		0.013		0.023	
	$Adj\Delta R^2$		0.010		0.021	
	F	26.051**	24.325*	24.191**	23.047*	26.984*
	VIF	<10	<10	<10	<10	<10
	DW	1.952	1.966	2.038	2.066	1.977

注：*** 表示 $p<0.001$ 水平上显著，** 表示 $p<0.01$ 水平上显著，* 表示 $p<0.05$ 水平上显著。

表5.30 创新资本×流程资本的调节效应检验结果2

变量		因变量				
		JX				
		模型26	模型27	模型28	模型29	模型30
控制变量	NL	0.049	0.071	0.057	0.063	0.073
	GM	0.041	0.068	0.064	0.054	0.034
	LX	0.053	0.061	0.061	0.037	0.039
	WZ	0.063	0.036	0.053	0.041	0.047
	SJ	0.054	0.047	0.039	0.052	0.056
自变量	CZZL					
	CZWB					
	CZZY	0.188				
	CZCX		0.143	0.165		
	CZRX				0.135	0.152
调节变量	JZCX	0.546	0.451	0.673	0.549	0.726

表5.30 续

变量		因变量				
		JX				
		模型26	模型27	模型28	模型29	模型30
交互项	CZZL×(JZCX×JZLC)					
	CZWB×(JZCX×JZLC)					
	CZZY×(JZCX×JZLC)	0.669**				
	CZCX×(JZCX×JZLC)			0.524**		
	CZRX×(JZCX×JZLC)					0.643*
回归结果	R^2	0.381	0.405	0.435	0.359	0.377
	$AdjR^2$	0.363	0.394	0.421	0.346	0.365
	ΔR^2	0.015		0.030		0.018
	$Adj\Delta R^2$	0.016		0.027		0.019
	F	26.165*	22.034*	20.004*	25.107**	23.994*
	VIF	<10	<10	<10	<10	<10
	DW	1.982	2.001	2.016	1.973	1.985

注：*** 表示 $p<0.001$ 水平上显著，** 表示 $p<0.01$ 水平上显著，* 表示 $p<0.05$ 水平上显著。

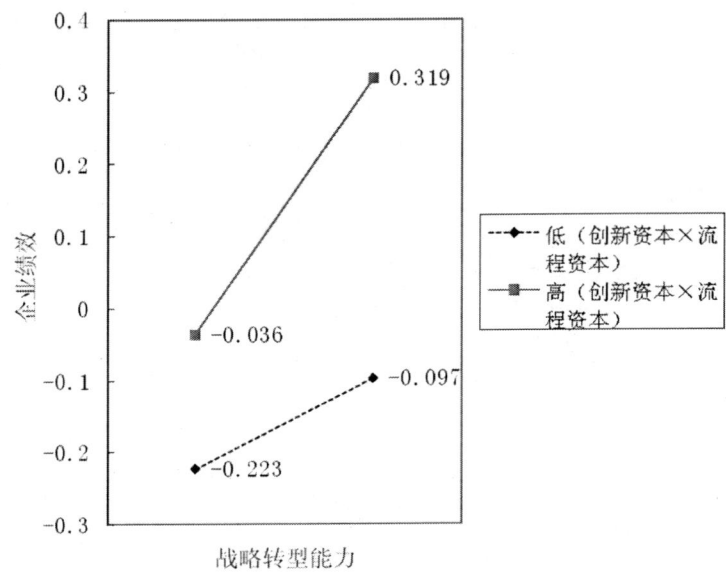

图 5.10　创新资本×流程资本的调节效应

上述分别验证了创新资本、流程资本、(创新资本×流程资本) 在装备制造企业成长能力与企业绩效间起到正向调节效应,可以得出结构资本正向调节装备制造企业成长能力与企业绩效之间的相互关系,即研究假设 H_6 得到了验证。

5.4　本章小结

本章首先通过理论推理的方式,引入组织学习过程、知识交易、结构资本、企业绩效等变量,构建了装备制造企业成长能力对企业绩效的作用机制理论研究框架;其次,应用问卷调查的方式获取实证研究所需的原始数据,并对其进行了数据的筛选及信度、效度检验;最后,在利用投影寻踪法优化原始数据的基础上,采用典型相关分析、基于 Bootstrap 的结构方程模型、层次回归分析分别对装备制造企业成长能力对企业绩效的主效应、组织学习过程的前置效应、知识交易的中介效应以及结构资本的调节效应进行实证分析。实证结果表明:装备制造企业成长能力确实能促进企业绩效的提升,组织学习过程对装备制造企业能力具有促进作用,知识交易在装备制造企业成长能力与企业绩效间起中介作用,结构资本也在装备制造企业成长能力与企业绩效间起调节作用。

第6章

装备制造企业成长能力效率评价分析

本书第 4 章的分析得出装备制造企业成长能力可以被划分为战略转型能力、外部网络嵌入能力、资源整合能力、持续创新能力和柔性生产能力五个子能力，以及各子能力间存在相互协同效应。在此基础上，第 5 章就装备制造企业成长能力对企业绩效作用机制进行了实证分析。由于第 5 章着力深入剖析了装备制造企业成长能力对企业绩效所能产生多大程度的作用，这从本质上可以看作是基于装备制造企业成长能力的作用路径视角对数据获取当年我国装备制造企业成长能力作用"效果"的评价。除此之外，对于能力的评价通常包括对能力作用效果的评价以及对能力自身效率的评价。因此，鉴于对能力评价的完整性考虑，本章将从投入产出角度构建能够反映装备制造企业成长特点的能力效率评价指标体系，在此基础上应用经改进的数据包络分析法（PCA-DEA-TOPSIS）和 Ward 聚类法对 2011 年我国装备制造企业成长能力效率进行评价，这也为下一章的促进我国装备制造企业成长能力提升对策的提出打下良好的基础。

6.1 装备制造企业成长能力效率评价指标体系构建

通过构建一套科学、有效的装备制造企业成长能力效率评价指标体系，能够使我们更好的评估我国装备制造企业成长能力自身效率的强弱，为企业未来转变管理重点提供决策指导。但是，装备制造企业成长能力受到多种因素的影响，并且影响因素的结构非常复杂，因此，若想全面地、准确地反映装备制造企业成长能力效率水平，就需要构建多层次、多角度的评价指标，由于装备制造企业成长能力所具有的特性与企业或产业的其他能力是有区别的，为了对装备制造企业成长能力效率进行更加准确地评价，采用更加合理、更加科学的评价指标体系是前提。

6.1.1 装备制造企业成长能力效率评价指标体系构建原则

为构建装备制造企业成长能力效率评价指标体系，首先需要制定出所遵循的效率评价指标体系的构建原则。只有根据合理的评价指标体系构建原则，才能构建出科学、合理的评价指标体系。因此，装备制造企业成长能力效率评价指标体系的构建应遵循以下原则。

（1）科学性原则。科学性原则是保证装备制造企业成长能力效率评价结果具有合理性的基础，体现出评价指标的有效性，它是评价指标体系构建原则中最为重要的。在构建评价指标体系过程中，需要依据现代统计理论细化出评价指标选取的标准、选取的程序，同时选取的指标能够在反映装备制造企业成长能力内涵、特点中具有较好的针对性、独立性和统计性。基于此，体现出评价指标体系的科学性，进而能够得出科学的结论。

（2）系统性原则。系统性原则是为了保证装备制造企业成长能力效率评价指标体系具有全面性。装备制造企业成长能力是一个多层次、多结构的复合能力，对其效率评价指标体系的构建必须运用系统论的思想与方法，通过采用合适的划分维度进行切入，将装备制造企业成长能力进行逐层分解，使得所选取装备制造企业成长能力效率评价指标具有明确、清晰、独立的含义，与此同时，所选取的评价指标也能够做到指标间的协调统一，统领于某一概念之下。

（3）可比性原则。可比性原则是深刻体现了装备制造企业成长能力效率评价指标体系的实用价值性。一套科学化、全面化的装备制造企业成长能力效率评价指标体系应该能够从横向和纵向两个方面对不同时期的不同企业或区域进行综合评价，因此，装备制造企业成长能力效率评价指标需要既能够在统计口径、范围上保持最大可能的一致性，同时又能够具有评价指标所需的甄别性。

（4）可操作性原则。可操作性原则是深刻体现了装备制造企业成长能力效率评价指标的可实现性。一套科学化、全面化的装备制造企业成长能力效率评价指标体系除了能够具备其对评价对象的评估考评、决策指导、预测预警等功能，还应该考虑到评价指标数据的获取情况。这就要求构建的装备制造企业成长能力效率评价指标设置具有少而精的特点，突出了评价对象的重点内容，并且，指标所需数据来源顺畅、具有较强的可靠性。

6.1.2 装备制造企业成长能力效率初选评价指标体系构建

通过第3章对装备制造企业成长能力内涵及特征的分析，装备制造企业成长能力是一个系统性强、综合性强的复杂体系。目前，许多学者从不同视角对企业成长能力评价指标体系进行了分析，例如，王国顺等（2008年）从人与自然、社会和谐发展的角度，将企业成长能力划分为内含层、中间层、外显层、制约层四个维度，并对上市的中小企业进行了评价[377]；刘刊等（2009年）从投入产出的角度，将企业成长能力划分为投入、产出和态势三个维度，并对创新型企业进行了评价[188]；张玉明等（2012年）从仿生视角，将企业成长能力划分为外部成长能力和内部成长能力两个维度，并对中小企业进行了评价[167]。由于本书第3章从经济效益、社会责任、科技水平等方面对我国装备制造企业成长能力现状进行了分析，同时，现阶段我国装备制造企业也越来越强调对科技创新的投入,走新型工业化道路,因此,本书凝练了刘刊、张玉明等学者的研究成果,从能力投入与能力产出的角度解析装备制造企业成长能力。投入与产出关系表示的是一种经济平衡关系,在企业日常的生产过程中,如何实现有限资源条件下产出与再投入的循环发展问题,这里的循环发展就是企业的成长能力。因此,通过综合以往学者的观点,本书从装备制造企业成长能力效率评价投入指标和产出指标两个维度进行划分,并通过指标内涵体现出装备制造企业成长能力在经济、社会、科技等方面的内容,初步建立了一个覆盖面较广的装备制造企业成长能力效率评价初选评价指标体系,包括2个维度、39项指标,具体如表6.1所示。

表6.1 装备制造企业成长能力效率评价初选评价指标体系

一级指标	二级指标	三级指标
装备制造企业成长能力	装备制造企业成长能力的投入指标	X_1装备制造企业主营业务成本
		X_2装备制造企业主营业务税金及附加
		X_3装备制造企业管理费用
		X_4装备制造企业营业费用
		X_5装备制造企业财务费用
		X_6装备制造企业本年应缴增值税
		X_7装备制造企业全部从业人员平均人数
		X_8装备制造企业R&D人员全时当量
		X_9装备制造企业R&D经费内部支出
		X_{10}装备制造企业R&D经费外部支出
		X_{11}装备制造企业引进技术经费支出
		X_{12}装备制造企业消化吸收经费支出
		X_{13}装备制造企业购买国内技术经费支出
		X_{14}装备制造企业技术改造经费支出
		X_{15}装备制造企业工业废水治理设施数量
		X_{16}装备制造企业工业废水治理设施本年运行费用
		X_{17}装备制造企业工业废气治理设施数量

表6.1 续

一级指标	二级指标	三级指标
装备制造企业成长能力	装备制造企业成长能力的投入指标	X_{18}装备制造企业工业废气治理设施本年运行费用
		X_{19}装备制造企业一般工业固体废物综合利用量
		X_{20}装备制造企业废水治理项目本年完成投资
		X_{21}装备制造企业废气治理项目本年完成投资
		X_{22}装备制造企业固体废物治理项目本年完成投资
		X_{23}装备制造企业噪声治理项目本年完成投资
装备制造企业成长能力	装备制造企业成长能力的产出指标	Y_1装备制造企业工业总产值
		Y_2装备制造企业工业销售产值
		Y_3装备制造企业资产总计
		Y_4装备制造企业主营业务收入
		Y_5装备制造企业营业利润
		Y_6装备制造企业利润总额
		Y_7装备制造企业新产品的工业总产值
		Y_8装备制造企业新产品的主营业务收入
		Y_9装备制造企业新产品开发项目
		Y_{10}装备制造企业专利申请数量
		Y_{11}装备制造企业有效发明专利数量
		Y_{12}装备制造企业工业废水排放总量
		Y_{13}装备制造企业工业废水治理设施处理能力
		Y_{14}装备制造企业工业废气排放量
		Y_{15}装备制造企业工业废气治理设施处理能力
		Y_{16}装备制造企业一般工业固体废物产生量

6.1.3 装备制造企业成长能力效率评价指标的筛选

虽然上述6.1.2节已经构建了装备制造企业成长能力效率评价指标体系，但是毕竟只是一个覆盖面较广的初选评价指标体系，还需要对其进行更为细致的筛选，使装备制造企业成长能力效率评价指标体系具有高关键性、弱相关性、强鉴别性，以便后续的实证结果更加可靠、有效。

首先，针对装备制造企业成长能力效率评价指标体系的关键性进行优化筛选。本研究将应用群组决策特征根法（Group Eigenvalue Method）对初选的评价指标进行筛选，使评价指标更具关键性。群组决策特征根法是一种依靠专家群体经验与知识以及数学处理的决策方法，能够解决多目标、多属性的问题，处理问题简洁科学，计算步骤简单，决策过程简捷、方便[378]。群组决策特征根法是对层次分析法（Analysis Hierarchy Process）的改进，它是从层次分析法的基础上演变而来。层次分析法能够将复杂的决策问题划分为目标、准则、方案等多层次的结构模型，并利用定量、定性分析求解出需要解决的实际问题，它的特点就是能够保持前后判断思路的一致性，但是，这也导致层次分析法对于多阶段决策问题束手无策。基于此，1996年北京航空航天大学邱菀华教授提出的群组决策特征根法解决了层次分析法判断矩阵不一致的弊端，不再只关注专家按照经验和认知对评价指标的评分。

群组决策特征根法的基本原理是在由多位专家所组成的专家小组对评价指标进行评分后，需要有效地综合各位专家的评分意见，虽然传统的解决办法是通过求算术平均数或者在去掉一个最高分和最低分之后再应用算术平均数等，这些都是在假设每位评判专家具有相同权重的前提下进行的。实际上，各位专家的专业知识、经验、综合能力以及决策时的精神状态、心情等都不一样，群组决策特征根法正是明确了这一事实，假设了现实中存在一个评分准确、最公正的专家，称为理想专家，被定义为其评价向量与每位专家的评价向量所形成夹角之和最小的专家。此外，理想专家对评价指标的认识与专家群组决策系统是一致的。进而，群组决策特征根法的本质就是对理想专家评判向量的求解。群组决策特征根法包含以下步骤[379]：

第一步，设 G 为由 S_1, S_2, $\cdots$, S_m 组成的 m 个专家群组决策系统，n 个评价对象用 B_1, B_2, $\cdots$, B_n 表示，那么，第 i 个专家 S_i 对第 j 个评价对象 B_j 的评价分值可记为 $x_{ij} \in [I, J]$ ($i = 1, 2, \cdots, m$; $j = 1, 2, \cdots, n$)，x_{ij} 的分值越大，评价对象 B_j 越优。则 S_i 及群组决策系统 G 的评分值组成了一个 n 行 1 列的矩阵 x_i 以及一个 m 行 n 列的矩阵 x，即：

$$x_1 = (x_{i1}, x_{i2}, \cdots, x_{in})' \in E^n; \quad x = (x_{ij})_{m \times n} = \begin{pmatrix} x_{11} & x_{12} & \cdots & x_{1n} \\ x_{21} & x_{22} & \cdots & x_{2n} \\ \cdots & \cdots & \cdots & \cdots \\ x_{m1} & x_{m2} & \cdots & x_{mn} \end{pmatrix}。$$

假设对于评价对象存在一个理想的专家 S^*，其评价分值为 $x^* = (x_1^*,$

$x_2^*, \cdots, x_n^*) \in E^n$,由以上定义可得 x^* 是函数 $f = \sum_{i=1}^{m}(b^{\mathrm{T}}x_i)^2$ 取得最大值时的向量,其中,$\forall b = (b_1, b_2, \cdots, b_n)^{\mathrm{T}} \in E^n$,且为了不失一般性将 $\|b\|$ 设定为 1,即:

$$\max_{\substack{b \in E^n \\ \|b\|=1}} \sum_{i=1}^{m}(b^{\mathrm{T}}x_i)^2 = \sum_{i=1}^{m}(x^*)^{\mathrm{T}}(x^*)$$

,其中 x^* 成为群组决策系统 G 对评价对象的最终评分向量。

第二步,将评分矩阵 x 转置自乘得到矩阵 f,即:$f = x^{\mathrm{T}}x$,f 的最大特征根所对应的特征向量就是最终所求的总评分向量。为了能够进行求解,可以采用数值算法中的幂法来求解,该方法需要满足精度条件 ε。具体做法如下:

(1) 令 $k = 0$,$y_0 = \left(\dfrac{1}{N}, \dfrac{1}{N}, \cdots, \dfrac{1}{N}\right)^{\mathrm{T}} \in E^n$,$y_1 = f \times y_0$,$z_1 = \dfrac{y_1}{\|y_1\|}$;

(2) 令 $k = 1, 2, \cdots$;$y_{k+1} = f \times z_k$,$z_{k+1} = \dfrac{y_{k+1}}{\|y_{k+1}\|}$;

(3) $|z_{k \to k+1}|$ 表示 z_k 和 z_{k+1} 对应分量之差的绝对值最大者,然后判断 $|z_{k \to k+1}|$ 是否小于 ε,若是,则 z_{k+1} 即为所求的 x^*,否则继续转入第二步。

第三步,对于特征根求解后,如果特征根是单根,那么所求的最大特征根对应的特征向量就是所需要的;如果特征根存在多重现象,那么就需要同时求出多个相同最大特征根对应的特征向量,对于存在不同排名的评价对象,还需要按照第二特征根对应的特征向量进行排名或在已有判断矩阵中去掉排名并列评分值,重复以上步骤,直到找到最大特征根的单根存在[380]。

基于上述群组决策特征根法的计算步骤,对装备制造企业成长能力效率初选评价指标进行关键性筛选。这里主要是强调初选的各评价指标对装备制造企业成长能力效率评价的重要性大小。对于装备制造企业成长能力效率评价指标重要性的判定,本书通过李克特量表法以调查问卷的方式获取。本书将调查对象定位为一些受过良好教育,且在企业成长领域、装备制造企业领域有过深入研究的专家,以保障所获取数据的可靠性。因此,笔者对相关单位进行调查访谈,选取了来自哈尔滨工业大学、哈尔滨工程大学、哈尔滨理工大学等黑龙江省的高校以及中航工业哈尔滨东安发动机(集团)有限公司、哈尔滨电气集团、哈飞航空工业股份有限公司等黑龙江省的企业,共 10 家单位、20 位专家。基于此,本书采用李克特 9 分量表法对我国装备制造企业成长能力综合评价的初选指标重要性进行的评判信息,将指标的答案设置在 9 个选项中,选择一个与客观事实最接近的选项,其中题项计分从 1 到 9 表示专家对评价指标重要性的认可程度逐渐提升,具体打分标准见表 6.2。本书根据装备制造企业成长能力效率初选评价指标体系编制了装备制造企业成长能力效率评价指标调查问卷,见附录 C。

表 6.2 李克特 9 分量表计分标准

分值	1	2	3	4	5	6	7	8	9
程度	极其不重要	非常不重要	很不重要	有些不重要	一般重要	有些重要	很重要	非常重要	极其重要

由于装备制造企业成长能力效率初选评价指标过多并且篇幅有限,本书仅以初选指标体系中装备制造企业成长能力的产出指标(与投入指标相比指标数量较少)为例,来分析成长能力效率评价指标关键性的优化筛选过程,装备制造企业成长能力的投入指标分析结果见附录 D。表 6.3 是通过问卷调查访谈方式所获得的专家评分表。

表 6.3　装备制造企业成长能力的产出指标专家评分表

专家\指标	Y_1	Y_2	Y_3	Y_4	Y_5	Y_6	Y_7	Y_8	Y_9	Y_{10}	Y_{11}	Y_{12}	Y_{13}	Y_{14}	Y_{15}	Y_{16}
S_1	9	7	8	6	5	5	8	8	5	5	8	5	8	5	8	5
S_2	8	8	4	8	6	5	9	9	6	6	9	6	9	6	5	6
S_3	9	7	7	5	6	4	8	9	5	5	8	5	6	3	6	3
S_4	9	8	6	5	5	6	9	9	6	6	9	3	9	2	9	6
S_5	9	8	5	4	4	6	8	9	4	5	8	6	8	5	5	5
S_6	8	7	5	8	5	7	9	8	5	8	9	5	7	4	4	3
S_7	8	6	6	5	6	9	7	7	6	6	7	4	6	5	7	2
S_8	8	6	2	5	7	5	9	8	5	5	8	4	9	3	5	5
S_9	9	6	4	5	6	4	8	9	7	7	9	5	8	2	6	4
S_{10}	9	5	4	6	5	5	8	8	5	5	8	6	7	5	6	2
S_{11}	9	5	5	6	5	5	7	7	6	6	8	8	8	4	9	5
S_{12}	8	7	6	3	6	8	9	5	5	4	8	3	9	5	8	3
S_{13}	8	8	3	5	6	3	9	9	4	5	9	6	6	3	6	6
S_{14}	8	9	5	5	5	6	9	8	6	5	8	6	9	5	5	2
S_{15}	9	5	4	5	2	8	8	7	3	6	7	5	8	4	5	3
S_{16}	8	8	5	6	5	3	8	8	2	5	8	4	6	5	6	6
S_{17}	8	6	6	6	5	5	7	9	5	6	9	5	6	3	5	2
S_{18}	8	6	4	8	4	5	9	5	5	6	8	6	6	5	6	3
S_{19}	8	7	7	9	5	4	9	9	6	8	9	6	5	4	6	5
S_{20}	9	8	5	6	5	4	8	9	5	6	8	5	8	4	4	2

利用表 6.3 中装备制造企业成长能力的产出指标专家评分值，运用 Matlab7.1 软件对所获得的评价指标评分矩阵进行自身乘以其转置的运算，其结果为：

$$f = x^{\mathrm{T}} x = \begin{pmatrix}
1433 & 1155 & 832 & 951 & 872 & 925 & 1411 & 1349 & 858 & 970 \\
1155 & 965 & 676 & 776 & 704 & 754 & 1149 & 1093 & 687 & 781 \\
832 & 676 & 516 & 553 & 500 & 526 & 819 & 790 & 487 & 561 \\
951 & 776 & 553 & 693 & 580 & 619 & 946 & 902 & 570 & 665 \\
872 & 704 & 500 & 580 & 551 & 578 & 860 & 822 & 532 & 592 \\
925 & 754 & 526 & 619 & 578 & 642 & 920 & 869 & 558 & 635 \\
1411 & 1149 & 819 & 946 & 860 & 920 & 1405 & 1330 & 848 & 965 \\
1349 & 1093 & 790 & 902 & 822 & 869 & 1330 & 1293 & 807 & 921 \\
858 & 687 & 487 & 570 & 532 & 558 & 848 & 807 & 535 & 589 \\
970 & 781 & 561 & 665 & 592 & 635 & 965 & 921 & 589 & 681 \\
1393 & 1134 & 810 & 941 & 849 & 902 & 1378 & 1314 & 831 & 950 \\
872 & 701 & 497 & 593 & 528 & 564 & 857 & 820 & 519 & 588 \\
1248 & 1012 & 717 & 811 & 760 & 797 & 1231 & 1168 & 753 & 834 \\
690 & 565 & 405 & 471 & 413 & 448 & 689 & 653 & 416 & 477 \\
1014 & 827 & 604 & 676 & 629 & 663 & 1006 & 948 & 609 & 687 \\
698 & 581 & 418 & 476 & 427 & 459 & 701 & 666 & 410 & 475 \\
1393 & 872 & 1248 & 690 & 1014 & 698 \\
1134 & 701 & 1012 & 565 & 827 & 581 \\
810 & 497 & 717 & 405 & 604 & 419 \\
941 & 593 & 811 & 471 & 676 & 476 \\
849 & 528 & 760 & 413 & 629 & 427 \\
902 & 564 & 797 & 448 & 663 & 459 \\
1378 & 857 & 1231 & 689 & 1006 & 701 \\
1314 & 820 & 1168 & 653 & 948 & 666 \\
831 & 519 & 753 & 416 & 609 & 410 \\
950 & 588 & 834 & 477 & 687 & 475 \\
1369 & 852 & 1214 & 676 & 993 & 695 \\
852 & 557 & 754 & 428 & 605 & 424 \\
1214 & 754 & 1117 & 600 & 888 & 613 \\
676 & 428 & 600 & 360 & 485 & 344 \\
993 & 605 & 888 & 485 & 762 & 507 \\
695 & 424 & 613 & 344 & 507 & 389
\end{pmatrix}$$

在此基础上,再次运用 Matlab7.1 软件求出矩阵 f 的最大特征根及其相对应的特征向量。其结果为:最大特征为单根,等于 12863;B^T = (0.3329, 0.2707, 0.1938, 0.2238, 0.2035, 0.2166, 0.3297, 0.3144, 0.1998, 0.2269, 0.3254, 0.2027, 0.2901, 0.1619, 0.2375, 0.1651)。对 B^T 进行单位化处理得到:B_*^T = (0.0855, 0.0695, 0.0497, 0.0575, 0.0522, 0.0556, 0.0847, 0.0807, 0.0513, 0.0583, 0.0835, 0.0520, 0.0745, 0.0416, 0.0610, 0.0424)。

在得到 20 位专家对装备制造企业成长能力的产出指标的总评分向量之后,将总评分向量结果再次返给进行调研的专家,通过专家的讨论,分析指标剔除临界数值,最终确定将 0.06 作为临界值。对于装备制造企业成长能力的产出指标,筛选掉指标分值小于 0.06 的指标,即:Y_3 装备制造企业资产总计、Y_4 装备制造企业主营业务收入、Y_5 装备制造企业营业利润、Y_6 装备制造企业利润总额、Y_9 装备制造企业新产品开发项目、Y_{10} 装备制造企业专利申请数量、Y_{12} 装备制造企业工业废水排放总量、Y_{14} 装备制造企业工业废气排放量、Y_{16} 装备制造企业一般工业固体废物产生量。

运用同样的方法对装备制造企业成长能力的投入指标进行优化筛选,其最终得到经单位化后的总评分向量:B_*^T = (0.0653, 0.0258, 0.0399, 0.0237, 0.0401, 0.0491, 0.0638, 0.0418, 0.0651, 0.0439, 0.0353, 0.0651, 0.0405, 0.0646, 0.0273, 0.0430, 0.0264, 0.0390, 0.0661, 0.0338, 0.0346, 0.0308, 0.0352)。

同样,经专家的讨论,分析指标剔除临界数值,最终确定将 0.06 作为临界值。对于装备制造企业成长能力的投入指标,筛选掉指标分值小于 0.06 的指标,即:X_2 装备制造企业主营业务税金及附加、X_3 装备制造企业管理费用、X_4 装备制造企业营业费用、X_5 装备制造企业财务费用、X_6 装备制造企业本年应缴增值税、X_8 装备制造企业 R&D 人员全时当量、X_{10} 装备制造企业 R&D 经费外部支出、X_{11} 装备制造企业引进技术经费支出、X_{13} 装备制造企业购买国内技术经费支出、X_{15} 装备制造企业工业废水治理设施数量、X_{16} 装备制造企业工业废水治理设施本年运行费用、X_{17} 装备制造企业工业废气治理设施数量、X_{18} 装备制造企业工业废气治理设施本年运行费用、X_{20} 装备制造企业废水治理项目本年完成投资、X_{21} 装备制造企业废气治理项目本年完成投资、X_{22} 装备制造企业固体废物治理项目本年完成投资、X_{23} 装备制造企业噪声治理项目本年完成投资。

其次,针对应用群组决策特征根法优化筛选后的装备制造企业成长能力效率评价指标体系，对其指标间的相关性做进一步优化筛选。因为评价指标间存在相关性会导致被评价对象的信息重复利用或者信息利用不完全，同时这也会影响到指标的差异性原则，最终使评价结论不正确，因此有必要对经群组决策特征根法筛选后的评价指标间相关性进行验证。相关性分析是研究评价指标间关联度的一种统计方法，通过剔除指标间关联度大的指标，以降低评价指标体系间的重复信息。一般在进行相关性分析之前需对评价指标进行标准化处理，但由于本书中需要处理的数据来源于李克特量表法，该数据不存在量纲不一致问题，因此，可以直接进行相关性分析。相关性分析的公式为：

$$R = \frac{\sum (X_1 - \bar{X}_1)(X_2 - \bar{X}_2)}{\sqrt{\sum (X_1 - \bar{X}_1)^2 \times \sum (X_2 - \bar{X}_2)^2}} \tag{6-1}$$

需要注意的是，在进行评价指标相关性分析之前，还需要确定一个临界值，这个临界值主要用于评价指标的筛选，如果评价指标间的相关系数大于该临界值，则需要删除其中一个与其余指标相关性较大的指标；如果评价指标间的相关系数小于该临界值，则该评价指标将给予保留。

基于上述关于相关性判定的方法，本书通过与相关专家讨论将临界值最终确定为 0.5，并且运用 SPSS16.0 统计软件，对装备制造企业成长能力的投入、产出评价指标进行相关性计算及筛选，具体情况如表 6.4、表 6.5 所示。

表 6.4　装备制造企业成长能力效率初选投入评价指标间的相关性

项目 指标	X_1	X_7	X_9	X_{12}	X_{14}	X_{19}
X_1	1.000	0.054	-0.208	-0.273	-0.154	-0.109
X_7	0.054	1.000	0.169	-0.104	-0.240	0.199
X_9	-0.208	0.169	1.000	0.543	-0.063	0.185
X_{12}	-0.273	-0.104	0.543	1.000	0.219	-0.141
X_{14}	-0.154	-0.240	-0.063	0.219	1.000	-0.085
X_{19}	-0.109	0.199	0.185	-0.141	-0.085	1.000

表 6.5 装备制造企业成长能力效率初选产出评价指标间的相关性

项目\指标	Y_1	Y_2	Y_7	Y_8	Y_{11}	Y_{13}	Y_{15}
Y_1	1.000	0.231	0.021	0.455	0.202	0.435	0.004
Y_2	0.231	1.000	0.302	0.139	0.261	0.162	0.150
Y_7	0.021	0.302	1.000	0.134	0.028	0.181	0.190
Y_8	0.455	0.139	0.134	1.000	0.150	-0.020	-0.172
Y_{11}	0.202	0.261	0.028	0.150	1.000	0.074	0.166
Y_{13}	0.435	0.162	0.181	-0.020	0.074	1.000	0.153
Y_{15}	0.004	0.150	0.190	-0.172	0.166	0.153	1.000

通过对表 6.4、表 6.5 的分析，可以发现所有评价指标间的相关系数均小于临界值 0.5，说明经过指标关键性筛选后的装备制造企业成长能力效率评价指标间不存在较强的指标相关性。因此，评价指标不予以删减。

再次，针对经过指标关键性、相关性筛选后的装备制造企业成长能力效率评价指标体系，对其评价指标的鉴别能力做进一步优化筛选。评价指标的鉴别能力主要关注各个评价指标间的特征差异，它涉及评价不同地区的装备制造企业成长能力效率的问题，只有评价指标间具有较强的鉴别能力，才能够将不同区域的装备制造企业成长能力效率的差异性体现出来，因此，装备制造企业成长能力效率评价指标还需要进行鉴别能力优化。一般应用变差系数法对评价指标的鉴别能力进行判定，它的计算公式为：$U_i = \dfrac{\delta_i}{\bar{X}}$，其中，$U_i$ 表示第 i 个指标的变差系数，$\delta_i = \sqrt{\dfrac{1}{n-1} \sum\limits_{i=1}^{n}(x_i - \bar{X})^2}$ 表示第 i 个指标的标准差，$\bar{X} = \dfrac{1}{n} \sum\limits_{i=1}^{n} x_i$ 表示第 i 个指标的平均值。

需要注意的是，对于评价指标鉴别能力的测度，主要观察该指标的评分是否一直保持在比较高或者比较低的状态，如果是，则说明该指标具有较弱的鉴别能力，同时，本书已经对评价指标进行过群组决策特征根法的筛选，所以我们需要选择出变差系数值较小的指标，它就是既具有较高的专家得分，又能够体现出差异性的评价指标。

基于上述变差系数法，本书将运用SPSS16.0统计软件对装备制造企业成长能力效率的投入、产出评价指标进行鉴别能力计算及筛选，具体情况如表6.6、表6.7所示。

表6.6　装备制造企业成长能力效率初选投入评价指标鉴别能力

项目 指标	评分均值	评分标准差	变差系数
X_1	8.00	0.84211	0.10526
X_7	7.80	1.11579	0.14305
X_9	7.95	0.68158	0.08573
X_{12}	7.95	1.10263	0.13870
X_{14}	7.90	1.25263	0.15856
X_{19}	8.05	1.10263	0.13697

表6.7　装备制造企业成长能力效率初选产出评价指标鉴别能力

项目 指标	评分均值	评分标准差	变差系数
Y_1	8.45	0.81042	0.09591
Y_2	6.85	1.18210	0.17257
Y_7	8.35	0.84516	0.10122
Y_8	7.95	1.23438	0.15527
Y_{11}	8.25	0.83867	0.10166
Y_{13}	7.35	1.38697	0.18870
Y_{15}	6.00	0.98678	0.16447

通过对表6.6、表6.7的分析，可以发现所有评价指标的变差系数值均比较小，说明经指标关键性及指标间相关性筛选后的装备制造企业成长能力效率评价指标具有较强的鉴别能力。因此，评价指标不予以删减。

最后，在经过构建装备制造企业成长能力效率初选评价指标体系，以及对初选评价指标体系中评价指标的关键性、相关性、鉴别能力的优化筛选，确定了之后用于装备制造企业成长能力效率评价的评价指标体系，共2个维度、13个指标，具体情况如表6.8所示。

表6.8 装备制造企业成长能力效率评价指标体系

一级指标	二级指标	三级指标
装备制造企业成长能力	装备制造企业成长能力的投入指标	X_1装备制造企业主营业务成本
		X_7装备制造企业全部从业人员平均人数
		X_9装备制造企业R&D经费内部支出
		X_{12}装备制造企业消化吸收经费支出
		X_{14}装备制造企业技术改造经费支出
		X_{19}装备制造企业一般工业固体废物综合利用量
	装备制造企业成长能力的产出指标	Y_1装备制造企业工业总产值
		Y_2装备制造企业工业销售产值
		Y_7装备制造企业新产品的工业总产值
		Y_8装备制造企业新产品的主营业务收入
		Y_{11}装备制造企业有效发明专利数量
		Y_{13}装备制造企业工业废水治理设施处理能力
		Y_{15}装备制造企业工业废气治理设施处理能力

根据表6.8可以看出，在装备制造企业成长能力的投入指标中，X_1装备制造企业主营业务成本体现了装备制造企业成长能力在经济方面的表现；X_7装备制造企业全部从业人员平均人数体现了装备制造企业成长能力在社会方面的表现；X_9装备制造企业R&D经费内部支出、X_{12}装备制造企业消化吸收经费支出、X_{14}装备制造企业技术改造经费支出体现了装备制造企业成长能力在科技方面的表现；X_{19}装备制造企业一般工业固体废物综合利用量体现了装备制造企业成长能力在生态方面的表现。在装备制造企业成长能力的产出指标中，Y_1装备制造企业工业总产值体现了装备制造企业成长能力在社会方面的表现；Y_2装备制造企业工业销售产值体现了装备制造企业成长能力在经济方面的表现；Y_7装备制造企业新产品的工业总产值、Y_8装备制造企业新产品的主营业务收入、Y_{11}装备制造企业有效发明专利数量体现了装备制造企业成长能力在科技方面的表现；Y_{13}装备制造企业工业废水治理设施处理能力、Y_{15}装备制造企业工业废气治理设施处理能力体现了装备制造企业成长能力在生态方面的表现。以下是针对装备制造企业成长能力效率评价指标体系部分指

标进行的详细解释。

（1）X_1装备制造企业主营业务成本：指企业经营主要业务发生的实际成本。

（2）X_7装备制造企业全部从业人员平均人数：指年内每月平均拥有的人数，其计算公式为全部从业人员平均人数＝（1月末从业人员数+2月末从业人员数+…+12月末从业人员数）/12。

（3）X_9装备制造企业R&D经费内部支出：指企业用于内部开展R&D活动的实际支出。包括用于R&D项目活动的直接支出，以及间接用于R&D活动的管理费、服务费、与R&D有关的基本建设支出以及外协加工费等。

（4）X_{19}装备制造企业一般工业固体废物综合利用量：指企业通过回收、加工、循环、交换等方式，从固体废物中提取或者使其转化为可以利用的资源、能源和其他原材料的固体废物量，其综合利用量由原产生固体废物的单位统计。

（5）Y_1装备制造企业工业总产值：指工业企业在本年内生产的以货币形式表现的工业最终产品和提供工业劳务活动的总价值量。

（6）Y_2装备制造企业工业销售产值：是以货币形式表现的、工业企业在本年内销售的本企业生产的工业产品或提供工业性劳务价值的总价值量。

（7）Y_{11}装备制造企业有效发明专利数量：指企业作为专利权人在报告年度拥有的、经国内外知识产权行政部门授权且在有效期内的发明专利件数量。

（8）Y_{13}装备制造企业工业废水治理设施处理能力：指企业内部的所有废水治理设施实际具有的废水处理能力。

（9）Y_{15}装备制造企业工业废气治理设施处理能力：指企业实有的废气治理设施的实际废气处理能力。

6.2 装备制造企业成长能力效率评价模型构建

6.2.1 装备制造企业成长能力效率评价模型构建思路

本书基于投入产出视角，通过体现经济、社会、科技等方面的内涵，对装备制造企业成长能力效率评价指标体系进行了构建，接着就需要选择合适的评价方法，同时构建合理的评价模型以实现对装备制造企业成长能力效率评价的目的。

目前，许多学者应用不同的评价方法对企业成长能力进行了分析，例如，慕静等（2005年）利用主成分分析法对我国18家百强企业的成长能力进行了实证评价[381]。于新宇等（2010年）利用区间熵法确定指标权重以及模糊积分法对黑龙江省创新型中小企业的成长能力进行了实证评价[382]。李海超等（2013年）利用密切值法对我国八大经济区高新技术企业的成长能力进行了实证评价[197]。可以看出，目前学者们已对企业成长能力评价进行了丰富的研究，但是大部分的研究都是基于某一种评价方法进行的。众所周知，每一种评价方法都有其使用的假设条件以及自身存在的弊端，因此，本书将选用若干种方法进行组合的评价方法。由于已有学者应用数据包络分析法（DEA）进行过类似能力的评价，同时，DEA本身具有许多优点，无须建立变量之间严格的函数关系，无须任何权重假设，避免了各指标在有限意义下的权重，排除了很多主观因素，具有很强的客观性，并且可以灵活应用在多投入多产出的效率测度，基于此，本书采用DEA作为装备制造企业成长能力效率评价的基础评价方法。之后将针对DEA自身存在的不足，利用组合评价的思想，构建装备制造企业成长能力效率的组合评价法——PCA-DEA-TOPSIS，对我国各省市区的装备制造企业成长能力效率进行评价。

除此之外，针对通过组合评价法获得我国各省市区装备制造企业成长能力效率的评价得分并排序，但是这种排名并不能完全有效地反映我国各省市区装备制造企业成长能力效率强弱的本质差异，受制于能够获取的样本数据，即有可能出现：虽然两个地区排名邻近，但是它们的装备制造企业成长能力水平可能相差较远；或者，虽然两个地区排名较远，但是它们的装备制造企业成长能力水平可能相差并不大。因此，为了揭示我国各省市区装备制造企业成长能力效率强弱的差异性，并发现我国装备制造企业成长能力效率的特点，本书将使用Ward聚类法对进行了装备制造企业成长能力效率评价的各省市区进行分类。我国装备制造企业成长能力效率评价模型具体情况如图6.1所示。

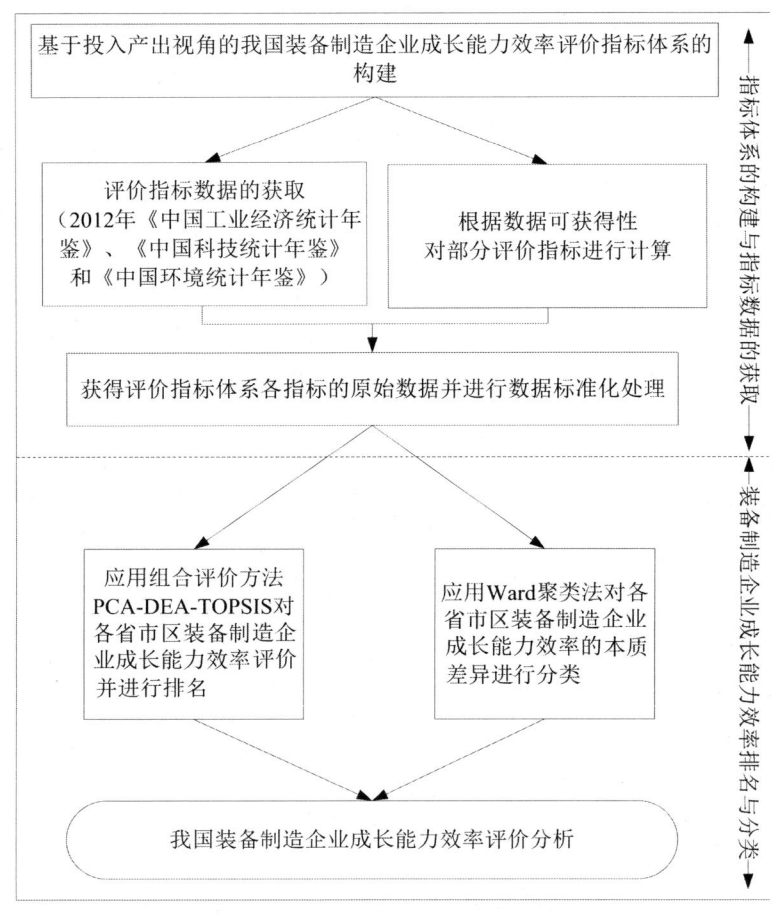

图 6.1　我国装备制造企业成长能力效率评价模型

6.2.2　数据包络分析法

通过 6.2.1 关于装备制造企业成长能力效率评价模型的阐述，得到将 DEA 作为装备制造企业成长能力效率评价的基础评价方法具有非常重要的作用，因此，接下来将对 DEA 进行简单的介绍。

DEA 方法最早是由美国著名运筹学家 Charnes A.、Cooper W. W. 和 Rhode E.[383] 以"相对效率"概念为基础，根据多指标投入和多指标产出对相同类型的评价对象进行相对有效性或效益评价的一种系统分析方法。它利用数学模型计算评价对象之间的相对效率，不仅可以对同一类型评价对象的相对有效性做出评价与排序，而且还可以进一步分析各评价对象非 DEA 有效的原因及其改进方向，从而为决策者提供重要的管理决策信息。DEA 在处理多输入多输出的有效性评价问题方面具有绝对的优势，这主要归因于以下几点：DEA 以评价对象各输入输出的权重为变量，从最有利于评价对象的角度进行评价，从而避免了确定各指标在优先意义下的权重；假设每个输入都关联到一个或者多个输出，而输入输出之间确实存在某种关系，使用 DEA 方法则不必确定这种关系的显示表达式。

DEA 以凸分析和线性规划为评价工具，1978 年第一个 DEA 效率测度模型被提出，称为 CCR 模型。它利用数学规划原理，根据多投入多产出数据求得效率，得出总效率值等于配置效率与技术效率的乘积。随后，Banker R. D.、Charnes A. 和 Cooper W. W.[384]提出了更为严谨的 BCC 模型，把 CCR 规模报酬不变的假设改为规模报酬可变，从而将 CCR 模型中的技术效率分解为规模效率与纯技术效率的乘积。这样，BCC 模型就把未处于最佳规模和低效率生产技术分离开来，得到的纯技术效率比 CCR 模型下的技术效率更能反映研究对象的经营管理水平。一般企业经营活动中更加注重通过增加投入提高产出，我国装备制造企业现在正大力投入科研资料以达到提高效率的目的，因此在效率的评价研究中，一般采用基于投入导向型的模型。面向投入的 CCR 模型为：

$$\min[\theta - \xi(\hat{e}^T s^- + e^T s^+)]$$

$$\text{s.t.} \begin{cases} \sum_{j=1}^{n} X_j \lambda_j + s^- = \theta X_{j0} \\ \sum_{j=1}^{n} Y_j \lambda_j - s^+ = Y_{j0} \\ \lambda_j \geq 0, j = 1, 2, \cdots, n \\ s^- \geq 0, s^+ \geq 0 \end{cases} \quad (6-2)$$

式中，$X_j = (x_{1j}, x_{2j}, \cdots, x_{mj})^T$，$Y_j = (y_{1j}, y_{2j}, \cdots, y_{sj})^T$，$j = 1, 2, \cdots, n$，分别表示 DMU_j 的投入指标向量和产出指标向量。$\hat{e}^T = (1, 1, \cdots, 1) \in E_m$；$e^T = (1, 1, \cdots, 1) \in E_s$；一般取 $\xi = 10 - 6$。

若线性规划的最优解为：λ^0，s^{0-}，s^{0+}，θ^0。

（1）θ^0 为决策单元的效率评价值，表示决策单元资源配置的合理程度；s^{0-} 与 s^{0+} 是松弛变量。若 $\theta^0 = 1$，并且 $s^{0-} = 0$，$s^{0+} = 0$，则 DMU_{j0} 为 DEA 有效；若 $\theta^0 = 1$，则 DMU_{j0} 为弱 DEA 有效；若 $\theta^0 < 1$，则 DMU_{j0} 为非 DEA 有效。

（2）规模有效性的判断：$K = \sum_{j=1}^{n} \lambda_j / \theta$，若 $K = 1$，则规模效益不变，即规

模有效；若 $K > 1$，则规模收益递减；若 $K < 1$，则规模收益递增。

（3）若在 CCR 模型约束条件中加入 $\sum_{j=1}^{n} \lambda_j = 1$，则变成了 BCC 模型，此模型用来判断纯技术有效性。

6.2.3 Ward 聚类法

通过 6.2.1 关于装备制造企业成长能力效率评价模型的阐述，可知 Ward 聚类法可以进一步完善对我国装备制造企业成长能力效率的评价，揭示我国各省市区装备制造企业成长能力效率的差异性，以及分析我国装备制造企业成长能力效率的特点，同样具有非常重要的作用，因此，接下来，将对 Ward 聚类法进行简单的介绍。

聚类分析（Clustering）是根据事物属性的内在规律及联系对事物进行分类的方法，是数理统计中研究"物以类聚"的一种多元统计分析方法，能够得到一个反映个体间、群体间亲疏关系的客观分类系统[385]。聚类分析主要有 Ward 系统系统法、K2 均值聚类法、模糊聚类法等[386]，通过利用数学方法进行定量评价，从而更加客观地确定评价对象的亲疏关系。

Ward 聚类是沃德所提出的，也称为离差平方和聚类法，是寻找局部最优解的一种聚类方法，它的基本思想来源于方差分析，强调如果分类正确的话，那么同样评价对象的离差平方和应该较小，而不同类之间的离差平方和应该较大。Ward 聚类法根据离差平方和对评价对象进行分类。假设将 n 个评价对象划分为 k 类，则第 i 类的离差平方和 S_i 可以表示为：$S_i = \sum_{j=1}^{n_i} (X_i^{(j)} - \bar{X}_i)^2$，$k$ 个类的离差平方和 S 为：$S = \sum_{i=1}^{k} \sum_{j=1}^{n_i} (X_i^{(j)} - \bar{X}_i)^2$，其中，$X_i^{(j)}$ 为第 i 类中第 j 个评价对象的评价得分，$\bar{X}_i$ 为第 i 类评价得分的平均数，$i = 1, 2, \cdots, k$，$j = 1, 2, \cdots, n_i$。

一般 Ward 系统聚类法包括以下步骤[387]：第一步，将 n 个评价对象看作 n 个类；第二步，将任意两个评价对象归为一类，其余 $n-2$ 个评价对象归为另一类，这样就有 $n(n-1)/2$ 种不同的合并方案，分别对这些合并方案应用上述公式计算离差平方和，最终按离差平方和最小的合并方案进行新的分类；第三步，重复第二步的步骤，直至最后分类数目达到 k 为止。

6.2.4 基于组合评价思想的改进 DEA 方法

通过 6.2.1 关于装备制造企业成长能力效率评价模型的阐述，得到本书将在 DEA 的基础上利用组合评价的思想引入主成分分析（PCA）、逼近理想解排序法（TOPSIS）对 DEA 进行改进，具体改进过程如下。

通过 6.2.2 中对于 DEA 方法的介绍，了解到 DEA 确实是进行多投入多产出效率测度的优良评价方法，并且具有无须任何权重假设以及无须建立变量间严格函数关系的优势，但是在现实应用过程中，DEA 方法仍然存在一些不足之处。本书认为 DEA 方法存在以下几点弊端。

（1）由于 DEA 方法是处理多投入多产出的效率评价方法，这里就存在对于投入指标、产出指标数量的限制，所谓的"多"也就有其适用范围，根据 DEA 的手册指南，DEA 评价模型中的投入、产出指标数与评价对象数间的关系为：$N > \max\{m \times s, 3(m+s)\}$，其中 N 表示评价对象的数量；m 为投入指标数；s 为产出指标数。因此，DEA 方法受限于投入产出指标数量与评价对象数量间的数量关系，使得有些评价不能顺利进行。

（2）由于 DEA 方法是处理多投入多产出的效率评价方法，这会涉及许多投入指标和产出指标，那么就会可能出现多重共线的问题，也就是各指标间的相关性。如果存在多重共线，就会使得评价结果中重复计算了某些信息或遗漏了某些信息。因此，多指标间相关性问题会导致评价结果的可靠性下降。

（3）在经典的 DEA 模型中，所有投入产出指标具有相同重要性程度的假设，具体的指标权重是根据自己最有利的原则来选取的，这样就可能存在多个有效决策单元，以至于无法区分有效决策单元之间的差异，即 DEA 有效决策单元之间不能进行排序[388]。

基于以上对 DEA 方法存在的三点不足，本书通过引入主成分分析法和逼近理想解排序法分别给予优化。针对 DEA 方法的第一、二点不足，本书采用主成分分析法将其剔除。主成分是由 Karl Pearson 最早在 1901 年提出，之后由 Harold Hotelling 将这个概念推广到随机向量。该方法是利用降维的思想，把多指标转化为几个综合指标的多元统计分析方法。主成分分析数学模型为：

$$\begin{cases} f_1 = a_{11}ZX_1 + a_{21}ZX_2 + \cdots + a_{p1}ZX_p \\ f_2 = a_{12}ZX_1 + a_{22}ZX_2 + \cdots + a_{p2}ZX_p \\ \cdots\cdots \\ f_p = a_{1m}ZX_1 + a_{2m}ZX_2 + \cdots + a_{pm}ZX_p \end{cases} \quad (6-3)$$

式中，a_{1i}，a_{2i}，$\cdots$，$a_{pi}(i=1,\cdots,m)$ 为 X 的协方差阵的特征值对应的特征向量，ZX_1，ZX_2，$\cdots$，ZX_p 是原始变量经过标准化处理的值。在进行综合评价时，首先以累计贡献率 $\geq 85\%$ 为界限，据此定出主因子个数，再根据公式 $F = \sum A * f$ 作为最后的评价值，其中 A 表示个指标的权重，即根据主成分的方差贡献率来确定。通过主成分分析法不仅可以通过降维减少投入、产出指标的数量，而且还能够保证各指标间的独立性，消除指标间的相关性。

在通过主成分分析获得评价目标的投入产出综合指标后，利用 DEA 进行评价对象的效率评价。在得到相应的评价对象效率结果时，就很有可能会出现 DEA 方法的第三点不足。针对这点不足，本书采用逼近理想解排序法将其完善。逼近理想解排序法（TOPSIS）是 1981 年由 Hwang C. L. 和 Lai Yoon Jou et al. 首次提出，后来 Lai et al. 于 1994 年将 TOPSIS 的思想应用于多目标决策问题上。TOPSIS 原理在于通过目标虚拟决策单元的理想解和负理想解进行排序，高效率的决策单元应距理想解最近，同时距离负理想解最远。

首先，构造两个虚拟决策单元 DMU_{n+1} 和 DMU_{n+2}，前者表示最优决策单元，其输入、输出向量记为：$X_{n+1} = (x_{1,n+1}, x_{2,n+1}, \cdots, x_{i,n+1}, \cdots, x_{m,n+1})$，$Y_{n+1} = (y_{1,n+1}, y_{2,n+1}, \cdots, y_{r,n+1}, \cdots, y_{s,n+1})$；后者表示最劣决策单元，其输入、输出向量记为：$X_{n+2} = (x_{1,n+2}, x_{2,n+2}, \cdots, x_{i,n+2}, \cdots, x_{m,n+2})$，$Y_{n+2} = (y_{1,n+2}, y_{2,n+2}, \cdots, y_{r,n+2}, \cdots, y_{s,n+2})$。最优决策单元 DMU_{n+1} 的输入、输出指标值分别取 n 个决策单元相应指标值的最小值和最大值，即 $x_{i,n+1} = \min(x_{i,1}, x_{i,2}, \cdots, x_{i,n})$，$y_{r,n+1} = \max(y_{r,1}, y_{r,2}, \cdots, y_{r,n})$；最劣决策单元 DMU_{n+2} 的输入、输出指标值分别取 n 个决策单元相应指标值的最大值和最小值，即 $x_{i,n+2} = \max(x_{i,1}, x_{i,2}, \cdots, x_{i,n})$，$y_{r,n+2} = \min(y_{r,1}, y_{r,2}, \cdots, y_{r,n})$。根据构造的最优决策单元和最劣决策单元确定理想样本点，以最优决策单元 DMU_{n+1} 为理想样本点；以最劣决策单元 DMU_{n+2} 为负理想样本点。

其次，对进行排序的有效决策单元的指标进行无量纲化处理。投入指标越小越好，其无量纲化公式为：$x_{ij}^* = (\max x_j - x_{ij})/(\max x_j - \min x_j)$；产出指标越大越好，其无量纲化公式为：$y_{ij}^* = (y_{ij} - \min y_j)/(\max y_j - \min y_j)$。计算每一个决策单元与理想点和负理想点的距离，TOPSIS 价值函数模型有很多表示方法[389]。本书选择欧氏范数方法进行评价，计算公式为：$d_j^+ = \sqrt{\sum_{i=1}^{m+s}(r_{ij} - r_i^+)^2}$ 和 $d_j^- = \sqrt{\sum_{i=1}^{m+s}(r_{ij} - r_i^-)^2}$，其中 d_j^+ 表示方案 j 到 DMU_{n+1} 的距离；d_j^- 表示方案 j 到 DMU_{n+2} 的距离。

最后，计算决策单元与理想点和负理想点的贴近度，若贴近度 d_j 越大表明第 j 个决策单元越接近最优水平，R&D 活动效率越高，计算公式为：$d_j = d_j^- / (d_j^+ + d_j^-)$。

综合以上对于 DEA 方法的完善，本书提出了基于组合评价思想的 PCA-DEA-TOPSIS 方法，接下来将应用 PCA-DEA-TOPSIS 对我国装备制造企业成长能力效率进行评价。

6.3 我国装备制造企业成长能力效率评价的实证分析

6.3.1 评价对象确定及实证数据获取

本书选用 DEA 作为我国装备制造企业成长能力效率评价的基础方法，需要确定评价研究的决策单元（Decision Making Units），通常情况下，关注的是多个同类型的 DMU。所谓同类型的 DMU 是指具有相同的目标和任务、具有相同的外部环境、具有相同的输入和输出指标等 DMU 集合。根据本研究的评价目标以及我国地域辽阔且不同地区发展存在显著差异的现实情况，选取我国大陆各省市区作为评价对象企业的来源。

根据本书评价目标，应当选取企业数据作为实证分析样本，但是由于企业微观数据的获取比较困难，因此，本书通过我国各省市区装备制造企业的各指标总数分别除以其相应的企业总数，得出各省市区单位装备制造企业的评价指标数据，也就是说，将我国大陆的 30 个省市区的装备制造业看作 30 个相对独立的装备制造企业。因此，本书评价指标采用平均值或百分比进行分析，其最终评价指标体系如表 6.9 所示。此外，根据本书构建的装备制造企业成长能力效率评价指标体系，其所涉及的各项基本指标数据来源于《中国工业经济统计年鉴》《中国科技统计年鉴》《中国环境统计年鉴》，为了确保各评价对象的评价指标完整，本书数据均选用 2012 年的各统计年鉴以评价我国 2011 年装备制造企业成长能力效率强弱。由于在相关统计年鉴中西藏的数据存在严重缺失，本书暂不列西藏的相关数据，最终将评价对象确定为我国大陆的 30 个省市区的装备制造企业。

表 6.9 装备制造企业成长能力效率最终评价指标体系

一级指标	二级指标	三级指标
装备制造企业成长能力	装备制造企业成长能力的投入指标	X_1 平均单位装备制造企业主营业务成本（亿元/家）
		X_7 平均单位装备制造企业全部从业人员平均人数（万人/家）
		X_9 平均单位装备制造企业 R&D 经费内部支出（万元/家）
		X_{12} 平均单位装备制造企业消化吸收经费支出（万元/家）
		X_{14} 平均单位装备制造企业技术改造经费支出（万元/家）
		X_{19} 平均单位装备制造企业一般工业固体废物综合利用量（万吨/家）

表6.9 续

一级指标	二级指标	三级指标
装备制造企业成长能力	装备制造企业成长能力的产出指标	Y_1平均单位装备制造企业工业总产值（亿元/家）
		Y_2平均单位装备制造企业工业销售产值（亿元/家）
		Y_7平均单位装备制造企业新产品的工业总产值（万元/家）
		Y_8平均单位装备制造企业新产品的主营业务收入（万元/家）
		Y_{11}平均单位装备制造企业有效发明专利数量（件/家）
		Y_{13}装备制造企业工业废水治理设施处理能力（万吨/日）
		Y_{15}装备制造企业工业废气治理设施处理能力（万立方米/时）

需要注意的是，对于装备制造企业成长能力投入指标中体现科技方面的指标，即 X_9装备制造企业 R&D 经费内部支出、X_{12}装备制造企业消化吸收经费支出、X_{14}装备制造企业技术改造经费支出，体现了装备制造企业成长能力在科技方面的表现，本书将采用我国装备制造企业 2009—2011 年各指标的平均值。因为，一般认为科技投入到专利和新产品的诞生以及商业化通常需要一定的周期，即投入与产出存在时滞。本书借鉴 Scott 和 Terry 的做法，考虑了产出的滞后因素，以近三年投入的平均值作为投入指标。同时，对于装备制造企业成长能力效率评价指标中以货币计量的指标，本书均以 1978 年为基年，各省市区装备制造企业的主营业成本、R&D 经费内部支出、消化吸收经费支出等指标均换算成按不变价格核算的经费总值。

6.3.2 基于 PCA-DEA-TOPSIS 的装备制造企业成长能力效率评价分析

首先，根据上述构建的装备制造企业成长能力效率最终评价指标体系及评价模型，本书利用主成分分析法对表 6.9 我国装备制造企业成长能力效率最终评价指标中的投入产出指标进行降维处理，使提取的主成分因子能够全面概括投入产出因素，并避免指标间相关性的影响。本书将分别对装备制造企业成长能力投入、产出评价指标进行主成分分析，限于篇幅，这里仅给出装备制造企业成长能力的投入评价指标主成分分析的过程。本书应用 SPSS16.0 统计软件先对投入产出评价指标进行标准化处理，然后再进行主成分分析，计算结果见表 6.10~表 6.12。

表 6.10 相关系数矩阵

变量	ZX_1	ZX_7	ZX_9	ZX_{12}	ZX_{14}	ZX_{19}
ZX_1	1.000	0.241	0.308	-0.016	-0.271	-0.310
ZX_7	0.241	1.000	0.130	0.148	0.262	0.053
ZX_9	0.308	0.130	1.000	0.253	0.052	-0.005
ZX_{12}	-0.016	0.148	0.253	1.000	0.471	0.072
ZX_{14}	-0.271	0.262	0.052	0.471	1.000	0.092
ZX_{19}	-0.310	0.053	-0.005	0.072	0.092	1.000

表 6.11 方差分解主成分提取分析

因子	特征值	占总方差的比率（%）	累计方差占总方差的比率（%）
1	1.720	28.659	28.659
2	1.554	25.895	54.554
3	0.926	15.437	69.990
4	0.911	15.177	85.167

表 6.12 初始因子载荷矩阵

因子	ZX_1	ZX_7	ZX_9	ZX_{12}	ZX_{14}	ZX_{19}
1	-0.090	0.507	0.384	0.784	0.792	0.253
2	0.882	0.350	0.568	0.032	-0.269	-0.506
3	0.083	0.288	0.260	-0.246	-0.308	0.783
4	-0.076	-0.692	0.554	0.288	-0.154	0.109

从表 6.10 可知，各个评价指标间的相关性并不高，最高的相关系数为 0.471，说明该指标体系中的投入指标选得较好，重复信息较少。根据主成分累计方差贡献率大于 85%的原则以及表 6.11、表 6.12，本书可提取 4 个主成分。同理，对装备制造企业成长能力的产出指标进行主成分分析，可以得出装备制造企业成长能力效率评价指标体系包括 4 项投入指标和 3 项产出指标，这也反映出 4 个投入指标和 3 个产出指标没有超过 DEA 决策单元的数据限制。

此外，DEA 分析必须用正数指标进行分析，但是在 DEA 分析中，特殊的投入产出是非全正数的投入产出，基于此，本书根据 1990 年 Ali 和 Seiford 曾经证明过的对某一指标进行线性或非线性变化不会影响数据包络分析模型的研究成果，提出用指标值的最小值的绝对值加上原指标值，再加上一个比较小的正数，得到投入和产出的正指标[390]。因此，对于非全正数的投入处理为：$f'_i = \min(f_i) + f_i + 1$；对于非全正数的产出处理为：$f'_j = \min(f_j) + f_j + 1$ [391,392]。结果见表 6.13。

表 6.13　2011 年我国装备制造企业成长能力效率投入产出指标值

指标 地区	投入指标				产出指标		
	f_1	f_2	f_3	f_4	f_5	f_6	f_7
北京	3.7393	5.9725	2.1808	4.9705	8.7639	2.0401	1.0000
天津	3.2119	5.3871	2.3522	5.0947	6.4747	1.7482	1.5513
河北	1.6514	2.5388	1.7380	3.5094	1.7707	1.9577	2.7029
山西	4.8579	3.3292	2.8532	2.1147	2.5116	1.5182	2.4276
内蒙古	4.1140	3.2818	1.4111	4.3315	2.5809	1.2530	4.2190
辽宁	1.3602	2.9713	1.5865	3.8958	1.9531	2.0987	2.8992
吉林	1.1798	5.3125	2.0679	2.3903	6.3244	1.3339	5.9145
黑龙江	2.8903	3.4472	2.0885	3.3894	2.2975	1.2905	2.7490
上海	3.0652	5.6499	2.2181	4.5166	7.0824	1.8251	2.0200
江苏	2.0681	3.9616	1.8712	3.4208	3.6393	1.9192	2.8049
浙江	1.0000	2.3864	1.5424	3.7837	2.0300	1.5984	1.0918
安徽	1.6174	2.6004	1.4226	3.5816	2.5881	1.4090	2.3603
福建	1.2638	3.5283	1.9486	3.0014	2.5741	1.3294	2.9873
江西	1.6118	3.8103	2.2628	2.3118	2.4830	1.1944	3.8185
山东	1.3133	3.6863	1.9033	4.1797	3.0842	1.8102	2.8901
河南	1.2618	3.0762	1.8563	3.0109	1.8792	1.4008	2.9752
湖北	1.5428	3.7469	2.0853	3.5876	3.4075	1.5888	2.9487
湖南	2.3841	3.0166	1.2798	3.0666	3.5015	1.4224	2.7655
广东	2.1289	5.1965	2.9692	2.2435	5.2559	1.9803	2.0785

表6.13 续

指标\地区	投入指标				产出指标		
	f_1	f_2	f_3	f_4	f_5	f_6	f_7
广西	2.4751	3.4223	1.5685	2.3250	3.2212	1.3641	3.8577
海南	1.5198	6.1138	2.9666	1.8521	6.6281	1.3980	5.1291
重庆	2.0080	4.1635	2.1107	3.1089	5.3638	1.5731	2.1848
四川	2.0808	3.0199	1.4338	2.2786	2.7153	1.4017	3.2854
贵州	3.8226	2.8473	1.9566	1.0000	2.7732	1.3360	2.2516
云南	2.2376	2.0610	2.0142	2.8534	1.6232	1.2991	2.2281
陕西	4.4291	5.3778	2.7475	1.8497	4.4633	1.3553	4.1019
甘肃	6.1132	3.0024	1.0000	3.7635	3.1872	1.3196	2.2352
青海	2.8892	1.0000	6.5064	4.1189	1.0000	1.0000	2.8225
宁夏	4.9359	2.0735	1.0273	2.9440	1.9287	1.1809	2.3702
新疆	1.4264	2.8802	1.7172	3.6472	2.1096	1.1749	3.1990

其次，使用DEA分析软件DEAP-Version2.1[393]对表6.13数据运算后得到的结果见表6.14、表6.15。

表6.14 2011年我国装备制造企业成长能力效率评价

指标\地区	Crste	Vrste	Scale	Irs/Drs
北京	1.000	1.000	1.000	—
天津	0.853	0.876	0.973	Irs
河北	0.906	1.000	0.906	Irs
山西	0.679	0.789	0.860	Irs
内蒙古	1.000	1.000	1.000	—
辽宁	0.875	1.000	0.875	Irs
吉林	1.000	1.000	1.000	—
黑龙江	0.666	0.764	0.871	Irs
上海	0.900	0.917	0.982	Irs

表6.14 续

指标 地区	Crste	Vrste	Scale	Irs/Drs
江苏	0.784	0.863	0.908	Irs
浙江	0.750	1.000	0.750	Irs
安徽	0.876	1.000	0.876	Irs
福建	0.743	0.977	0.760	Irs
江西	0.860	1.000	0.860	Irs
山东	0.748	0.897	0.834	Irs
河南	0.837	1.000	0.837	Irs
湖北	0.781	0.882	0.886	Irs
湖南	0.975	1.000	0.975	Irs
广东	0.907	0.915	0.992	Irs
广西	0.979	1.000	0.979	Irs
海南	1.000	1.000	1.000	—
重庆	0.964	1.000	0.964	Irs
四川	0.940	1.000	0.940	Irs
贵州	1.000	1.000	1.000	—
云南	0.836	1.000	0.836	Irs
陕西	0.860	0.868	0.990	Irs
甘肃	1.000	1.000	1.000	—
青海	1.000	1.000	1.000	—
宁夏	0.969	1.000	0.969	Irs
新疆	0.939	1.000	0.939	Irs
均值	0.891	0.960	0.928	
标准差	0.103	0.068	0.075	

注：Crste、Vrste 和 Scale 分别表示综合效率、纯技术效率和规模效率，Irs/Drs 表示 DMU 规模收益情况，Irs 表示规模效益递增，Drs 表示规模递减，—表示规模不变。

表6.14 显示，2011 年我国装备制造企业成长能力 DEA 有效的地区包括北京、内蒙古、吉林、海南、贵州、甘肃和青海，这些地区装备制造企业成长能力的纯技术效率与规模效率均为1，达到了技术有效和规模有效，且规模

报酬不变,说明其装备制造企业成长能力效率投入结构合理,资源利用得当,产生了稳定、高效的规模效益。这同时说明,各省市区装备制造企业成长能力是否 DEA 有效与经济发展水平无关,处于东部地区的上海、广东、江苏和浙江等省市虽然经济发达,R&D 经费与人员投入较多,但呈现出 DEA 无效,而西部地区的内蒙古、甘肃、青海等省份虽然经济较落后,但呈现出装备制造企业成长能力 DEA 有效。因此,经济发达程度并不是装备制造企业成长能力的决定因素,只有投入适当且结构搭配合理的装备制造企业才能取得高效率。2011 年我国装备制造企业成长能力有 23 个地区为非 DEA 有效,这些地区的纯技术效率或规模效率均小于 1,其中河北、辽宁、浙江、安徽、江西、河南、广西、四川、云南、宁夏和新疆的纯技术效率均为 1,但规模效率均小于 1,说明这些地区的装备制造企业成长能力的效率在资源要素整合、研发人员能力及经营管理方面表现良好,但是在资源要素投入规模上存在一定的缺陷,需要进一步优化。

表 6.14 的 Crste 一栏表示不考虑装备制造企业成长能力规模效率情况下的技术效率,2011 年该栏的均值、标准差分别为 0.891、0.103,说明我国装备制造企业成长能力效率高的地区和效率低的地区占总体的比重较大,而效率中等的地区较少,呈现出哑铃形分布,即两边多、中间少的状态。从表 6.14 的 Vrste 和 Scale 两栏中可以看出,我国装备制造企业成长能力效率不高的原因主要是规模效率的下降,资源配置不合理,投入比率及规模不合适。但效率分布呈现哑铃形的原因在于,我国装备制造企业成长能力具有明显的规模效益特征。地区装备制造企业的科技水平和生产专业化水平越高,就越具有规模效益,其成长能力效率也越高。因此,对于装备制造企业成长能力效率较低的地区来说,应不断调整、优化要素投入结构,增加科研经费,培养高素质的科研人才,扩大企业规模,增强综合实力,从而提高本地区的装备制造企业成长能力效率。由表 6.14 的 Irs/Drs 栏可知,2011 年我国装备制造企业成长能力规模效率递增、不变和递减的省区市数量分别为 23、7、0,这说明我国大部分地区装备制造企业成长能力处于较好的发展势头,需要加大资源投入,同时提高投入资源的利用率,但需要认识到解决这个问题需要一个较长的调整过程。

非 DEA 有效地区存在的问题,可以通过松弛变量进行分析。在投入方面,根据 DEA 理论,投入指标的松弛变量若不为零,表明其对应的投入要素未能充分发挥作用。由表 6.15 可知,天津、山西、福建、山东、广东和陕西存在投入冗余,这些省区市的装备制造企业人力、财力和物力普遍存在浪费,这里的浪费不是真正意义上的绝对过剩，而是由于投入结构不合理造成的资源相对冗余，比目标值多的投入没有发挥应有的作用。在产出方面，根据 DEA 理论，产出指标的松弛变量若不为零，表明其对应的产出要素存在总量偏低的情况。由表 6.15 可知，天津、黑龙江、上海、江苏、福建、广东和陕西存在产出不足，说明这些地区存在严重的科技产出不足及成果转化能力弱的问题，长此以往将影响当地经济整体的发展。通过对松弛变量进行分析，我们发现造成非 DEA 有效的原因：一是缺乏良好的创新环境，尤其是对于知识产权缺乏保护，造成科研人力资源的浪费，因为任何侵犯知识产权的行为都会严重挫伤企业科研活动的积极性；二是缺乏成熟的企业管理活动监督机制，因为高效率的企业运营活动需要高效的监督管理机制，通过企业运营活动中各项指标的量化考评可以激发企业员工的积极性，做到合理使用资源，严格把关产品的质量；三是缺少对于生态保护的认识。

表 6.15　各决策单元投入产出指标的松弛变量取值

指标 地区	S^-（投入）				S^+（产出）		
	f_1	f_2	f_3	f_4	f_5	f_6	f_7
北京	0.000	0.000	0.000	0.000	0.000	0.000	0.000
天津	0.000	0.000	0.000	0.557	0.000	0.000	0.226
河北	0.000	0.000	0.000	0.000	0.000	0.000	0.000
山西	0.105	0.000	0.000	0.000	0.000	0.000	0.000
内蒙古	0.000	0.000	0.000	0.000	0.000	0.000	0.000
辽宁	0.000	0.000	0.000	0.000	0.000	0.000	0.000
吉林	0.000	0.000	0.000	0.000	0.000	0.000	0.000
黑龙江	0.000	0.000	0.000	0.000	0.000	0.083	0.000
上海	0.000	0.000	0.000	0.000	0.000	0.000	0.056
江苏	0.000	0.000	0.000	0.000	0.000	0.000	0.301
浙江	0.000	0.000	0.000	0.000	0.000	0.000	0.000
安徽	0.000	0.000	0.000	0.000	0.000	0.000	0.000
福建	0.000	0.000	0.024	0.000	0.114	0.068	0.434
江西	0.000	0.000	0.000	0.000	0.000	0.000	0.000
山东	0.000	0.000	0.004	0.300	0.000	0.000	0.000

表6.15 续

指标\地区	S⁻（投入）				S⁺（产出）		
	f_1	f_2	f_3	f_4	f_5	f_6	f_7
河南	0.000	0.000	0.000	0.000	0.000	0.000	0.000
湖北	0.000	0.000	0.000	0.000	0.000	0.000	0.000
湖南	0.000	0.000	0.000	0.000	0.000	0.000	0.000
广东	0.041	0.000	0.526	0.000	0.000	0.000	2.647
广西	0.000	0.000	0.000	0.000	0.000	0.000	0.000
海南	0.000	0.000	0.000	0.000	0.000	0.000	0.000
重庆	0.000	0.000	0.000	0.000	0.000	0.000	0.000
四川	0.000	0.000	0.000	0.000	0.000	0.000	0.000
贵州	0.000	0.000	0.000	0.000	0.000	0.000	0.000
云南	0.000	0.000	0.000	0.000	0.000	0.000	0.000
陕西	1.448	0.039	0.000	0.000	0.533	0.005	0.000
甘肃	0.000	0.000	0.000	0.000	0.000	0.000	0.000
青海	0.000	0.000	0.000	0.000	0.000	0.000	0.000
宁夏	0.000	0.000	0.000	0.000	0.000	0.000	0.000
新疆	0.000	0.000	0.000	0.000	0.000	0.000	0.000

注：S⁻和S⁺分别表示相对于前沿面的投入冗余与产出不足值。

最后，我们通过TOPSIS计算步骤和公式，得到2011年我国装备制造企业成长能力效率排名，见表6.16。

表6.16 我国装备制造企业成长能力效率评价结果

	Crste	Rank1	Topsis	Rank2
北京	1.000	1	0.4537	4
天津	0.853	15		21
河北	0.906	9		15
山西	0.679	23		29
内蒙古	1.000	1	0.4825	3
辽宁	0.875	12		18

表6.16 续

	Crste	Rank1	Topsis	Rank2
吉林	1.000	1	0.5202	1
黑龙江	0.666	24		30
上海	0.900	10		16
江苏	0.784	18		24
浙江	0.750	20		26
安徽	0.876	11		17
福建	0.743	22		28
江西	0.860	14		20
山东	0.748	21		27
河南	0.837	16		22
湖北	0.781	19		25
湖南	0.975	3		9
广东	0.907	8		14
广西	0.979	2		8
海南	1.000	1	0.4954	2
重庆	0.964	5		11
四川	0.940	6		12
贵州	1.000	1	0.4076	5
云南	0.836	17		23
陕西	0.860	13		19
甘肃	1.000	1	0.3665	6
青海	1.000	1	0.3225	7
宁夏	0.969	4		10
新疆	0.939	7		13

注：Crste 表示 2011 年我国装备制造企业成长能力的综合效率；Rank1 表示 2011 年我国装备制造企业成长能力的综合效率排名；Topsis 表示 2011 年我国装备制造企业成长综合效率中有效单元的 Topsis 值；Rank2 表示 2011 年我国装备制造企业成长能力 PCA-DEA-TOPSIS 模型效率排名。

从表 6.16 中可以看出，2011 年我国装备制造企业成长能力效率高在不同省区市存在显著的不同。按照《中国统计年鉴》对我国大陆 31 个省市区东、中、西部的划分方法，2011 年我国制造企业成长能力效率排名前 10 的省区市位于东、中、西部的比例为 2∶2∶6，这说明装备制造企业成长能力具有高效率的地区数量呈现西、东、中部逐渐下降的趋势，进一步表明装备制造企业成长能力效率与整个经济研发效率呈现东、中、西部逐渐下降的趋势不同。进一步分析原始投入产出可以发现，西部地区产出成果少，相对应的投入量也少；东、中部地区的投入增量大于产出增量，而 DEA 衡量的是投入与产出之间的转化关系，因而呈现出不一致的趋势。此外，与东、中部地区相比，西部地区 DEA 有效的省份数量最多，这也表明投入绝对数量的高低与装备制造企业成长能力效率的高低之间无必然的因果关系。

6.3.3 基于 Ward 聚类法的装备制造企业成长能力效率评价分析

根据 6.2.1 装备制造企业成长能力效率评价模型构架思路可知，通过组合评价法可获得我国各省市区装备制造企业成长能力的效率评分值及其排序，但是这种排名并不能完全有效地反映我国各省市区装备制造企业成长能力效率的本质差异。因此，为了能进一步解释我国各省市区装备制造企业成长能力效率的差异性及其发展特点，使用 Ward 聚类分析对本书评价的 30 个对象进行分类。

依据 6.2.3 中 Ward 聚类分析的步骤，将我国装备制造企业成长能力效率评分值利用 SPSS16.0 统计软件进行 Ward 聚类分析，把 30 个评价对象划分为三类，具体如表 6.17 所示。

表 6.17 我国各省市区装备制造企业成长能力效率水平 Ward 聚类结果

类别	地区
第一类	北京、内蒙古、吉林、海南、贵州、甘肃、青海
第二类	天津、河北、辽宁、上海、安徽、江西、河南、湖南、广东、广西、重庆、四川、云南、陕西、宁夏、新疆
第三类	山西、黑龙江、江苏、浙江、福建、山东、湖北

从表 6.17 可以看出，每一类中所包含的省区市具有不同的区域特征。第一类为装备制造企业成长能力效率水平较高的省份，评分值位于（1.3225，1.5202)，包括北京、内蒙古、吉林、海南、贵州、甘肃和青海，该类地区的

装备制造企业成长能力效率水平居于全国前列，其得分明显高于其他区域的评价得分；第二类为装备制造企业成长能力效率水平中等地区，评分值位于（0.836，0.979），包括天津、河北、辽宁、上海、安徽、江西、河南、湖南、广东、广西、重庆、四川、云南、陕西、宁夏和新疆，其得分相对集中；第三类为装备制造企业成长能力效率水平较差地区，评分值位于（0.666，0.784），包括山西、黑龙江、江苏、浙江、福建、山东和湖北，该类地区得分处于较低水平，其装备制造企业成长能力的各方面急需改善。由此可以看出，我国装备制造企业成长能力发展情况受到省级行政区所在地的影响。

6.4 本章小结

本章首先根据装备制造企业成长能力效率评价指标体系构建原则，应用群组决策特征根法等对初选评价指标体系进行筛选，构建了装备制造企业成长能力效率评价指标体系；其次，基于组合评价思想构建了装备制造企业成长能力效率评价模型，包括改进 DEA 的 PCA-DEA-TOPSIS 及 Ward 聚类法；最后，利用统计年鉴获取相关数据，对 2011 年我国装备制造企业成长能力效率进行了评价及聚类分析。实证结果表明：2011 年我国装备制造企业成长能力整体效率水平良好，但呈现出哑铃形分布，以及我国装备制造企业成长能力发展情况受到省级行政区所在地的影响。

第7章

促进我国装备制造企业成长能力提升的对策分析

本研究的关键在于通过第 2 章和第 3 章深入剖析装备制造企业自身内涵、特点及其先进性属性，发现企业成长能力才是决定装备制造企业发展的最深层次因素，并对我国装备制造企业成长能力现状进行分析并发现了目前我国装备制造企业成长能力仍存在一些问题；第 4 章到 6 章分别在理解了装备制造企业成长能力内部结构维度和内涵的基础上，对装备制造企业成长能力的作用机制及其效率评价进行了实证分析。综合考虑第 3 章中提及的我国装备制造企业成长能力存在的问题和第 4、5、6 章的研究成果，本书认为要想实现我国装备制造企业健康、可持续成长，就必须充分地理解装备制造企业成长能力的内涵、结构、特点及其在经济、社会、科技等方面的外在体现，同时采取一定的能力培育及提升措施以促进其能够随外界环境变化而不断地完善。沿着整体研究维度的划分，本书将基于能力作用效果和能力自身效率视角来研究促进我国装备制造企业成长能力提升的对策。

7.1 提升装备制造企业成长能力作用效果的对策

根据第 4 章对装备制造企业成长能力结构维度的分析，确认了装备制造企业成长能力可以被划分为战略转型能力、外部网络嵌入能力、资源整合能力、持续创新能力及柔性生产能力。另外，第 5 章对装备制造企业成长能力与企业绩效的作用机制进行了实证分析，得到装备制造企业成长能力所包含的五个子能力均与企业绩效间存在正相关性，且这一主效应关系还受到组织学习过程、知识交易以及结构资本的影响。基于此，本书将分别分析如何对战略转型能力、外部网络嵌入能力、资源整合能力、持续创新能力以及柔性生产能力进行培育及提升，只有装备制造企业成长能力的五个子能力都提升了，才能最终整体上提升装备制造企业成长能力的作用效果。

7.1.1 企业战略转型能力的培育及提升

随着经济全球化不断推进，高新技术的不断更新，装备制造企业所面临的外部环境也不断发生着变化，谁能认清自身所处的内、外环境，抓住适合企业自身发展的机遇，谁就能在所处的行业中占据领导地位。也就是说，客观变化的行业内、外部环境迫使装备制造企业应该能够洞悉自身所处的市场大环境和企业内部小环境，通过以往经验和科学的方法预判出未来发展的趋势，分清对自身企业发展有利的和不利的，只有把握住正确的方向才能使付出的努力不至白费。因此，针对如何培育及提升我国装备制造企业战略转型能力，本书将从企业家精神、企业风险管理、消费者需求导向经营理念三个方面进行分析。

企业战略的转型问题是企业高层领导密切关注的，而企业家精神正是综合了企业家的优良品质，它对于企业的战略转型决策具有重要的影响。作为无形资源的企业家精神，它需要通过丰富的企业管理经验、渊博的企业管理知识以及较高的个人素质积累沉淀而形成。要获取以上提及的经验、知识和素质，需要企业具备较强的组织学习能力，通过学习不断丰富、充实企业家精神。装备制造企业的领导层应该随着企业发展的不同阶段更新不同的企业发展目标，为企业的长远发展而谋划未来。当今21世纪最缺乏的就是人才，企业只有拥有了符合发展需要的人才，才能够一步一步地实现企业发展目标。人才说到底就是企业的员工，作为人，由于其具有的特殊性，不同于事物存在个人感情、精神，因此在企业平常的运营过程中需要考虑到人的情感、精神，激发出潜藏在员工深处的创新力，同时还要增强企业员工的责任感和凝聚力[394]。由于企业家精神是一种无形资源，同时需要一定时间进行积累，所以，企业应该定期或有计划地对员工进行培训、到其他企业进行进修等不断地对自身的知识存量进行更新，学习最新的企业运营理念、方法，并且尽最大地可能将其应用于自身企业的工作中。企业高层管理者制定企业战略时，还需要考虑与自身企业同类型、同等地位的企业，充分认识、了解自己的竞争对手，也就是说，企业战略的制定也要考虑到外界竞争对手的变化，以最小的代价来调整企业自身的战略。

企业战略的转型涉及企业整体大方向的改变，既然是整体都会涉及的变化，那么从某种意义上就存在一定的风险，对于这一风险企业更需要给予高度重视，否则可能遭受非常严重的后果。因此，执行好企业的风险管理对于战略转型的有效实施具有非常重要的意义。外界市场环境的不确定性及复杂性已经告诉企业需要辨认清楚市场环境中存在的机遇和风险，要想能够抓住好机遇并规避掉风险，企业具备好良好的风险管理意识是首要的，而且这一点不仅是对企业领导层的要求，同时普通员工也应该具备。风险管理意识的不断渗透可以使得在企业发展过程中遇到风险时能够实施更为恰当的解决措施，优化风险管理方法，使损失达到最小。具备了风险管理的意识之后，还需要在企业中构建一套相对完善的风险预警体系，通过集体讨论筛选出适合本企业自身需要的风险影响要素，基于风险影响要素制定出风险评价的指标体系，之后更进一步对企业目前所处的风险状况给予评估，从结果中辨认企业的风险状况是否超出警戒线。通过这样的方式，不仅能够在应付风险方面做到游刃有余，也是对企业风险状况的实时监控，能够保障企业生产经营活动的正常进行。当企业在发展过程中真的遇到风险时，企业领导层应该能够冷静下思考并考虑采取何种风险应对措施，一般而言，风险应对措施包括风险回避、风险自留、风险分离、风险转移等[394]，针对具体的情况以及企业自身承受风险能力，企业选择解决风险的一种措施或将几种措施相混合的方式来进行处理，最大限度地弥补造成的损失。

针对装备制造企业所生产产品的特点，以及如今市场发展的状况，企业需要灌输以消费者需求为导向的经营理念。现在的市场经济已经不像以往计划经济以供定需的方式运行，消费者需求以及消费者满意才是企业现在应该追求的，只有满足了消费者才能最终占领产品的市场份额。因此，在战略转型的过程中，装备制造企业仍然要坚持以消费者需求为导向的经营理念。

7.1.2 企业外部网络嵌入能力的培育及提升

随着市场竞争日趋激烈以及消费者对产品的要求越来越高，从一定程度上加大了企业产品生产的成本，从而有可能出现企业产品生产所需的资源短缺或者某企业不具备某种产品生产技能。针对出现的资源、技术短缺问题，迫使企业不得不将"触角"伸向企业外部以寻求所需的资源。虽然从某种程度上，企业在企业外部寻找资源可能会增加生产成本，但是通过在企业外部寻找资源，可以与其他企业或机构进行接触了解，在这一过程中也能够使企业自身获得更为详细的市场信息，加强企业对于外界市场的反应速度。并且，针对装备制造产品的特点，它是一个非常复杂、涉及面非常广的大型产品，随着科学技术的进步，它的生产将会变得越来越有难度，这就使得装备制造产品的生产需要得到很多其他组织的支持。随着时间的推移，装备制造企业与外界的联系将从单一的关系逐步地扩大到多元，甚至会发展为网络模式，这样不仅能够使企业以更快、更便利的方式获取自身发展所需的资源，同时还可以利用各组织机构间的合作关系达到产品生产的最佳规模经济，从而使企业的综合竞争力得以提升。本书将从构建企业外部网络和管理企业外部网络成员两个方面进行分析。

从长远的角度来看，企业外部网络的建立会影响到企业同其他企业间的竞争方式，甚至会影响到企业所具备的竞争能力，构建外部网络对企业的影响重大，所以企业需要从企业战略发展的高度对要编织包含自己在内的外部网络进行识别，并且制定出合理的企业外部网络构建规划。总体而言，对于外部网络的构建需要考虑到企业今后发展中能够利用到的共享资源以及网络中自己未来合作的伙伴。合适的合作伙伴对于企业未来的发展非常重要，因此对于选择合作伙伴就提出了许多要求，应了解合作伙伴所具备的优势、劣势，以及它所拥有的优势是否是企业自身发展所需要的。基于以上这些信息，能更方便企业确认与外部网络中合作伙伴间适合进行哪种层面的合作、合作多长时间等。在初步确定企业未来合作伙伴之后，还需要考虑与合作伙伴采用哪种合作方式，针对不同类型的合作伙伴选用不同的合作方式会使其合作结果更加令企业满意，例如，对于高校、研究所等机构的合作可以采用产学研一体化平台；对于银行、证券等机构可以采用银企合作等；对于具有很强咨询能力的咨询机构可以采用战略方面的合作等[394]。但值得注意的是，企业在外部构建的网络，由于没有正式机构认证或其他形式的约束，要想及时地获取外部网络中所需的资源，要求企业利用相应的信息通信方式，实时保持企业外部网络信息的畅通，从而最大限度地利用好外部网络而获取更多有利的资源。

当企业所构建的外部网络不断扩大，并在企业网络中出现了许多同类型的合作对象，针对这样的情况，企业就要对自身所构建的外部网络成员进行合理的管理。对于企业外部网络成员的管理，本书认为主要是明确对企业自身而言，企业外部网络成员到底应该扮演何种角色以及处于网络的何种地位。一方面，基于企业自身而言，企业深入剖析自己所拥有的优势及劣势，从而明确企业需要从外界获取什么，即企业所需要的；另一方面，基于企业外部网络成员而言，需要了解它所指定的企业战略规划，以及它希望从网络中获取什么，是否能与其构成互补性资源优势。通过上述两方面的考虑，就可以依照这两方面的因素将企业外部网络成员划分为不同层次，进而使企业能够分层次、分批次地进行管理。此外，在分清楚了企业外部网络成员角色及地位的基础上，企业还应该注意到企业外部网络成员间是否存在若干个成员能够产生协同效应，即达到"1+1>2"的效果，这就需要考察网络成员间的组合优化问题。总之，企业详细掌握并管理好其外部网络对企业自身发展是非常有益的。

7.1.3 企业资源整合能力的培育及提升

企业在利用外部网络获取了所需资源之后，需要立即与企业自身所拥有资源进行匹配，确定哪些资源经过简单处理就可以拿来用，哪些资源需要重新打破后与企业内部的资源进行重新融合等。一般而言，企业资源可以划分为有形资源和无形资源，但是经过学者们深入研究之后，为了突出人力资源的特殊地位、作用，将其单独列出成为一类。通常情况下，无形资源和人力资源都需要进行整合后才能被企业所用。因此，本书将对人力资源、信息技术资源、知识资源、社会资源等无形资源进行分析。

人力资源作为一种特殊的资源，在企业的发展过程发挥了非常重要的作用。人力资源之所以很特殊，主要在于它所涉及的载体是企业的主体——人。一个企业能够健康、可持续地发展下去，最关键的因素就是企业的人力资源。在知识经济发展的今天，人才已经被认定为决定企业间竞争胜负的要素，即谁拥有了最优秀的人才，谁就能拥有稳定的竞争优势。目前，许多装备制造企业已经打出了"人才强企"的口号，希望通过人力资源的优化来带动整个企业的发展。对于企业中人力资源的管理，注重人才结构是非常重要的，企业应该在花费成本最低的条件下，组建出适合企业的一支层次合理、数量相当的人才队伍，从而达到企业健康成长的目标[394]。在知识经济时代，与人力资源密切相关的企业资源包括知识资源和信息技术资源。信息技术资源强调企业所采用的现代化科技手段，所谓"磨刀不误砍柴工"，良好的应用工具不仅能够达到预期的结果，同时还能使运行时间减少。当前对于信息技术资源，企业越来越看重信息技术的来源渠道及获取信息的速度。需要注意的是，人力资源对信息技术资源能否正常发挥具有重要的决定作用，因为信息技术资源的传播渠道和速度都需要依靠优良的人力资源作为前提，因此，有效挖掘人力资源的潜力能够促进信息技术的不断提升，进而提升企业资源整合能力。

然而，对于知识资源而言，它是企业更为深层次的要素，通常可以划分为显性知识和隐性知识，前者强调提升企业对事物的认知能力，后者主要用于提升企业的决策能力。企业的未来成长在很大程度上取决于企业所拥有隐性知识的多少。从字面上就可以看出，隐性知识所蕴含的价值要大于显性知识。因此，企业总是尽自己最大的努力将企业员工所具有的隐性知识成功转化为显性知识，将企业个人层面的隐性知识上升为组织层面的显性知识，以及通过隐性知识的开发不断更新企业已有的旧知识，从而维持企业现有的竞争优势。当然，人力资源质量好坏同样也会影响到知识资源的质量，因为知识资源，尤其是隐性知识，大多是以人为载体的。因此，处理好人力资源、信息技术资源以及知识资源的关系对于企业资源整合能力的提升具有重要意义。最后谈一下社会资源，它也是一种无形资源，主要指企业与其产品供应链上所涉及主体的合作关系，它的作用就可以比喻为装备制造企业成长过程中的润滑剂，有了它能够使企业在成长过程中更加顺利。从这个意义上说，社会资源也是不容忽视的企业资源之一。

7.1.4　企业持续创新能力的培育及提升

"创新"一词对于企业来说并不感到陌生,因为这无论在国家层面还是个人层面都已经被认定为是非常重要的要素。目前我国已经号召将国家建设为具有自主创新能力的新型国家,同时,作为创新的主体,装备制造企业在其中担任了非常重要的角色。但需要注意的是,在创新之前加上修饰词"持续",这就又对装备制造企业提出了更高的要求,即应具备一种可持续的创新能力。针对于此,本书将从构建持续创新的平台——创新型组织、创新型企业文化以及创新管理机制三个方面进行分析。

创新型组织的构建是培育持续创新能力的基础,只有拥有了创新的实体平台才有利于持续创新的实现。创新平台的组建需要应用先进的信息技术手段,在先进信息化工具的辅助下,突出创新的实质,即保证企业内各项知识的充分流动,使企业员工能及时获取需要共享的知识[394]。为了使企业能够充分地重视这一点,企业应该倡导对于知识以及知识的载体人才的尊重,进而营造出有利于创新活动开展的创新氛围。对于创新活动的开展,涉及企业全体员工的,全体员工共同努力才能以更快、更好的方式实现企业目标。因此,企业的领导者应该做出表率,他的创新行为不仅对于企业在战略、市场等许多未来发展的重大问题给予支持,而且企业领导者的带动作用也能够为其他员工的创新活动提供参考和借鉴。这也强调了团体创新活动所具有的协同创新效应,实现整体绩效大于个体绩效之和的目标。此外,搭建企业内部知识库,对于企业的创新发展具有重要意义。知识本身需要累积,累积到一定程度才能够薄发,另外,装备制造企业所进行的创新活动通常都是复杂性和难度较高的项目,通过知识库的搭建不仅可以存储所拥有的创新成果,同时还能够方便企业员工的查阅、交流及共享,更为重要的是,它能够为以后的创新活动提供基础和保障。

创新活动在企业成长中具有非常重要的地位,那么为了更好地使创新活动顺利实施,企业可以利用具有软实力之称的企业文化,也就是说企业应该培育创新型企业文化。它可以激发企业员工的进取精神,进而触发深藏在体内的创新意识。在形成创新企业文化的过程中,企业领导者起到非常重要的带动作用,领导者的行为很容易被企业其他员工所关注到并且会被别人模仿。要想顺利实施创新活动,企业应当具备开展创新活动的基本要求,也就是,企业在开展创新活动的领域已经掌握了相当丰富的创新现状。只有了解了创新的现状,才能确定企业目前自身所处的位置,以及下一步需要努力的方向。

因此，获取创新现状是一项非常重要且耗费时间的工作。企业应该发挥全体员工的力量，通过集体间知识的共享，达到尽快全面掌握创新现状的目的，为后续的创新活动提供便利。在具备了创新实体平台及创新型企业文化之后，良好的创新管理机制也是企业实施创新活动过程中所需要的。它强调企业处理好学习与创新间的关系，使企业员工明白学习是创新的基础，创新是学习的动力，两者紧密联系，不能分开。

7.1.5 企业柔性生产能力的培育及提升

随着经济社会的快速发展，作为生产产品的终端，消费者对其提出了越来越高的要求，普通化、大众化的产品已满足不了他们的需求，个性化、定制化要求变得越来越普遍。这同时适用于装备制造产品。不仅消费者的需求变得越来越多样化，装备制造产品自身具有的生产周期长、结构复杂等特点都对装备制造企业的反应速度和柔性生产提出了要求。因此，要想装备制造企业能够更加健康、稳定地成长，具备因人而异、因时制宜的柔性生产能力是迫切需要的要素。由于企业的柔性生产能力强调企业内部生产过程中具有通畅的沟通渠道及沟通机制，本书将从生产组织结构、生产管理体系及生产反应机制三个方面进行分析。

柔性生产能力的提升，就是企业能够更好地适应外部环境的变化，处理好临时发生的生产状况，并以微小的调整来应对意想不到的变化。要想达到这一目标，企业自身需要具备较强的创新能力，通过自身拥有的高级产品生产工艺或生产技术，以最快、最有效的方式来满足外界不断变化的需求。此外，还需要强调企业员工在这一过程中的重要作用，因为所有的这些活动都是由人参与、由人执行完成的。因此，对于企业员工的管理是一个非常重要的问题。组建团队型生产组织对于企业的柔性生产具有非常重要的作用。在团队型生产组织中，企业员工可以互相交流、互相学习，这样有利于员工隐性知识的转化与共享，同时可以促进企业员工间的凝聚力[394]。当然，组建团队型生产组织还应该针对企业不同层级的员工，分清各自的主要职责，即高层管理者主要考虑企业整体的发展方向；部门管理者主要考虑上下级间工作的衔接、沟通；基层管理者主要考虑生产实践、生产技能工艺的提升问题。除此之外，对于规模较大的装备制造企业而言，还需要注意生产组织幅度的问题，合理地授权于员工，使得组织层级减少，不仅有利于企业内部沟通的及时，而且能够降低企业的正常运营成本。

装备制造企业的柔性生产还应该体现在对产品生产全过程的实时监控管

理之下。为了能够使企业产品生产流程更加规范、有序,装备制造企业应该运用先进的计算机网络等技术将大量的信息数据进行集成化管理。通过信息技术手段的应用,增强企业对产品生产的可控制能力,只有对企业自身的生产做到了如指掌,才能在应对外界变化时做出正确、及时的决策。企业内部还应制定出完善的生产反应机制,将生产的各个环节进行细化,把所有的准备工作都做在事前,这样企业所制定的发展规划才可能一步一步地得以实现。

7.2 提升装备制造企业成长能力自身效率的对策

根据第3章对我国装备制造企业成长能力现状及问题的分析,发现虽然从时间序列、空间位置、行业特征三个维度来看,我国装备制造企业成长能力总体上还比较良好,但是上述三个方面的描述都只是从我国装备制造企业自身纵向发展给予的分析,并没与其他国家或地区进行横向比较。在竞争日趋激烈的今天,与国外发达国家的装备制造企业相比,我国装备制造企业仍然存在一定的差距,本书从配置资源方面提出了我国装备制造企业成长能力存在的主要问题。根据第6章对2011年我国装备制造企业成长能力效率进行评价,实证结果表明我国装备制造企业成长能力发展不均衡,且呈现出哑铃形分布,装备制造企业存在资源投入规模和结构不合理的情况。显然,针对上述研究所获得的结论表明我国装备制造企业成长能力效率有待进一步提升,本书将从加强管理资源投入的配置以及加强完善行业市场的结构两方面提出相应的对策,以期能够缓解甚至解决上述存在的问题。

7.2.1 加强管理资源投入的配置

在装备制造企业正常的运营过程中,企业都希望能够以较少的资源投入而获得较多的产出,强调生产成本的最小化,其实这就是从经济学角度反映了企业的效率问题。处理好资源投入的配置问题能够使有限的资源被运用于恰当的位置,从而提升资源本身的利用率。针对如何加强管理我国装备制造企业资源投入的配置,本书将从市场机制、资源分配体制以及资源共享体系三个方面进行分析。

面对国内外激烈的市场竞争,以及企业对于利益的驱使,迫使装备制造企业对有限的资源进行优化配置,激烈的市场竞争机制才能够有效地促进装备制造企业的发展,并且加快资源的流动速度。在信息化发展的今天,装备制造企业应该利用互联网等信息技术手段,尽可能多地收集对企业发展有利的信息,在知识大爆炸的经济时代,信息渠道的顺畅能够带来丰富的利益。

在收集外界信息时，需要更多地关注针对企业所生产产品的特点，预判出未来市场的需求量，同时，更进一步地挖掘出可能满足未来消费者需求的新趋势，创造出具有市场前景的新产品。另外，在企业自身创新能力较为薄弱的时候，应该更多地与大学、科研机构等进行合作，共同探寻未来市场中可能蕴藏的商业机遇，及时并主动地利用通过可行性论证的新项目进行资源投入，处理与合作伙伴间的关系。需要注意的是，在选择大学、科研机构等合作伙伴时，应该注重联合那些正好与本企业形成优势互补、互助的单位，注重该单位的诚信，使得能够为今后资源投入的实施给予保障。此外，在新产品项目创新成功后，还应该及时地申请专利寻求知识产权的保护，以更便利地寻求到产品的受众群体，提升企业的经济利益，最终达到多方共赢的目标。在对信息的更新、获取过程中，需要装备制造企业能够非常清楚、详细地了解自身所拥有资源的评估状态，基于此才能更快、更准确地推行上述方案的实现。

　　回顾装备制造企业的发展历程，我国相关部门一直以来都非常重视它的发展。例如，可以从国家对装备制造企业的科技等方面资源投入来看，大部分的资源都被分配给了一些国家控股的装备制造企业，但是目前仍存在装备制造企业不能健康成长的问题，从某种程度上说，这是因为那些被分配出去的资源并没有遵循以效率为导向的分配机制，不仅没有达到提升装备制造企业成长能力效率的作用，而且还会对装备制造企业的成长带来一些负面影响。众所周知，我国目前的装备制造企业资源分配方式，尤其是科技资源，仍然是由国家控制着。对于那些规模上可以称作大型的装备制造企业以及能够在某个行业中处于垄断地位的装备制造企业，它们在资源分配中都占据了很大的比重。但是，有些国企或者国有控股企业，它们都存在工作积极性不高、工作激励措施不健全的问题，最终导致自身的装备制造企业缺乏效率[395]。基于此，对于坚持多种所有制并存的同时，倡导以效率为导向的装备制造企业投入资源配置机制对我国装备制造企业的发展非常有益。要达到这一目标，仍然需要进行国有企业的深化改革，渐渐融合现代企业的管理制度，促使装备制造企业的资源分配机制更加完善。激活企业中最为活跃的人这一要素，挖掘企业员工的创新精神，使其在工作中主动从事创新性项目，提升企业整体工作效率。对于一些非公有制企业应该给予大力发展，它们所具有的某些特质正是我国很多国有企业或国有控股企业所需要的，能够与国有企业或国有控股企业形成良好的互补。此外，还应该需要注意的是，对于企业所拥有的高效率性，在一定程度上它是可以向外溢出的，也就是在经济全球化发展的过程中,我国装备制造企业应该抓住机会,更好地与国内外优良企业进行良性互动,吸收更为有效的资源分配制度,从而达到双赢的目的。

如今对于资源的界定已经不再仅局限于人、财、物等传统的划分方式,知识、信息等无形资源已经成为企业间耳熟能详的重要资源,同时,知识、信息等无形资源具有边际效益递增的优点,也就是说,使用者越多,此种资源越有价值。因此,针对某区域内的装备制造企业就可以通过达成某种资源共享体系,将各自拥有的资源与其他企业分享、相互补充,使得体系内的企业都能获益。这样不仅发挥了资源的最大价值,同时也加强了企业间的合作。

7.2.2 加强完善行业市场的结构

在现代经济理论中,竞争被认为是一剂良药,它能够使杂乱无章变为有序。对于市场结构,根据市场中供应者和需求者的状况可以划分为完全竞争市场、寡头市场、垄断市场等。太过于分散、参与竞争太多的完全竞争市场有可能会造成竞争过度,这从某种程度上会造成资源的浪费,而介于完全竞争市场和垄断市场之间的一种市场结构状态,能够避免过度竞争造成的资源浪费,同时还能够达到集合一些资源来办成大事的效果。因此,针对我国装备制造企业的发展,应该进一步突出其在行业中的主体地位,提升市场集中度以及实现装备制造企业生产的规模经济效益。

由于我国在工业经济发展过程中遗留下来的历史原因,装备制造企业有很大一部分归属于国有企业或国有控股企业,同时,与现代化企业相比,国有企业或国有控股企业存在许多不足与缺点,这就使得对于国有企业或国有控股企业的深化改革势在必行[395]。当然,这是需要花费一段时间的事情,因为它与我国现行的经济体制也密切相关。对于国有企业或国有控股企业的改革,企业的产权关系、产权结构治理与改善是进行有效改革的有效方式。只有早日使我国装备制造企业成为具有自主经营的市场经济主体,装备制造企业才能够更加健康地发展。随着经济的发展,企业生存的外部环境正越来越复杂,要想在市场中站住脚跟不被淘汰掉,企业就需要不断地进行创新。高质量的创新成果能够使企业获取竞争优势,成为行业中的佼佼者。但是,在进行创新的过程中,还需要注意创新风险的转移。由于创新活动成功与否会受到很多不确定因素的影响,因此,装备制造企业应该充分考虑创新活动流程并将其给予细化,尽量将风险进行分摊,以最大的努力实现创新产品的成功。随着我国经济改革开放的不断深化,许多国外的优秀企业进驻了我国,这对于我国装备制造企业既是一次挑战同时也是一次机遇,我国装备制造企业可以借鉴国外优秀装备制造企业成长的成功经验，同时还应该学习提升企业运营效率的管理技术与方法，将成功的经验与科学的研究方法相结合，取其长处，以实现装备制造企业健康、可持续成长的目标。

纵观当今工业企业的发展过程，可以发现许多优秀的制造企业，尤其是装备制造企业经历了多次重组并购的商业活动，这些举措说明许多国家的装备制造企业的发展采用了大企业战略，通过组建大型企业来达到资源配置的合理化。根据装备制造企业本身的特点，也同样能够说明大企业战略是一个可行的办法。因为，装备制造产品通常是比较大型、复杂的产品，其生产需要具备非常精密的设备，这些设备的更新换代会不断地提升产品质量，但还需要支付高额的资金，这就导致一些规模、资金不够的小型装备制造企业采购已被淘汰的设备继续进行生产，这样不仅浪费了资源的投入，而且还阻碍了装备制造产品生产技术的进步，最终只能被市场所淘汰。因此，我国装备制造企业应该摒弃以生产装备制造产品数量的多少来进行竞争，应该通过培育大型企业，以高质量的装备产品占领国内外的市场份额，实现资源本身应有的价值。

针对装备制造企业自身具有的特点，应该发挥制造企业的规模经济效益。对于这一点，需要装备制造企业自身不断学习新的生产工艺、技术来提高产品生产效率，同时，政府也应该给予优惠政策，通过跨行业、跨区域协调有利于装备制造企业成长所需的资源，打破企业间的界限，以生产成套装备制造产品为契机，使资源能够被更为合理地配置，打造先进制造工业生产基地。

7.3 本章小结

结合前六章的理论和实证分析结果以及提高我国装备制造企业成长能力的目标，本章从提升装备制造企业成长能力的作用效果和自身效率两个方面进行了研究。其中，在提升装备制造企业成长能力作用效果方面，分别对企业战略转型能力、外部网络嵌入能力、资源整合能力、持续创新能力以及柔性生产能力的培育及提升给出了相应对策，只有装备制造企业成长能力的五个子能力都提高了，装备制造企业成长能力整体上才能提高；在提升装备制造企业成长能力自身效率方面，主要从加强管理资源投入的配置和加强完善行业市场的结构两方面给予了分析。通过上述对策的提出，为我国装备制造企业健康、可持续成长做出贡献。

结 论

本书围绕目前我国装备制造企业发展过程中所表现出的成长问题,结合企业成长理论、企业能力理论、组织管理理论、协同学理论等研究成果,提出研究企业成长能力问题是企业可持续成长的重点,进而沿着装备制造企业成长能力结构维度—各维度间关系—作用机制—效率评价的研究路径,采用综合评价方法、对比分析方法、理论推理演绎方法以及实证分析方法的研究方法,致力于对装备制造企业成长能力进行研究。作为一项开创性的工作,本书主要得到如下结论。

第一,本书在对装备制造企业内涵及其所具有的外部效应和特殊地位分析的基础上,从属性的视角挖掘装备制造企业的先进性属性,并且从经济、科技、环境、能源、社会五个方面构建了装备制造企业先进性属性体现程度的评价指标体系以及基于动态因子分析方法的评价模型,定量分析了1988—2010年我国装备制造企业先进性体现程度的变化,发现在评价期间,我国装备制造企业只有约23%的时期其先进性属性体现程度较高,同时,反映了我国装备制造企业当前需要加强环境保护和社会责任的投入。在此基础上,通过结合装备制造企业先进性体现程度不高的原因以及组合与属性的哲学原理,推导出装备制造企业成长能力是决定企业成长状况的根本因素,进而引出本书的研究对象。

第二,本书通过对装备制造企业成长能力内涵及特征的分析,得出装备制造企业成长能力是一种复合能力并且具有价值性和稀缺性、动态性和创新性、复杂性和过程性、系统性和开放性的特征。在此基础上,从纵向的时间序列(2001—2011年)、横向的空间位置(我国31个省市区)以及各行业特色(装备制造业所包含的七大类)三个维度分别对我国装备制造企业成长的经济效益、社会责任、科技水平三个方面进行了比较分析,并得出了2001—2011年我国装备制造企业成长能力在经济效益、社会责任、科技水平三个方面现状良好。并且,通过对装备制造企业成长的经济效益—社会责任—科技水平系统采用了时序度模型和协同度模型,得出了2004—2010年我国装备制造企业成长的经济效益、社会责任和科技水平子系统的有序度在逐步提高,说明改革开放以来,我国装备制造企业对国民经济、社会发展及科技进步起到了推动作用。同时,从2005—2010年我国装备制造企业成长的经济效益—

社会责任、社会责任—科技水平、经济效益—科技水平及经济效益—社会责任—科技水平的协同度具有相似的变化趋势。虽然它们都处于波动不稳定状态，但是总体而言，我国装备制造企业成长能力状况良好，具有上升的显著趋势。值得注意的是，尽管我国装备制造企业成长的经济效益、社会责任、科技水平子系统间及整个系统的协同度具有向上的趋势，但因为仍然存在较大波动性，同时与发达国家装备制造企业存在较大差距，反映出我国装备制造企业成长能力还存在企业内部 R&D 资源配置不合理、与国外企业网络化联盟程度低等一些亟须解决的问题。

第三，根据系统理论，本书分别从战略转型视角、外部网络嵌入视角、资源整合视角、持续创新视角及装备制造产品特点五个方面，从理论上分析了装备制造企业成长能力所包含的五个子能力结构维度，即战略转型子能力、外部网络嵌入子能力、资源整合子能力、持续创新子能力、柔性生产子能力。并且，通过编制装备制造企业成长能力初始量表以及应用调查问卷的方式收集数据，采用探索性因子分析和验证性因子分析对最终装备制造企业成长能力的五维结构给予了验证。在此基础上，基于协同视角运用布尔运算理论得到了装备制造企业成长能力系统中的五个子能力间具有相互影响、相互作用的协同关系，同时，运用序参量理论对装备制造企业成长能力系统进行了分析，得到了作为序参量的持续创新子能力对装备制造企业成长能力系统协同演化具有支配和控制作用。

第四，通过理论推理的方式，本书引入组织学习过程、知识交易、结构资本、企业绩效等变量，构建了装备制造企业成长能力作用机制理论研究框架，将其作为对装备制造企业成长能力作用效果的评价，基于此，应用问卷调查的方式获取实证研究所需的原始数据，在利用投影寻踪法优化原始数据的基础上，采用典型相关分析、基于 Bootstrap 的结构方程模型、层次回归分析分别对装备制造企业成长能力对企业绩效的主效应、组织学习过程的前置效应、知识交易的中介效应以及结构资本的调节效应进行了实证分析。实证结果表明：组织学习过程有利于提升装备制造企业成长能力；装备制造企业成长能力有利于提升企业绩效；装备制造企业成长能力有利于知识交易顺利开展；知识交易有利于提升企业绩效；知识交易在装备制造企业成长能力与企业绩效的关系中起到中介作用；结构资本正向调节装备制造企业成长能力与企业绩效之间的相互关系。

第五，鉴于对装备制造企业成长能力评价的完整性考虑，本书根据装备制造企业成长能力效率评价指标体系构建原则，应用群组决策特征根法、相关性法、变差系数法对初选评价指标体系进行了筛选，从投入产出视角构建了装备制造企业成长能力效率评价指标体系，在此基础上，基于组合评价思想构建了装备制造企业成长能力效率评价模型，包括改进 DEA 的 PCA-DEA-TOPSIS 及 Ward 聚类法，对 2011 年我国装备制造企业成长能力效率进行评价及聚类分析。实证结果表明：2011 年我国装备制造企业成长能力整体效率水平良好，但呈现出哑铃形分布，以及我国装备制造企业成长能力发展情况受到省级行政区所在地的影响。

第六，结合前六章的理论和实证分析结果以及提高我国装备制造企业成长能力的目标，沿着整体研究维度的划分，本书从提升装备制造企业成长能力的作用效果和自身效率两个方面进行了研究。其中，在提升装备制造企业成长能力作用效果方面，分别对企业战略转型能力、外部网络嵌入能力、资源整合能力、持续创新能力以及柔性生产能力的培育及提升给出了相应对策，只有装备制造企业成长能力的五个子能力都提高了，装备制造企业成长能力整体上才能提高；在提升装备制造企业成长能力自身效率方面，主要从加强管理资源投入的配置和加强完善行业市场的结构两方面给予了分析。

本书在定义装备制造企业成长能力概念的基础上，对装备制造企业成长能力的结构维度、各维度间关系、作用机制进行了定性和定量分析，同时构建了装备制造企业成长能力效率评价指标体系并进行了实证分析，最后提出了促进装备制造企业成长能力提升的对策。但由于时间有限以及本人研究能力有限，本研究还存在可以进一步改善的地方，例如：（1）对装备制造企业成长能力作用机制研究中，调查问卷的范围及对象可以进一步扩大；（2）可以通过获取纵向时间序列的数据，对装备制造企业成长能力效率进行动态评价；（3）在分析了装备制造企业成长能力结构维度、各维度间关系、作用机制以及效率评价的基础上，对装备制造企业成长能力各维度间关系、作用机制等背后的边界条件等问题是今后研究的趋势。

参考文献

[1] 路甬祥. 团结奋斗开拓创新建设制造强国 [J]. 设备管理与维修, 2002 (12): 7-11.

[2] 陈柳钦. 加快发展和振兴我国高端装备制造业对策研究 [J]. 创新, 2011 (6): 55-62.

[3] 阎志军. 民族企业及国家视角下的自主品牌 [J]. 国际经济合作, 2012 (9): 48-51.

[4] 白玉川. 消除数控系统与数控机床的"两张皮"现象 [J]. 中国制造业信息化, 2012 (8): 19-20.

[5] 张学文. 我国公共投资固定资本存量最优规模实证分析 [J]. 城市问题, 2012 (9): 12-16.

[6] Linda F. Edelman, Candida G. Brush, Tatiana Manolova. Co-alignment in the resource-performance relationship: strategy as mediator [J]. Journal of Business Venturing, 2005 (20): 359-383.

[7] Sumit K. Majumdar, Hsihui Chang. Technology diffusion and firm performance: It pays to join the digital bandwagon! [J]. Technology in Society, 2010 (32): 100-109.

[8] Yasuhiro Yamakawa, Haibin Yang, Zhiang Lin. Exploration versus exploitation in alliance portfolio: Performance implications of organizational, strategic, and environmental fit [J]. Research Policy, 2011 (40): 287-296.

[9] Jee-hae Lim, Theophanis C. Stratopoulos, Tony S. Wirjanto. Role of IT executives in the firm's ability to achieve competitve advantage through IT capability [J]. International Journal of Accounting Information Systems, 2012 (13): 21-40.

[10] Katharine Wakelin. Innovation and export behaviour at the firm level [J]. Research Policy, 1998 (26): 829-841.

[11] Nabil Amara, Rejean Landry. Sources of information as determinants of novelty of innovation in manufacturing firms: evidence from the 1999 statistics Canada innovation survey [J]. Technovation, 2005 (25): 245-259.

[12] Mario I. Kafouros, Peter J. Buckley, John A. Sharp, Chengqi Wang.

The role of internationalization in explaining innovation performance [J]. Technovation, 2008 (28): 63-74.

[13] Philip R. Tomlinson. Co-operative ties and innovation: Some new evidence for UK manufacturing [J]. Research Policy, 2010 (39): 762-775.

[14] Carmen Perez-Cano. Firm size and appropriability of the results of innovation [J]. Journal of Engineering and Technology Management, 2013 (30): 209-226.

[15] Gyula Vastag, D. Clay Whybark. Is anybody listening? An investigation into popular advice and actual practices [J]. International journal of production economics, 2003 (81-82): 115-128.

[16] Robert Grosse, Alejandro Fonseca. Learning through imports in the internationalization process [J]. Journal of International Management, 2012 (18): 366-378.

[17] Indranil Bose, Raktim Pal. Do green supply chain management initiatives impact stock prices of firms? [J]. Decision Support Systems, 2012 (52): 624-634.

[18] Frederic Delmar, Per Davidsson, William B. Gartner. Arriving at the high-growth firm [J]. Journal of Business Venturing, 2003 (18): 189-216.

[19] Kwangmin Park, SooCheong Jang. Firm growth patterns: Examing the associations with firm size and internationalization [J]. International Journal of Hospitality Mangement, 2010 (29): 368-377.

[20] Chang-Yang Lee. A theory of firm growth: Learning capability, knowledge threshold, and patterns of growth [J]. Research Policy, 2010 (39): 278-289.

[21] Mohammad M. Rahaman. Access to financing and firm growth [J]. Journal of Banking & Finance, 2011 (35): 709-723.

[22] Francisco J. Granados, David Knoke. Organizational status growth and structure: An alliance network analysis [J]. Social Networks, 2013 (35): 62-74.

[23] Prakash K. Chathoth, Michael D. Olsen. Does corporate growth really matter in the restaurant industry? [J]. International Journal of Hospitality Management, 2007 (26): 66-80.

[24] Jose F. Molina-Azorin, Jorge Pereira-Moliner, Enrique Claver-Cortes.

The importance of the firm and destination effects to explain firm performance [J]. Tourism Management, 2010 (31): 22-28.

[25] Tariq Malik. Disparate association between alliance social capital and the global pharmaceutical firm's performance [J]. International Business Review, 2012 (21): 1017-1028.

[26] Alex Coad, Agusti Segarra, Mercedes Teruel. Like milk or wine: Does firm performance improve with age? [J]. Structural Change and Economic Dynamics, 2013 (24): 173-189.

[27] Iraj Hashi, Nebojsa Stojcic. The impact of innovation activities on firm performance using a multi-stage model: Evidence from the Community Innovation Survey 4 [J]. Research Policy, 2013 (42): 353-366.

[28] Thomas Hutzschenreuter, Julian Horstkotte. Managerial services and complexity in a firm's expansion process: An empirical study of the impact on the growth of the firm [J]. European Management Journal, 2013 (31): 137-151.

[29] Marcel Fafchamps, Matthias Schundeln. Local finacial development and firm performance: Evidence from Morocco [J]. Journal of Development Economics, 2013 (103): 15-28.

[30] Mansfield E. Entry, Gibrat's Law, innovation and the growth of firms [J]. American Economic Review, 1962 (52): 1023-1051.

[31] Geroski P. The profitability of innovating firms [J]. Journal of Economics, 1993 (24): 198-211.

[32] Ernst H. Patent applications and subsequent changes of performance: evidence from time-series cross-section analyses on the firm level [J]. Research Plicy, 2001 (30): 143-157.

[33] Del Monte A., Papagni, E. R&D and the growth of firms: empirical analysis of a panel of Italian firm [J]. Research Policy, 2003 (32): 1003-1014.

[34] Cefis E., Marsili O. A matter of life and death: innovation and firm survival [J]. Industrial and Corporate Change, 2005 (14): 1167-1192.

[35] Coad A., Rao R. Innvation and firm growth in high-tech sector: a quantile regression approach [J]. Reserch Policy, 2008 (37): 633-648.

[36] Cassia L., Colombelli A. Firms'growth: does the innovation system matter? [J]. Structural Change and Economic Dynamics, 2009 (20): 211-220.

[37] Corsino M. Gabriele R. Product innovation and firm growth: evidence

from the integrated circuits industry [J]. Industrial and Corporate Change, 2010 (20): 29-56.

[38] Alessandra Colombelli, Naciba Haned, Christian Le Bas. On firm growth and innovation: Some new empirical perspective using French CIS (1992-2004) [J]. Structural Change and Economic Dynamics, 2013 (26): 14-26.

[39] K. Hafeez, N. Malak, Y. B. Zhang. Outsourcing non-core assets and competences of a firm using analytic hierarchy process [J]. Computers & Operations Research, 2007 (34): 3592-3608.

[40] Chun-hsien Wang, Iuan-yuan Lu, Chie-bein Chen. Evaluating firm technological innovation capability under uncertainty [J]. Technovation, 2008 (28): 349-363.

[41] M. Amiri, M. Zandieh, R. Soltani, B. Vahdani. A hybrid multi-criteria decision-making model for firms competence evaluation [J]. Expert Systems with Application, 2009 (36): 12314-12322.

[42] Ming-Lang Tseng. Using a hybrid MCDM model to evaluate firm environmental knowledge management in uncertainty [J]. Applied Soft Computing, 2011 (11): 1340-1352.

[43] Yuanhsu Lin, Ming-Lang Tseng, Chih-Cheng Chen, Anthony S. F. Chiu. Positioning strategic competitiveness of green business innovation capabilities using hybrid method [J]. Expert System with Applications, 2011 (38): 1839-1849.

[44] P. Banerjee. Resource dependence and core competence: insight from Indian software firms [J]. Technovation, 2003 (23): 251-263.

[45] Hyun-Soo Han, Jae-Nam Lee, Yun-Weon Seo. Analyzing the impact of a firm's capability on outsourcing success: A process perspective [J]. Information & Management, 2008 (45): 31-42.

[46] Xiaoyun Chen, Huan Zou, Danny T. Wang. How do new ventures grow? Firm capabilities, growth strategies and performance [J]. International Journal of Research in Marketing, 2009 (26): 294-303.

[47] Ali E. Akgun, Halit Keskin, John Byrne. Organizational emotional capability, product and process innovation, and firm performance: An empirical analysis [J]. Journal of Engineering and Technology Management, 2009 (26): 103-130.

[48] Garrick Blalock, Paul J. Gertler. How firm capabilities affect who benefits from foreign technology [J]. Journal of Development Economics, 2009 (90): 192-199.

[49] Cesar Camison, Beatriz Fores. Knowledge creation and absorptive capacity: The effect of intra-district shared competences [J]. Scandinavian Journal of Management, 2011 (27): 66-86.

[50] Anna Lamin, Denise Dunlap. Complex technological capabilities in emerging economy firms: The role of organizational relationships [J]. Journal of International Mangement, 2011 (17): 211-228.

[51] Cesar Camison, Ana Villa-Lopez. Organizational innovation as an enabler of technological innovation capabilities and firm performance [J]. Journal of Business Research, 2012, doi: 10.1016/j.jbusres.2012.06.004.

[52] Jian-Liang Chen. The synergistic effects of IT-enabled resources on organizational capabilities and firm performance [J]. Information & Management, 2012 (49): 142-150.

[53] Sui-Hua Yu. Social captial, absorptive capability, and firm innvation [J]. Technological Forecasting & Social Change, 2013 (80): 1261-1270.

[54] Felicia M. Fai. Using intellectual property data to analyse China's growing technological capabilities [J]. World Patent Information, 2005 (27): 49-61.

[55] Peilei Fan. Catching up through developing innovation capability: evidence from China's telecom-equipment industry [J]. Technovaion, 2006 (26): 359-368.

[56] Mei-Chih Hu, John A. Mathews. China's national innovative capacity [J]. Research Policy, 2008 (37): 1465-1479.

[57] Wendy Dobson, A. E. Safarian. The transition from imitation to innovation: An enquiry into China's evolving institutions and firm capabilities [J]. Journal of Asian Economics, 2008 (19): 301-311.

[58] Kazuyuki Motohashi. Assessment of technological capability in science industry linkage in China by patent database [J]. World Patent Information, 2008 (30): 225-232.

[59] Xibao Li. China's regional innovation capacity in transitions: An empirical approach [J]. Research Policy, 2009 (38): 338-357.

[60] Louis T. W. Cheng, Ricky Y. K. Chan, T. Y. Leung. Management demography and corporate performance: Evidence from China [J]. International Business Review, 2010 (19): 261-275.

[61] Zhigang Shou, Jun Chen, Wenting Zhu, Lihua Yang. Firm capability and performance in China: The moderating role of guanxi and institutional forces in domestic and foreign contexts [J]. Journal of Business Research, 2012, http://dx.doi.org/10.1016/j.jbusres,.2012.11.014.

[62] 许之伟, 刘永贤, 盛忠起. 基于 UML 的装备制造产品生产线仿真模型与实现 [J]. 组合机床与自动化加工技术, 2006 (12): 96-101.

[63] 李兵. 基于战略目标的装备制造企业绩效管理初探 [J]. 建设机械技术与管理, 2009 (7): 98-101.

[64] 邸晋英. 基于平衡记分卡的铁路装备制造企业战略绩效管理体系 [J]. 城市轨道交通研究, 2010 (10): 14-17.

[65] 戴勇. 服务备件物流绩效: 基于管理技术影响的实证分析 [J]. 经济管理, 2010 (32): 152-158.

[66] 徐松杰. 电力设备制造外包供方的评价与选择 [J]. 河南工程学院学报 (自然科学版), 2011 (23): 34-38.

[67] 李柏洲, 周森. 企业外部知识获取方式与转包绩效关系的研究——以航空装备制造企业为例 [J]. 科学学研究, 2012 (30): 1564-1572.

[68] 何玉静. 组织承诺对酒泉新能源装备制造企业员工工作绩效的影响 [J]. 商业文化, 2012 (6): 30-31.

[69] 李兵. 装备制造企业研发绩效管理研究 [J]. 机电信息, 2012 (2): 15-19.

[70] 段一群, 李东, 李廉水. 中国装备制造企业技术创新与经济效益的关联分析 [J]. 工业技术经济, 2009 (28): 87-91.

[71] 陈劲, 吴波. 开放式技术创新范式下企业全面创新投入研究 [J]. 管理工程学报, 2011 (25): 227-234.

[72] 谭蓉娟. 珠三角装备制造业自主创新模式与创新绩效影响因素实证研究 [J]. 科技管理研究, 2011 (22): 1-6.

[73] 翟青, 甄珍, 文丰, 等. 大型企业中央研究院创新运作机制研究——以国际领先装备制造企业为例 [J]. 科学学与科学技术管理, 2011 (32): 89-97.

[74] 孙冰, 周大铭. 基于改进 DEA 的装备制造企业自主创新现状评价

与实证研究[J].科技进步与对策,2011(28):106-109.

[75] 周文涛.研发网络化对企业技术创新的影响——东北装备制造企业的经验[J].现代产业经济,2013(6):49-55.

[76] 胡耀辉.产业技术创新链:我国企业从模仿到自主创新的路径突破[J].科技进步与对策,2013(30):66-69.

[77] 罗明,马卫.面向装备制造业供应链管理信息系统结构分析[J].物流技术,2008(27):108-110.

[78] 陈占夺.基于流程的装备制造业复杂产品成本控制研究[J].中大管理研究,2008(3):113-126.

[79] 汪克夷,张爽,冯桂萍.基于敏捷供应链的装备制造业供应商评价体系[J].科技与管理,2010(12):62-66.

[80] 曹渝昆,李云峰,王琛.装备制造企业生产物流仿真系统[J].计算机系统应用,2011(20):12-16.

[81] 李云峰,王琛.装备制造企业供应商综合评价系统[J].计算机技术与发展,2012(22):149-152.

[82] 韩丹丹,曹雨薇.基于径向基神经网络的装备制造业供应商选择研究[J].经营管理者,2013(8):15-16.

[83] 李永福,冯俊文.重型装备制造企业基于客户需求意向提前采购问题决策研究[J].中国管理信息化,2013(16):58-60.

[84] 谢凤华,缪仁炳.我国企业成长模式及其特点研究[J].经济问题探索,2004(12):40-42.

[85] 饶扬德,梅洪常,王学军.创新协同驱动型企业成长模式分析[J].中国科技论坛,2008(7):64-68.

[86] 吴立平.我国民营企业成长模式刍议[J].求是学刊,2008(35):50-54.

[87] 梁强,张锦华.基于虚拟经营的体育用品企业成长模式[J].体育科研,2008(29):50-52.

[88] 王建军.企业成长模式及其影响因素研究[J].技术经济与管理研究,2010(6):86-89.

[89] 曹兴,陈琦,郭然.高技术企业成长模式重构及实现方式[J].管理学报,2010(4):570-576.

[90] 马勤,刘青.企业成长模式探析——基于"两型社会"建设的视角[J].工业技术经济,2011(6):116-120.

[91] 李鹏, 郭晓川. 知识经济环境下的资源型企业成长模式研究 [J]. 煤炭经济研究, 2011 (31): 13-18.

[92] 张玉明, 张会荣. 自组织创新式企业成长模式——基于九阳的研究 [J]. 管理案例研究与评论, 2012 (5): 128-134.

[93] 范钧, 王进伟. 网络能力、隐性知识获取与新创企业成长绩效 [J]. 科学学研究, 2011 (29): 1365-1373.

[94] 邵俊岗, 常林朝. 接触与在孵企业成长绩效的实证研究 [J]. 研究与发展管理, 2011 (23): 106-112.

[95] 窦红宾, 王正斌. 网络结构对企业成长绩效的影响研究——利用性学习、探索性学习的中介作用 [J]. 南开管理评论, 2011 (14): 15-25.

[96] 刘井建. 创业学习对新创企业成长绩效的作用机理研究 [J]. 哈尔滨工程大学学报, 2011 (32): 519-524.

[97] 王林雪, 刘喜梅. 企业家社会资本转化为企业成长绩效的过程机理研究 [J]. 西安电子科技大学学报（社会科学版）, 2011 (21): 20-24.

[98] 窦红宾, 王正斌. 网络结构、知识资源获取对企业成长绩效的影响——以西安光电子产业集群为例 [J]. 研究与发展管理, 2012 (24): 44-51.

[99] 吴俊杰, 戴军. 企业家社会网络、组织能力与集群企业成长绩效 [J]. 管理学报, 2013 (10): 516-523.

[100] 庄晋财, 张长伟, 程李梅. 网络嵌入对新创企业成长绩效的影响机理研究——以温氏集团为例 [J]. 云南财经大学学报, 2013 (1): 153-160.

[101] 潘安成. 基于知识创新的企业成长内在机理模型研究 [J]. 中国管理科学, 2008 (16): 170-174.

[102] 陈晓红, 李喜华, 曹裕. 技术创新对中小企业成长的影响——基于我国中小企业板上市公司的实证分析 [J]. 科学学与科学技术管理, 2009 (4): 91-98.

[103] 王勇, 程源, 雷家骕. IT 企业技术创新能力与企业成长的相关性实证研究 [J]. 科学学研究, 2010 (28): 316-320.

[104] 王永伟, 刘胜春. 技术创新在企业成长中的演化分析 [J]. 华东经济管理, 2011 (25): 87-91.

[105] 王燕妮, 张永安. 自主品牌汽车核心企业成长过程中创新网络作用规律研究 [J]. 软科学, 2012 (26): 10-14.

[106] 汪建, 赵驰, 周勤. 基于创新驱动的企业成长研究综述 [J]. 江

苏社会科学, 2012（4）: 69-74.

[107] 王亚娟. 企业成长不同阶段的创新驱动力研究 [J]. 洛阳师范学院学报, 2013（32）: 103-106.

[108] 汪孟艳, 陈通. 基于企业成长视角的产学研合作创新网络研究 [J]. 中国农机化学报, 2013（34）: 54-57.

[109] 文风. 基于竞争优势的供应链核心企业能力评价研究 [J]. 科技进步与对策, 2004（9）: 44-46.

[110] 何琳, 丁慧平. 基于顾客价值的物流企业能力要素分析及评价 [J]. 复旦学报（自然科学版）, 2007（46）: 497-504.

[111] 杨波, 殷国鹏. 中国IT服务外包企业能力研究 [J]. 管理学报, 2010（7）: 199-203.

[112] 范新华. 企业危机管理能力的静态与动态评价 [J]. 统计与决策, 2010（4）: 176-178.

[113] 王丽平, 许娜. 中小企业可持续成长能力评价及能力策略研究——基于熵理论和耗散结构视角 [J]. 中国科技论坛, 2011（12）: 54-59.

[114] 张小娣, 赵嵩正, 王娟茹. 企业知识集成能力的测量研究 [J]. 科研管理, 2011（32）: 49-58.

[115] 刘卫华. 基于层次分析法的第三方物流企业能力评价 [J]. 文山学院学报, 2011（24）: 67-70.

[116] 陈盛焕. 基于主成分分析的物流企业能力评价研究 [J]. 物流技术, 2012（31）: 161-163.

[117] 李晓燕. 伊利乳业财务能力分析与评价 [J]. 财会研究, 2013（6）: 52-54.

[118] 刘璐, 杨惠馨. 中国企业吸收能力影响因素与作用的探索性研究 [J]. 产业经济评论, 2008（7）: 68-91.

[119] 曹兴, 李笑冬, 郭然. 知识转移拓扑结构模型构成与企业能力形成分析 [J]. 软科学, 2009（23）: 135-139.

[120] 曾经莲, 邹树梁, 吴建时. 基于模糊优选神经网络的复杂产品系统合作企业能力的评估研究 [J]. 价值工程, 2009（4）: 85-88.

[121] 李随成, 姜银浩. 供应商参与新产品开发对企业自主创新能力的影响研究 [J]. 南开管理评论, 2009（12）: 11-18.

[122] 梁力军, 李志祥. 我国商业银行操作风险管理能力影响因素及管理状况分析 [J]. 管理评论, 2010（22）: 11-19.

[123] 梁力军，孟凡臣．企业国际并购知识吸收能力提升机制研究［J］．科学学与科学技术管理，2011（32）：71-78．

[124] 张笑楠，仲秋雁，买生．企业能力与企业竞争力动态关系研究［J］．科技进步与对策，2011（28）：72-75．

[125] 蔡树堂．对企业动态能力的影响因素的新探索［J］．科技管理研究，2011（9）：117-120．

[126] 彭灿．基于模仿创新的企业核心能力培育［J］．软科学，2002（16）：91-93．

[127] 杨保军．论策划与企业营销能力的培育［J］．商业研究，2003（14）：59-61．

[128] 宋艳涛．企业核心竞争力的识别与培育机制研究［J］．西北农林科技大学学报（社会科学版），2003（4）：62-66．

[129] 刘大赵．论企业核心竞争能力的内涵与培育［J］．昆明理工大学学报（社会科学版），2003（3）：44-47．

[130] 王核成．企业能力体系的动态规划与培育［J］．杭州电子科技大学学报（社会科学版），2006（3）：73-80．

[131] 黄学工．基于技术创新战略的企业能力培育［J］．西南民族大学学报（人文社科版），2006（6）：214-217．

[132] 段琳．企业核心能力培育与企业再融资决策的关系［J］．统计与决策，2008（24）：171-172．

[133] 沈占波．组织学习视角下的企业动态能力培育策略［J］．科技进步与对策，2010（9）：128-132．

[134] 张爽．装备制造业相关研究文献综述［J］．现代商贸工业，2010（16）：38-39．

[135] 练元坚．发展装备制造业的分类思考［J］．机电工程技术，2001（5）：4-7．

[136] 倪劲松．论组合产生属性——关于事物属性之根源的哲学思考［J］．绍兴文理学院学报，2005（4）：35-38．

[137] 冯殿忠．事物属性与美的本质新议［J］．长沙水电师院学报，1986（1）：56-59．

[138] 祝明涛．黑龙江省装备制造业发展战略研究［D］．哈尔滨：哈尔滨理工大学硕士学位论文，2007．

[139] 孟凡胜．黑龙江装备制造业发展中的问题与成因分析［J］．经济

师，2008（6）：33.

［140］王命宇，赵益维，姚树俊，等．装备制造企业的服务化过程及其对价值链的影响机理研究［J］．工业技术经济，2013（6）：86-90.

［141］李凯，刘兆华．国际装备制造业向中国转移状况及利用策略［J］．科技成果纵横，2003（5）：21-25.

［142］郑伟，李廉水．中国制造业强省评价研究——基于我国29个地区制造业的实证分析［J］．中国科技论坛，2008（10）：73-78.

［143］刘翀．"新型制造业产业"评价指标体系研究［J］．技术经济，2006（7）：90-93.

［144］赵丽，孙林岩，刘杰．区域制造业可持续发展能力的评价体系构建及应用［J］．科技进步与对策，2009（9）：51-54.

［145］郭巍，林汉川，付子墨．我国先进制造业评价指标体系的构建［J］．科技进步与对策，2011（12）：125-129.

［146］苏屹，李柏洲．大型企业原始创新支持体系的系统动力学研究［J］．科学学研究，2010（1）：141-150.

［147］王怀明，李廉水．基于四维综合评价的湖北制造业新型化研究［J］．河海大学学报，2009（4）：61-65.

［148］Thurstone L. L. The Vectors of the Mind［J］. Psychological Review, 1933，（9）：1-32.

［149］MacCallum R. C. Psychology 820 course packet［M］. OH：The Ohio State University Press，1999.

［150］沈中华，谢孟芬．资本流入与银行脆弱性——跨国比较［J］. Journal of Financial Studies, 2000, Vol. 8, No. 3：1-45.

［151］蒋丽丽，伍志文．资本外逃与金融稳定：基于中国的实证检验［J］．财经研究，2006（3）：93-102.

［152］陈云川，雷轶．胜任力研究与应用综述及发展趋向［J］．科研管理，2004（6）：141-144.

［153］Lance Gray. New Zealand HRD practitioner competencies：application of the ASTD competency model［J］. The International Journal of Human Resource Management，1999（12）：1046-1059.

［154］亚当-斯密．国富论［M］．唐日松，等译．北京：华夏出版社，2005：421-423.

［155］阿尔弗雷德·马歇尔．经济学原理［M］．陈瑞华，译．西安：陕

西人民出版社，2006：13-25.

［156］Coase R H. The nature of the firm［J］. Economica, New Series, 1937（4）：391-395.

［157］赵宇龙，易琮. 对我国各行业未来成长能力的实证考察：一种市场视角［J］. 经济研究，1999（6）：37-44.

［158］郭蕊. 企业可持续成长能力的关键纬度及分析模型［J］. 科学学与科学技术管理，2005（11）：137-141.

［159］邬爱其. 改制型民营企业的成长能力及其影响因素——与原生型民营企业的对比分析［J］. 经济管理，2006（2）：76-83.

［160］陈耀，汤学俊. 企业可持续成长能力及其生成机理［J］. 管理世界，2006（12）：111-114.

［161］陶秋燕，吴祈宗. 基于复杂性理论的企业主动适应性成长能力解析［J］. 商业经济与管理，2008（12）：29-33.

［162］丁慧平，傅俊元，罗斌. 企业成长能力的演进机理——以建筑企业为例［J］. 管理学报，2009（5）：615-621.

［163］张玉明，段升森. 不同行业中小型科技企业成长能力评价比较研究——以山东省中小型科技企业为样本［J］. 统计与信息论坛，2009（10）：79-84.

［164］罗世俊，焦华福，王秉建. 基于城市成长能力的长三角城市群空间发展态势分析［J］. 经济地理，2009（3）：409-414.

［165］郭岚，张祥建. 上市公司的成长能力与投资行为研究［J］. 软科学，2010（3）：96-102.

［166］黄永春，佘海峰. 企业自主知识产权名牌成长能力的构成体系研究——基于价值链理论［J］. 科学学与科学技术管理，2011（9）：117-122.

［167］张玉明，段升森. 中小企业成长能力评价体系研究［J］. 科研管理，2012（7）：98-105.

［168］李海超，衷文蓉. 我国ICT产业成长能力评价研究［J］. 科学学与科学技术管理，2013（6）：119-125.

［169］蒲明，毕克新. 内部嵌入性与跨国子公司成长能力关系的实证研究［J］. 中国软科学，2013（8）：136-143.

［170］李纪珍. 产业技术供给体系［M］. 北京：中国金融出版社，2004：25-42.

［171］穆东，杜志平. 资源型区域协同发展评价研究［J］. 中国软科学，

2010（9）：106-113.

[172] 鹿峰，李竟成. 科技—经济系统协同度模型及实证分析：1998—2003 [J]. 太原理工大学学报（社会科学版），2007（3）：5-9.

[173] 吴文恒，牛叔文，郭晓东，等. 中国人口与资源环境耦合的演进分析 [J]. 自然资源学报，2006（6）：853-861.

[174] 毕克新，孙德花. 基于复合系统协调度模型的制造业企业产品创新与工艺创新协同发展实证研究 [J]. 中国软科学，2010（9）：156-162.

[175] 陈伟，张永超，马一博，等. 区域知识产权战略系统协同研究——基于东北三省的实证分析 [J]. 情报杂志，2011（6）：7-13.

[176] Eisenhardt, K., Martin, J. Dynamic Capabilities：What are They？[J]. Strategic Management Jouunal, 2000 (21)：1105-1121.

[177] 王正成，潘晓弘. 网络化制造资源服务状态监控研究 [J]. 组合机床与自动化加工技术，2006（11）：94-97.

[178] 伊迪斯·彭罗斯. 企业成长理论 [M]. 赵晓，译. 上海：上海人民出版社，2007：115-123.

[179] Prahalad C K, Hamel G. The Core Competence of The Corporation [J]. Harvard Business Review, 1990 (5)：79-91.

[180] 王立文. 动态能力观：解读企业竞争优势的新视角 [J]. 科学学与科学技术管理，2007（3）：179-180.

[181] Erkki K Laitinen. Long-term Success of Adaptation Strategies：Evidence from Finnish Companies [J]. Long Range Planning, 2000 (33)：805-830.

[182] Thomas W Y Man, Theresa Lau, K F Chan. The competitiveness of small and medium entreprise：A conceptualization with focus on entrepreneurial competences [J]. Journal of Business Venturing, 2002 (17)：123-142.

[183] Joachim Wagner. The causal effects of exports on firm size and labor productivity：first evidence from a matching approach [J]. Economics Letters, 2002 (7)：287-292.

[184] 陈德铭，周三多. 中小企业竞争力研究 [M]. 南京：南京大学出版社，2003：27-28.

[185] 陶秋燕，吴祈宗. 基于复杂性理论的企业主动适应性成长能力解析 [J]. 商业经济与管理，2008（12）：29-33.

[186] 党兴华，贺利平，王雷. 基于典型相关的风险企业控制权结构与

企业成长能力的实证研究[J].软科学,2008(4):136-139.

[187] 庄亚明,李金生,何建敏.企业成长的内生能力模型与实证研究[J].科研管理,2008(5):155-166.

[188] 刘刊,王宏宇.基于投入产出的创新型企业成长能力评价指标的建立[J].企业技术开发,2009(28):94-96.

[189] 于新宇,张铁男,史竹青,等.创新型企业成长健康度评价指标体系的构建[J].商业研究,2009(6):17-20.

[190] 陈林杰.房地产企业成长能力的识别与评价研究[J].改革与战略,2010(11):156-159.

[191] 田凤权,朱庆华.基于模糊积分的中小物流企业成长软因素评价研究[J].科技管理研究,2011(14):177-186.

[192] 梁益琳,张玉明.基于仿生学的创新型中小企业高成长机制实证研究——来自中国中小企业上市公司的数据[J].经济经纬,2011(6):92-96.

[193] 杜晓晗,张中瑞.公司成长能力、股权制衡与控股股东的控制权私利[J].科学决策,2012(1):55-64.

[194] 刘览,孔原.公司治理机制对物流企业成长性影响的实证研究——来自我国物流上市企业的经验证据[J].物流技术,2012(9):285-288.

[195] 徐英吉.基于学习效应模型的企业持续成长研究[J].东岳论丛,2012(11):51-55.

[196] 龚福和,高娟.基于因子分析法的中小制造企业成长性研究[J].西安工业大学学报.2013(1):46-51.

[197] 李海超,衷文蓉.我国区域创新系统中高新技术企业成长力评价研究[J].科技进步与对策,2013(2):130-132.

[198] 范家福,李生斌,梁中.烟草商业企业成长能力评价体系研究[J].淮阴工学院学报,2013(5):74-80.

[199] 唐健雄,王国顺.企业战略转型能力的自组织研究[J].科学学与科学技术管理,2008(9):171-175.

[200] 唐健雄,李允尧,黄健柏,等.组织学习对企业战略转型能力的影响研究[J].管理世界,2012(9):182-183.

[201] Andrews K. The concept of corporate strategy[M]. Homewood, IL: Dow Jones-liwin, 1971.

[202] Curtis, M. Grimm and Ken, G. Smith. Management and organizational change: A note on the railroad industry [J]. Strategy Management Journal, 1991 (12): 557-562.

[203] Davila, T. An empirical study on the drivers of management control systems' design in new product development [J]. Accounting, Organizations and Society, 2000 (25): 383-409.

[204] D. Francis, J. Bessant, M. Hobday. Managing Radical Organizational Transformation [J]. Management Dicision, 2003 (41): 1-2.

[205] 李烨. 战略创新、业务转型与民营企业持续成长 [J]. 管理世界, 2005 (6): 126-135.

[206] 李卫峰. 我国上市公司产业转型初探 [J]. 商场现代化, 2006 (1): 243-244.

[207] Nelson R, et al. An evolutionary theory of economic change [M]. Cambridge: Harvard University Press, 1982.

[208] Ginsberg. Measuring & modeling changes in strategy: The recital foundation & empirical direction [J]. Strategic Management Journal, 1988 (6): 559-575.

[209] 朱晓琴. 中国制造业企业网络能力研究——基于组织内外视角 [J]. 技术经济与管理研究, 2012 (5): 65-69.

[210] 张巍, 党兴华. 组织学习能力与嵌入能力耦合关系研究 [J]. 科技管理研究, 2012 (20): 157-162.

[211] Kelley D J, Peters L, O' Connor G C. Intra-organizational networking for innovation - based corporate entrepreneurship [J]. Journal of Business Venturing, 2009 (3): 221-235.

[212] Granovetter M. Economic action and social structure: The problem of embeddedness [J]. American Journal of Sociology, 1985 (3): 481-510.

[213] Zukin S, Dimaggio P. Structures of capital: The social organization of economy [M]. Cambridge, MA: Cambridge University Press, 1990.

[214] Gulati R, M Gargiulo. Where do interorganizational networks come from? [J]. American Journal of Sociology, 1999 (5): 4139-1493.

[215] Hagedoorn J. Understanding the cross-level embeddness of interfirm partnership formation [J]. Academy of Management Review, 2006 (3): 670-680.

[216] 李伟, 聂鸣, 李顺才. 企业家精神对外部知识能力及网络能力的作用 [J]. 科学学研究, 2010 (5): 763-768.

[217] 易朝辉. 资源整合能力、创业导向与创业绩效的关系研究 [J]. 科学学研究, 2010 (5): 757-762.

[218] Mahoney J T, Pandian J R. The resource-based view within the conversation of strategic management [J]. Strategic Management Journal, 1992 (5): 363-380.

[219] Teece D J. Competition, cooperation and innovation organizational arrangements for regines of rapid technology progress [J]. Journal of Economic Behavior and Organization, 1992 (18): 1-25.

[220] Amit R, Schoemaker P. Strategic assets and organizational rent [J]. Strategic Management Journal, 1933 (14): 33-46.

[221] Brush C G, Greene P G, Hart M. From initial idea to unique advantage, the entrepreneurial challenge of constructing a resource base [J]. Academy of Management Executive, 2001 (15): 64-78.

[222] Simon D G, Hitt M A, Ireland R D. Managing firm resources in dynamic enviroments to create value looking inside the black box [J]. The Academy of Management Review, 2007 (1): 273-292.

[223] 饶扬德. 企业资源整合过程与能力分析 [J]. 工业技术经济, 2006 (9): 72-74.

[224] 马鸿佳. 创业环境、资源整合能力与过程对新创企业绩效的影响研究 [D]. 吉林: 吉林大学博士学位论文, 2008.

[225] 吴雷. 黑龙江省装备制造业持续创新能力对策研究 [J]. 商业研究, 2009 (6): 109-111.

[226] 陈清泰. 华源管理创新的启示 [J]. 集团经济, 2001 (9): 8.

[227] 马克思. 资本论 (第1卷) [M]. 北京: 人民出版社, 1963.

[228] 李玉虹, 马勇. 技术创新与制度创新互动关系理论探源——马克思主义经济学与新制度经济学的比较 [J]. 经济科学, 2001 (1): 87-93.

[229] 向刚. 企业持续创新: 理论研究基础、定义、特性和基本类型 [J]. 科学学研究, 2005 (1): 134-138.

[230] Burgelman R, Roos G. The important of intellectual capital reporting: Evidence and implications [J]. Journal of Intellectual Capital, 2007 (1): 37-51.

[231] 艾米顿. 知识经济的创新战略——智慧的觉醒 [M]. 北京: 新华出版社, 1988.6.

[232] Baloff N. The learning curve-Some controversial issues [J]. Journal of Industrial Economics, 1966 (3): 275-282.

[233] 汪应洛, 马亚男, 李泊溪. 培育我国中小企业持续创新能力的策略研究 [J]. 企业活力, 2002 (5): 36-37.

[234] 郑勤朴. 浅谈定量评价企业持续创新能力 [J]. 中国人民大学复印资料, 工业企业管理, 2001 (11): 148-151.

[235] Hobday H. Product complexity innovation and industrial organization [J]. Research Policy, 1998 (9): 689-710.

[236] Prencipe A. Technological competencies and product's evolutionary dynamics a case study from the aero-engine industry [J]. Research Policy, 1997 (8): 1261-1276.

[237] Hobday M, Rush H, Tidd J. Innovation in complex products and system [J]. Research Policy, 2000 (7): 793-804.

[238] 刘道远, 彭灿. 产品柔性制造能力的最优投资模型及分析 [J]. 航空制造工程, 1996 (2): 27-28.

[239] Mandelbaum M. Fexibility in Decision Making, An Exploration and Unification [D]. Toronto: Department of Industrial Engineering, University of Toronto, 1978.

[240] 龚代华, 陈荣秋, 朱静萍. 企业柔性的概念与度量 [J]. 华中理工大学学报, 1998 (12): 107-109.

[241] Hayes R H, Wheelwright S C. Restoring our competitive edge: competing through manufacturing [D]. NY: John Wiley & Sons, 1984.

[242] Hallgren M, Olhager J. Flexibility configurations: Empirical analysis of volume and product [J]. Omega, 2009 (4): 746-756.

[243] Slack N. Manufacturing systems flexibility: an assessment procedure [J]. Computer Integrated Manufacturing Systems, 1988 (1): 25-31.

[244] Vokuraka R J, Scott W O' Leary-Kelly. A review of empirical research on manufacturing flexibility [J]. Journal of Operations Management, 2000 (4): 485-501.

[245] Gupta Y P, Somerd T M. Business strategy, manufacturing flexibility, and organizational performance relationships: a path analysis approach [J].

Production and Operation Management, 1996 (3): 204-233.

[246] 梁东. 对柔性生产的认识 [J]. 商业研究, 2001 (9): 26-28.

[247] 沈国琪, 陈万明. 我国企业知识资本结构的探索性与验证性因素分析 [J]. 科学学研究, 2009 (3): 423-429.

[248] Churchill, Gilbert A, Jr. A Paradigm for Developing Better Measures of Marketing Construts [J]. Journal of Marketing Research, 1979 (16): 64-73.

[249] 陈亮, 段兴民. 组织中层管理者绩效结构的探索性与验证性因素分析 [J]. 预测, 2008 (1): 60-66.

[250] 李兴旺. 动态能力理论的操作化研究: 识别、架构与形成机制 [M]. 北京: 经济科学出版社, 2006.

[251] 邹立清. 企业动态能力来源分析 [J]. 经济论坛, 2005 (20): 65-67.

[252] 薛云奎, 齐大庆, 韦华宁. 中国企业战略执行现状及执行力决定因素分析 [J]. 管理世界, 2005 (9): 88-98.

[253] Kaplan, R. S. and D. P. Norton. Using the Balanced Scorecard as a Strategic Management System [J]. Harvard Business Review, 1996 (1): 75-85.

[254] Ittner, Christopher D. and Lareker David F. Assessing Empirical Research in Managerial Accounting: A Value-based Management Perspective. Working Paper, 2001.

[255] Pearce, John A. and Robinson, Richard B. Formulation, Implementation and Control of Competitive Strategy [M]. McGraw-Hill, 2003.

[256] Aaltonen, Petri and Ikavalko, Heini. Implementing Strategy Successfully [J]. Integrated Manufacturing System, 2002 (13): 415-419.

[257] Gilbert M, Cordey-Hayes M. Understanding the process of knowledge transfer to achieve technological innovation [J]. Innovation, 1996 (6): 301-312.

[258] Bart Nootemoom. Innovation, learning and cluster dynamics [R]. ERIM, Report Series Research in Management, ERS-20040006-ORG, 1-20.

[259] Wu W P. Dimensions of social capital and firm competitiveness improvement: The mediating role of information sharing [J]. Journal of Management Studies, 2008 (1): 122-146.

[260] Vokurka R J, Scott W O'Leary-Kelly. A review of empirical research on manufacturing flexibility [J]. Journal of Operations Management, 2000 (4):

485-501.

[261] 万伦来, 达庆利. 企业柔性的本质及其构建策略 [J]. 管理科学学报, 2003 (2): 89-94.

[262] 谢卫红, 王永健, 成晓超. IT能力对竞争优势的影响机制: 以制造柔性为中介 [J]. 工业工程, 2012 (2): 59-65.

[263] Calantone, Roger J. and Cavusgil, S Tamer. Tacit knowledge transfer and firm innovation capability [J]. The Journal of Business & Industrial Marketing, 2003 (1): 6-22.

[264] Calantone, Roger J. and Cavusgil, S Tamer. Learning orientation, firm innovation capability and firm performance [J]. Industrial Marketing Management, 2002 (6): 515-519.

[265] Hult, G. T. M., & Ketchen, D. J. Does market orientation matter?: a test of the relationship between positional advantages and performance [J]. Strategic Management Journal, 2001 (22): 899-906.

[266] J. Guan, N. Ma. Innovative capability and export performance of Chinese firms [J]. Technovation, 2003 (23): 737-747.

[267] 唐健雄, 施娟, Bo H. Ferns. 组织学习对饭店持续创新能力的影响研究 [J] 旅游学刊, 2012 (8): 36-44.

[268] Teece, David J., Gary Pisano and Amy Shuen. Dynamic Capabilities and Strategic Management [J]. Strategic Management Journal, 1997 (7): 509-533.

[269] Zott, C. Dynamic Capabilities and the Emergence of Industry Differential Firm Performance: Insights from a Simulation Study [J]. Strategic Management Journal, 2003 (24): 97-125.

[270] 饶扬德. 基于资源整合观的企业战略重构 [J]. 工业技术经济, 2005 (7): 5-7.

[271] Shelby D Hunt & Robert Morgan. The resource-advantage theory of competition: Dynamics, path dependencies and evolutionary dimensions [J]. Journal of Marketing, 1996 (4): 107-114.

[272] Michael A. Hitt, Leonard Bierman, Katsuhiko Shimizu, Rahul Kochhar. Direct and Moderating Effects of Human Capital on Strategy and Performance in Professional Service Firms: A Resource-based Perspective [J]. The Academy of Management Journal, 2001 (1): 13-28.

[273] Candida G Brush, Patricia G Greene, Myra M Hart, Harold S Haller. From initial idea to unique advantage: The entreprenurial challenge of constructing a resource base [J]. The academy of Management Executive, 2001 (15): 64.

[274] 张文松. 企业战略能力研究 [M]. 北京: 科学出版社, 2005.

[275] 郑胜华, 瑞明杰, 池仁勇. 联盟能力的基本架构及其提升联盟绩效的机理研究 [J]. 科学性与科学技术管理, 2007 (6): 122-128.

[276] 吴彤. 自组织方法论研究 [M]. 北京: 清华大学出版社, 2001: 5-23.

[277] 李湍. 基于 AFS 理论的复杂概念分解及其应用 [D]. 大连: 大连理工大学硕士学位论文, 2009: 17-18.

[278] K. H., Kim. Boolean Matrix Theory and Applicaitions [M]. Marcel Dekker, New York, 1982.

[279] 张学鹏. 基于协同的农产品加工企业成长机理与战略保障机制研究 [D]. 齐齐哈尔: 齐齐哈尔大学硕士学位论文. 2013: 31-35.

[280] 庞永, 赵艳萍. 基于序参量的企业协同趋向分析 [J]. 中国管理信息化, 2007 (11): 49-51.

[281] 钱辉. 生态位、因子互动与企业演化——企业生态位对企业成长影响研究 [M]. 浙江大学出版社, 2008: 98-99.

[282] 张铁男, 张亚娟. 基于序参量方程的企业惯例搜寻研究 [J]. 华东经济惯例, 2011 (11): 74-78.

[283] 董尤心, 张杰, 唐宏, 等. 效能评估方法研究 [M], 国防工业出版社, 2009: 1-4.

[284] Argyris C., Schon D. A. Organizational learning [M]. Reading, MA: Addison-Wesley, 1978: 66-71.

[285] Huber G. P. Organizational learning: the contributing process and the literatures [J]. Organization Science, 1991 (1): 88-115.

[286] Haeckel S., Nolan R. Managing by wire [J]. Harvard Business Review, 1993 (5): 122-132.

[287] Sinkula J. M. Market information processing and organizational learning [J]. Journal of Marketing, 1994 (3): 35-45.

[288] Nevis E. C., Dibella A J., Gould J. M. Understanding organziations as learning systems [J]. Sloan Management Review, 1995 (2): 73-85.

[289] 陈国权, 马萌. 组织学习的过程模型研究 [J]. 管理科学学报,

2000 (2): 15-23.

[290] Cohen W., Levinthal D. Absorptive capacity: a new perspective on learning and innovation [J]. Administrative Science Quarterly, 1990 (5): 128-152.

[291] 芮明杰, 胡金星, 张良森. 企业战略转型中组织学习的效用分析 [J]. 研究与发展管理, 2005 (4): 100-104.

[292] Linda A., Paul I. Knowledge transfer in organization: learning from the experience of other [J]. Organizational Behavior and Human Decision Process, 2000 (1): 1-8.

[293] 汪丁丁. 知识沿时间和空间的互补性以及相关的经济学 [J]. 经济研究, 1997 (6): 70-78.

[294] Kast F. E. Organization and management [M]. 3rd ed. New York: McGraw-Hill, 1979: 106.

[295] Lumpkin, G. T., Gregory G. Dess. Clarifying the entrepreneurial orientation construct and linking it to performance [J]. The Academy of Management Review, 1996 (21): 135-172.

[296] Naman, John L., Dennis P. Slevin. Entrepreneurship and the concept of fit: A model and empirical tests [J]. Strategic Management Journal, 1993 (28): 121-146.

[297] 宋剑锋. 净资产倍率, 市盈率与公司的成长性——来自中国股市的经验证据 [J]. 经济研究, 2000 (8): 36-45.

[298] Robert S. Kaplan, David P. Norton, 刘俊勇, 孙薇译. 平衡计分卡——化战略为行动 [M]. 广州: 广东经济出版社. 2004: 6, 20-23.

[299] 孙永玲. 战略管理的最有效工具——平衡计分卡 [J]. 科学与管理, 2007 (4): 22.

[300] Nelson R, et al. An evolutionary theory of economic change [M]. Cambridge: Harvard University Press, 1982.

[301] Miller D, et al. Structural change and performance: quantum vs piecemeal incremental approaches [J]. Academy of Management of Journal, 1982 (4): 867-892.

[302] Zajac E, et al. Changing generic strategies: likelihood, direction and performance implication [J]. Strategic Management Journal, 1989 (10): 413-430.

[303] 唐健雄,王国顺.中国企业战略转型能力与绩效关系的实证研究[J].系统工程,2008(1):15-19.

[304] 刘若斯.网络嵌入性对企业绩效的影响——一个理论视角的探析[J].湖湘论坛,2008(6):88-90.

[305] McEvily, B. & Marcu, A. Embedded ties and the acquisition of competitive capabilities [J]. Strategic Management Journal, 2005 (26): 1033-1055.

[306] Granovtter, M. Economic action and social structure: the problem of embeddedness [J]. American Journal of Sociology, 1995 (3): 481-510.

[307] Granovetter, M. The strength of weak ties [J]. American Journal of Sociology, 1973 (6): 1360-1380.

[308] 李卫峰.我国上市公司产业转型初探[J].商场现代化,2006(1):243-244.

[309] Subramanian A, Nilakanata S. Organizational innovativeness: exploring the relationship between organizational determinants of innovation, types of innovations and measures of organizational performance [J]. Omega international Journal of Management Science, 1996 (6): 631-647.

[310] Firth R W, Naryyayanan V K. New product strategic of large, dominant product manufacturing firms: an exploratory analysis [J]. The Journal of Product Innovation Management, 1996: 334-347.

[311] 彼得·德鲁克.知识管理[M].杨开峰,译.北京:中国人民大学出版社,1999:23-47.

[312] Davenport T. H., Prusak L, Working knowledge [M]. Boston: Harvard Business School Press, 1998: 59-74.

[313] Ba S, Stallaert J, Whinston A B. Optimal investment in knowledge within a firm using a market mechanism [J]. Management Science, 2001 (9): 1203-1019.

[314] Desouza K. C, Awazu Y. Markets in know-how [J]. Business Strategy Review, 2004 (3): 59-65.

[315] Mastson E, Patiath P, Shavers T. Stimulating knowledge sharing: Strengthening your organization's internal knowledge market [J]. Organizational Dynamics, 2003 (3): 275-285.

[316] Brydon M, Vining A R. Understanding the failure of internal knowledge

markets - A framwork for diagnosis and improvement [J]. Information & Management, 2006 (8): 964-974.

[317] 应力, 钱省三. 企业内部知识市场的知识交易方式与机制研究 [J]. 上海理工大学学报, 2001 (2): 167-175.

[318] 夏火松, 蔡琴. 企业知识市场交易模型的构建 [J]. 科技进步与对策, 2002 (4): 110-111.

[319] 姚海明. 知识交易成本与虚拟企业组织形态研究 [D]. 南京: 南京师范大学硕士学位论文, 2003: 15-32.

[320] Nonaka, I. The concept of ba: building a foundation of knowledge creation [J]. California Management Review, 1998 (3): 40-54.

[321] Hult G T, Ketchen D J, Cavusgil S, et al. Knowledge as a strategic resource in supply chains [J]. Journal of Operations Management, 2006 (5): 458-475.

[322] Kogut B, Zander U. Knowledge of the firm, combinative capabilities and the replication of technology [J]. Organization Science, 1992 (3): 383-397.

[323] Soo C W, Devinney T M, Midgley D F. External knowledge acquisition, creativity and learning in organizational problem solving [J]. International Journal of Technology Management, 2007 (1): 137-159.

[324] Yli-Renko H, Autio E, Tontti V. Social capital, knowledge and the International growth of technology-based on new firms [J]. International Business Review, 2002 (3): 279-304.

[325] 王霆. 结构资本: 企业系统效率的源泉 [J]. 中共中央党校学报, 2006 (6): 75-78.

[326] 弗朗西斯·赫瑞比. 管理知识员工: 挖掘企业智力资本 [M]. 郑明晓, 译. 北京: 机械工业出版社, 2000: 161.

[327] 吕飞豹, 张悟移. 结构资本中影响供应链企业知识流动的因素分析 [J]. 科技管理研究, 2012 (13): 178-181.

[328] 袁庆宏. 企业智力资本管理 [M]. 北京: 经济管理出版社, 2001: 7.

[329] Roos J, Roos G, Dragonetti N C, Edvisson L. Intellectual Captial [M]. New York University Press, New York, 1998.

[330] Bassi L J, Van Buren M E. Valuing investment in intellectual capital

[J]. International Journal of Technology Management, 1999 (8): 414-432.

[331] Nicholson G J, Kiel G C. A framework for diagnosing board effectiveness [J]. Corporate Governance, 2004 (4): 455-462.

[332] 陈佳桂. 现代企业管理理论与实践的新发展 [M]. 北京: 经济管理出版社, 1998: 78.

[333] Engstrm T E J, Westnes P, Westnes S F. Evaluating intellectual capital in the hotel industry [J]. Journal of Intellectual Capital, 2003 (3): 287-303.

[334] Burt R S. The contingent value of social capital [J]. Administrative Science Quarterly, 1997 (2): 339-365.

[335] Barathi G Kamath. The intellectual capital performance of Indian banking sector [J]. Journal of Intellectual Captial, 2007 (1): 96-123.

[336] 朱瑜, 王雁飞, 蓝海林. 智力资本理论研究新进展 [J]. 外国经济与管理, 2007 (9): 50-56.

[337] Song J. & F. Zahedi. Web design in e-commerce: a theory and empirical analysis [J]. Proceedings of the 22nd International Conference on Information Systems (ICIS), New Orleans, Louisiana, USA, 2001.

[338] 许慧珍, 林丹明. 战略群组、信息技术与企业绩效关系研究——以制造业上市公司为例 [J]. 科技管理研究, 2008 (10): 110-112.

[339] Hanx. Intellectual capital and organization performance: interplay of knowledge management and human resources [D]. Kaosiung: Shou University, 2001: 20-23.

[340] 祝道松, 林家五. 企业研究方法 [M]. 北京: 清华大学出版社, 2005: 1.

[341] Anderson M. H. The effects of individual's social network characteristics and information processing characteristics on their sense making of complex, ambiguous issues [D]. USA: University of Minnesota, 2002: 102-162.

[342] Soo C., Debinney T., Midgley D., et al. Knowledge management: Philosophy, process, pitfalls and performance [J]. California Management Review, 2002, 44 (4): 129-150.

[343] Lyles M. A., Salk J. E. Knowledge acquisition from foreign parents in international joint ventures an empirical examination in the Hungarian context [J].

Journal of International Business Studies, 1996, 27 (5): 877-904.

[344] Bock G. W., Zmud R. W., Kim Y. G., et al. Intention formation in knowledge sharing: Examining the roles of extrinsic motivators, social-psychological forces, and organizational climate [J]. MIS Quarterly, 2005, 29 (1): 87-111.

[345] Hoof B., Ridder J. Knowledge sharing in context: the influence of organizational commitment, communication climate and CMC use on knowledge sharing [J]. Journal of Knowledge Management, 2004, 8 (6): 117-130.

[346] Zarraga C., Bonache J. Assessing the team environment for knowledge sharing: An empirical analysis [J]. International Journal of Human Resource Management, 2003, 14 (7): 1227-1245.

[347] Boer D. M, Frans A. J., Van D. B., et al. Management organizational integration in the emerging multimedia complex [J]. Journal of Management Studies, 1999, 36 (6): 379-398.

[348] Kougut B., Zander U. Knowledge of the firm, integration capabilities and the replication of technology [J]. Organization Science, 1992 (3): 383-397.

[349] Gold A. H., Malhotra A., Segars H. Knowledge management: an organizational capabilities perspective [J]. Journal of MIS, 2001, 15: 185-214.

[350] Grant R. M. Toward a knowledge-based theory of the firm [J]. Strategic Management Journal, Winter Special Issue, 1996 (17): 109-122.

[351] 王众托. 知识系统工程: 知识管理的新学科 [J]. 大连理工大学学报, 2000, 40 (s1): 115-122.

[352] 唐炎华, 石金涛. 我国企业知识型员工知识转移的影响因素实证研究 [J]. 管理工程学报, 2007 (2): 34-41.

[353] 陈伟, 张旭梅. 供应链伙伴特征、知识交易与创新绩效关系的实证研究 [J]. 科研管理, 2011 (11): 7-17.

[354] 张旭梅, 陈伟. 供应链企业间信任、关系承诺与合作绩效——基于知识交易视角的实证研究 [J]. 科学学研究, 2011 (12): 1865-1874.

[355] Aramburu Nekana, Saenz Josune. Structural capital: Innovation capability and size effect: An empirical study [J]. Journal of Management and Organization, 2011 (3): 307-325.

[356] 唐健雄. 企业战略转型能力研究 [D]. 长沙: 中南大学博士学位论文, 2008: 83-85.

[357] 史丽萍，刘强，唐树林．团队自省性对团队学习能力的作用机制研究——基于交互记忆系统的中介作用和内部控制机制的调节作用［J］．管理评论，2013（5）：102-115.

[358] 李柏洲，徐广玉．内部控制机制对知识粘滞与知识转移绩效关系的影响研究［J］．管理评论，2013（7）：99-110.

[359] 杨燕，高山行．企业合作创新中知识粘性与知识转移实证研究［J］．科学学研究，2010（10）：1530-1539.

[360] Smith A. M. Some problems when adopting Churchill's Paradigm for the development of service quality measurement scales［J］．Journal of Business Research，1999（2）：109-120.

[361] 荣泰生．企业研究方法［M］．北京：中国税务出版社，2005：145.

[362] 史丽萍，刘强，唐书林．基于组织特异性免疫视角的质量绩效提升路径研究——投影寻踪法和强迫进入法的实证分析［J］．南开管理评论，2012（6）：123-134.

[363] 姚奕，倪勤．各地区碳减排能力综合评价研究——基于投影寻踪分类模型［J］．运筹与管理，2012（5）：193-199.

[364] 金菊良，杨晓华，丁晶．基于实数编码的加速遗传算法［J］四川大学学报（工程科学版），2000（4）：20-24.

[365] 郭志刚．社会统计分析方法软件SPSS应用［M］．北京：中国人民大学出版社，1999.

[366] 王雷，党兴华．R&D经费支出、风险投资与高新技术产业发展：基于典型相关分析的中国数据实证研究［J］．研究与发展管理，2008（8）：13-19.

[367] 陆根尧，符翔云，朱省娥．基于典型相关分析的产业集群与城市化互动发展研究：以浙江省为例［J］．中国软科学，2011（12）：101-109.

[368] 傅德印，黄健．典型相关分析中的统计检验问题［J］．统计研究，2008（7）：110-112.

[369] Bagozzi R P, Yi T. On the evaluation of structural equation models［J］．Journal of the Academy of Marketing Science，1988（1）：74-94.

[370] Hair J. F. Jr., Anderson R. E., Tatham R. L., Black W. C. Multivariate data analysis（5th ed.）［M］．Upper Saddle River, Nj: Prentice Hall, 1998.

[371] 李军锋，龙勇，杨秀苔. 质量管理在制造技术与企业绩效中的中介效应检验——基于 Bootstrap 法的结构方程分析 [J]. 科研管理，2010（2）：74-85.

[372] 荣泰生. AMOS 与研究方法 [M]. 重庆：重庆大学出版社，2010.

[373] 汪子琦. 基于 Bootstrap 结构方程模型的区域建筑产业竞争力的实证研究 [J]. 市场经济与价格，2011（8）：45-48.

[374] Aiken L. S., West S. G. Multiple Regression：Testing and Interpreting Interactions [M]. Newbury Park，CA：Sage，1991.

[375] Baron R. M., Kenny D. A. The moderator-mediator variable distinction in social psychological research：Conceptual, strategic and statistical consideration [J]. Journal of Personality and Social Psychology，1986（51）：1173-1182.

[376] 刘军. 管理研究方法：原理与应用 [M]. 北京：中国人民大学出版社，2008.

[377] 王国顺，盛意. 中小企业国际化成长能力的评价体系 [J]. 统计与决策，2008（21）：60-62.

[378] 王爱民，张圣银. 基于群组决策特征根法的公路工程施工招标评价方法 [J]. 内蒙古科技与经济，2009（7）：236-237.

[379] 邱菀华. 群组决策特征根法 [J]. 应用数学和力学，1997（11）：1027-1031.

[380] 肖振红，张永超. 基于群组决策特征根法的并购目标企业关键评价指标识别 [J]. 财务月刊，2009（8）：57-60.

[381] 慕静，韩文秀，李全生. 基于主成分分析法的中小企业成长性评价模型及其应用 [J]. 系统工程理论与实践，2005（4）：369-371.

[382] 于新宇，张铁男，史竹青. 创新型中小企业成长能力评价模型研究 [J]. 现代管理科学，2010（5）：30-32.

[383] Charnes A, Cooper W W, Rhodes E. Measuring the efficiency of decision units [J]. European Journal of Operational Research，1978，94（2）：95.

[384] Banker R D, Charnes A, Cooper W W. Some models for estimating technical and scale inefficiencies in data development analysis [J]. Management Science，1984，30（9）：1078-1092.

[385] 汪营洛. 系统工程 [M]. 北京：机械工业出版社，1999：19-36.

[386] 冯梅.基于模糊聚类法分析的教师课堂教学质量评价［J］.数学的实践与认识,2008（2）：26-30.

[387] 余锦华,杨维权.多元统计分析与应用［M］.广州：中山大学出版社,2006,176-177.

[388] Merja Halme, Tarja Joro, et al. A value efficiency approach to incorporating preference information in data envelopment analysis［J］. Management Science, 1999, 45：103-114.

[389] 秦寿康.TOPSIS 价值函数模型［J］.系统工程学报,2003（1）：37-42.

[390] Ali A. I., Seiford L. M., Translation invariance in data envelopment analysis［J］. Operations Research Letters, 1990（9）：403-405.

[391] Pastor Jesus T. Translation invariance in data envelopment analysis：A generalization［J］ Annals of OR, 1996（1）：93-102.

[392] 肖渡,等.DEA 模型的不变性研究［J］.系统工程理论方法应用,1995（4）：45-48.

[393] Coelli TJ. A Guide to DEAP Version 2.1：A Data Envelopment Analysis（Computer）Program［R］. The University of New England, Armidale, Anstralia, 1996.

[394] 陈辉华.工程总承包企业动态能力形成及作用机制研究［D］.长沙：中南大学博士学位论文,2011：101-115.

[395] 冯志军.中国制造业技术创新系统的演化及评价研究［D］.哈尔滨：哈尔滨工程大学,2012：151-158.

附录 A

装备制造企业成长能力结构维度研究的调查问卷

尊敬的先生/女士：

您好！

非常感谢您在百忙之中给予大力支持，阅读并填写此调查问卷，我是哈尔滨工程大学经济管理学院的博士生，我所在的装备制造企业成长研究团队欲对我国装备制造企业成长能力的结构维度进行研究，为促进我国装备制造企业成长能力培育及提升提供一定的理论借鉴。此问卷采用匿名的形式进行调研，以装备制造企业中、高层领导及基础管理者作为调研对象，请您根据自身知识、经验，客观地对我国装备制造企业成长能力结构维度的问卷题项进行评判，您的回答将决定此次研究结论的科学性、准确性。

基于您所掌握的关于装备制造企业丰富的知识及企业实践经验，您的宝贵意见对装备制造企业成长能力问卷题项的评判具有重要的意义。本人保证您对于此问卷所提供的资料仅用于学术研究，绝不会用于其他用途，敬请放心！

非常感谢您对我们的支持，如果您对本研究的成果感兴趣，请在2014年4月以后向××××××@163.com电子邮箱索要，我将非常及时地给您发送本研究成果。

再次表示感谢！

装备制造企业成长能力结构维度研究调查小组

联系人：谢×

Email：××××××@163.com

2012年7月

1. 问卷填写指南

（1）填写人及其所在单位信息。此部分旨在了解我国装备制造企业的相关情况，包括企业名称、企业年龄、企业员工数、所处细分行业、填写人所在部门、职务以及对装备制造企业成长情况的认识。

（2）问卷题项的填写。此部分旨在统计填写人对装备制造企业成长能力变量下各题项所陈述内容的同意程度的评判信息，评判的标准采用李克特 7 分量表法，将指标的答案设置成在七个选项中选择一个与客观事实最接近的选项，其中题项计分从 1 到 7 表示填表人对问卷题项陈述内容的认可程度逐渐提升，具体打分标准见表 A1。请在您认为正确的分值下打"√"。

表 A1　李克特 7 分量表

分值	1	2	3	4	5	6	7
程度	完全不同意	一般不同意	有些不同意	不确定	有些同意	一般同意	完全同意

2. 调查对象基本信息（在选择题中请在您认为正确选项的方格中打"√"）

（1）填写者所在企业名称：

（2）填写者所在企业年龄：

□1~5 年　　□5~10 年　　□10~15 年　　□15 年以上

（3）填写者所在企业员工数：

□500 人以下　　□500~1000 人　　□1000~1500 人　　□2000 人以上

（4）填写者所在企业所处细分行业：

□金属制品业　　　　　□交通运输设备制造业

□通信设备制造业　　　□电气机械及器材制造业

□专用设备制造业　　　□通信设备、计算机及其他电子设备制造业

□仪器仪表及文化、办公用机械制造业

（5）填写者所在部门：

（6）填写者所担任的职位：

3. 问卷指标填写

以下是装备制造企业成长能力变量的相关问卷题项，请根据填写指南的要求填写，再次表示感谢！

表A2 装备制造企业成长能力测量工具的正式题项

序号	装备制造企业成长能力结构维度分析题项	评分 1	2	3	4	5	6	7
1	企业重视对人才创新的培养							
2	企业对研发投入了大量的经费							
3	企业拥有满意的资源管理部门							
4	企业提倡企业间的开放协作创新							
5	企业拥有使部门间共享满意的资源							
6	企业制定了宽容创新失败的相关制度							
7	企业十分重视资源的层级性和匹配性							
8	企业能够以较快的速度更新同类产品							
9	企业已构建了密切的企业间合作关系							
10	企业与合作企业间具有较强的信任感							
11	企业具有较强的判断力和环境洞察力							
12	企业与合作企业间进行频繁的交流对话							
13	企业拥有满意的可供跨组织使用的资源							
14	企业与合作企业间已具有较长的合作时间							
15	企业能够采用联盟、并购的方式配置资源							
16	企业形成了获取合作企业知识的惯例机制							
17	企业在所处的企业合作网络中处于核心地位							
18	企业能够以较快的速度采用新工艺、新标准							
19	企业已与两个或两个以上企业一起进行过合作							
20	企业能够灵活地调整组织结构以适应创新需要							
21	企业能够随外部环境灵活地调整内部运行机制							
22	企业通过将长期战略细化为短期目标进行执行							
23	企业能够在较短时间内设计或更改所生产的产品							
24	企业能够正确分析出企业经营受内部资源的影响							
25	企业制定了与战略相匹配的组织结构和管理制度							
26	企业能够在不多支出成本的情况下整合内部资源							

表A2 续

序号	装备制造企业成长能力结构维度分析题项	评分 1	2	3	4	5	6	7
27	企业能够将战略思想嵌入到员工绩效的奖惩措施中							
28	企业能够正确分析出企业经营受外部环境变化的影响							
29	企业能够在变动产品生产水平的情况下保持稳定的利润							
30	企业能够在变动产品生产水平的情况下保持稳定的管理成本							
31	企业能够在不用支出太多研发费用的情况下获取一定的创新产品							
32	企业能够在不用支出太多培训费用的情况下获得足够的人力资源							
33	企业能够在不用支出太多采购费用的情况下获取不同种类的原材料							
34	企业能够在不用支出太多销售成本的情况下获取稳定的产品销售量							
35	企业能够及时反馈外部环境变化以对产品、市场等资源进行合理配置							

附录 B

装备制造企业成长能力对企业绩效作用机制研究的调查问卷

尊敬的先生/女士：

您好！

非常感谢您在百忙之中给予大力支持，阅读并填写此调查问卷，我是哈尔滨工程大学经济管理学院的博士生，我所在的装备制造企业成长研究团队欲对我国装备制造企业成长能力及其对企业绩效的作用机制进行研究，为促进我国装备制造企业成长能力培育及提升提供一定的理论借鉴。此问卷采用匿名的形式进行调研，以装备制造企业中、高层领导及基础管理者作为调研对象，请您根据自身知识、经验，客观地对我国装备制造企业成长能力及与成长能力相关的组织学习过程、知识交易、结构资本、企业绩效四个变量的问卷进行评判，您的回答将决定此次研究结论的科学性、准确性。

基于您所掌握的关于装备制造企业丰富的知识及企业实践经验，您的宝贵意见对装备制造企业成长能力、组织学习过程、知识交易、结构资本问卷题项的评判具有重要的意义。本人保证您对于此问卷所提供的资料仅用于学术研究，绝不会用于其他用途，敬请放心！

非常感谢您对我们的支持，如果您对本研究的成果感兴趣，请在 2014 年 4 月以后向×××××@163.com 电子邮箱索要，我将非常及时地给您发送本研究成果。

再次表示感谢！

装备制造企业成长能力作用机制研究调查小组

联系人：谢×

Email：×××××@163.com

2012 年 10 月

1. 问卷填写指南

（1）填写人及其所在单位信息。此部分旨在了解我国装备制造企业的相关情况，包括企业名称、企业年龄、企业员工数、所处细分行业等，填写人所在部门、职务等以及对装备制造企业成长情况的认识。

(2) 问卷题项的填写。此部分旨在统计填写人对装备制造企业成长能力、组织学习过程、知识交易、结构资本、企业绩效五个变量下各题项所陈述内容的同意程度的评判信息，评判的标准采用李克特 7 分量表法，将指标的答案设置成在七个选项中选择一个与客观事实最接近的选项，其中题项计分从 1 到 7 表示填表人对问卷题项陈述内容的认可程度逐渐提升，具体打分标准见表 B1。请在您认为正确的分值下打"√"。

表 B1　李克特 7 分量表

分值	1	2	3	4	5	6	7
程度	完全不同意	一般不同意	有些不同意	不确定	有些同意	一般同意	完全同意

2. 调查对象基本信息（在选择题中请在您认为正确选项的方格中打"√"）

(1) 填写者所在企业名称：

(2) 填写者所在企业年龄：

(3) 填写者所在企业员工数：

(4) 填写者所在企业的所有制类型：

□国有及国有控股　　□私营和私人控股　　□外资和合资企业

(5) 填写者所在企业所处细分行业：

□金属制品业　　　　　□交通运输设备制造业

□通信设备制造业　　　□电气机械及器材制造业

□专用设备制造业　　　□通信设备、计算机及其他电子设备制造业

□仪器仪表及文化、办公用机械制造业

(6) 填写者企业所在行业中的位置：

□前 15%　　□15%~30%　　□中间　　□后 30%~15%　　□后 15%

(7) 填写者的性别：□男　　□女

(8) 填写者的受教育程度：□大专以下　　□大专　　□本科

　　□硕士　　□博士

(9) 填写者所在部门：

(10) 填写者所担任的职位：

3. 问卷指标填写

以下是装备制造企业成长能力、组织学习过程、知识交易、结构资本、企业绩效的相关问卷题项，请根据填写指南的要求填写，再次表示感谢！

表 B2　装备制造企业成长能力、组织学习过程、知识交易、结构资本、企业绩效的相关问卷题项

		序号	装备制造企业成长能力、组织学习过程、知识交易、结构资本、企业绩效的相关问卷题项	评分 1 2 3 4 5 6 7
装备制造企业成长能力	战略转型能力	1	企业能够正确分析出企业经营受外部环境变化的影响	
		2	企业能够正确分析出企业经营受内部资源的影响	
		3	企业具有较强的判断力和环境洞察力	
		4	企业制定了与战略相匹配的组织结构和管理制度	
		5	企业能够随外部环境灵活地调整内部运行机制	
		6	企业将长期战略细化为短期目标执行	
		7	企业能够将战略思想嵌入到员工绩效的奖惩措施中	
	外部网络嵌入能力	8	企业已构建了密切的企业间合作关系	
		9	企业与合作企业间具有较强的信任感	
		10	企业与合作企业间进行频繁的交流对话	
		11	企业已与两个或两个以上企业一起进行过合作	
		12	企业在所处的企业合作网络中处于核心地位	
		13	企业与合作企业间已具有较长的合作时间	
		14	企业形成了获取合作企业知识的惯例机制	
	资源整合能力	15	企业能够及时反馈外部环境变化以对产品、市场等资源进行合理配置	
		16	企业十分重视资源的层级性和匹配性	
		17	企业能够采用联盟、并购的方式配置资源	
		18	企业能够在不多支出成本的情况下整合内部资源	
		19	企业拥有使部门间共享满意的资源	
		20	企业拥有满意的资源管理部门	
		21	企业拥有满意的可供跨组织使用的资源	

表B2 续1

		序号	装备制造企业成长能力、组织学习过程、知识交易、结构资本、企业绩效的相关问卷题项	评分 1 2 3 4 5 6 7
装备制造企业成长能力	持续创新能力	22	企业能够以较快的速度更新同类产品	
		23	企业能够以较快的速度采用新工艺、新标准	
		24	企业对研发投入了大量的经费	
		25	企业能够灵活地调整组织结构以适应创新需要	
		26	企业制定了宽容创新失败的相关制度	
		27	企业提倡企业间的开放协作创新	
		28	企业重视对人才创新的培养	
	柔性生产能力	29	企业能够在较短时间内设计或更改所生产的产品	
		30	企业能够在不用支出太多销售成本的情况下获取稳定的产品销售量	
		31	企业能够在变动产品生产水平的情况下保持稳定的管理成本	
		32	企业能够在变动产品生产水平的情况下保持稳定的利润	
		33	企业能够在不用支出太多研发费用的情况下获取一定的创新产品	
		34	企业能够在不用支出太多培训费用的情况下获得足够的人力资源	
		35	企业能够在不用支出太多采购费用的情况下获取不同种类的原材料	
组织学习过程	知识获取	36	企业获取的管理概念、方法能够解决自身问题所需	
		37	企业能够经常获得最新的知识	
		38	企业能够及时获取解决内部出现的效率低等运作问题的方法	
		39	企业所获取的管理概念、方法具有较强的可靠性	
		40	企业通过不同渠道获取的管理概念、方法具有显著差异	
		41	企业能够多渠道获取新管理概念、方法	

表B2 续2

		序号	装备制造企业成长能力、组织学习过程、知识交易、结构资本、企业绩效的相关问卷题项	评分 1 2 3 4 5 6 7
组织学习过程	知识扩散	42	企业内部各部门能够有相同的机会来学习新知识	
		43	企业内部各部门间能够互相帮助	
		44	企业成员不愿意与其他成员分享知识	
		45	企业成员乐意帮助其他成员解决问题	
		46	企业内部部门愿意主动帮助其他部门解决问题	
	知识整合	47	企业能够整合与目标相关的零散知识	
		48	企业能够有效地结合新知识与旧经验	
		49	企业能够结合不同领域知识进行新思想的碰撞	
		50	企业成员能够将其他人的知识、经验嵌入到企业目标中	
		51	企业认为整合思想比单独工作更能推动目标实现	
	知识应用	52	企业成员已意识到知识对企业绩效的重要作用	
		53	企业注重通过新知识提升企业竞争力	
		54	企业能够快速地将新知识应用到关键项目中	
		55	企业能够定期评估技术对企业成长的影响	
		56	企业能够从失败的项目中学习新的知识	
		57	企业能够快速找到解决问题所需的知识	
知识交易	知识交易	58	企业愿意与其他企业进行知识交易活动	
		59	企业愿意投入更多的知识来参与知识交易活动	
		60	企业与其他企业有频繁的知识交易活动	
		61	企业通过知识交易获取了许多新知识	
		62	企业通过知识交易提升了企业的知识水平	

表B2 续3

	序号	装备制造企业成长能力、组织学习过程、知识交易、结构资本、企业绩效的相关问卷题项	评分 1 2 3 4 5 6 7
结构资本 / 创新资本	63	企业能够定期提交新的创新成果	
	64	企业具有对旧事物进行革新的能力	
	65	企业具有开发新产品、服务的潜力	
	66	企业能够及时更新研发知识	
	67	企业愿意投入更多的资源进行R&D研究	
结构资本 / 流程资本	68	企业拥有健全的自身数据库（知识库中心）	
	69	企业拥有合理的组织结构设计	
	70	企业拥有良好的企业文化来鼓励知识传播	
	71	企业愿意在信息技术方面投入更多的资源	
	72	企业拥有良好的专业技术并能进行知识交流	
	73	企业拥有合理的业务流程、产品生产流程	
企业绩效 / 企业绩效财务维度	74	企业制定了合理的销售和利润目标	
	75	企业具有较高的营业收入	
	76	企业具有较高的利润总额	
企业绩效 / 企业绩效客户维度	77	企业具有较高的满意度	
	78	企业具有较高的客户增长率	
	79	企业具有较高的市场占有率	
企业绩效 / 企业绩效内部业务流程维度	80	企业成员具有较高的劳动生产率	
	81	企业具有较低的生产成本	
	82	企业产品具有较高的品质	
企业绩效 / 企业绩效学习与成长维度	83	企业成员对企业具有较高的满意度	
	84	企业成员具有较高的上岗率	
	85	企业产品具有较高的美誉度	

谢谢您的大力支持！

附录 C

装备制造企业成长能力效率评价指标的调查问卷

尊敬的先生/女士：

您好！

非常感谢您在百忙之中给予大力支持，阅读并填写此调查问卷，我是哈尔滨工程大学经济管理学院的博士生，我所在的装备制造企业成长研究团队欲对我国装备制造企业成长能力的效率进行评价，希望能为准确、及时地监测当前我国装备制造企业成长能力做出一定的贡献。此问卷需要您根据自身知识、经验对我国装备制造企业成长能力效率评价指标进行评判，您的回答将决定此次研究结论的科学性、准确性。

您是研究企业成长、装备制造企业领域的专家，您的宝贵意见对评价我国装备制造企业成长能力效率具有重要的意义。本人保证您对于此问卷所提供的资料仅用于学术研究，绝不会用于其他用途，敬请放心！

非常感谢您对我们的支持，如果您对本研究的成果感兴趣，请在填答完问卷后，留下您的联系方式，我将在论文完成的第一时间给您发送本研究的成果。

再次表示感谢！

装备制造企业成长能力综合评价指标调查小组

联系人：谢×

Email：×××××@163.com

2012 年 10 月

1. 问卷填写指南

（1）填写人及其所在单位信息。此部分旨在了解我国装备制造企业的相关情况，包括企业名称、企业年龄、企业员工数、所处细分行业，填写人所在部门、职务以及对装备制造企业成长情况的认识。

（2）问卷题项的填写。此部分旨在统计填写人对我国装备制造企业成长能力效率评价的初选指标重要性进行的评判信息，评判的标准采用李克特 9 分量表法，将指标的答案设置成在九个选项中选择一个与客观事实最接近的选项，其中题项计分从 1 到 9 表示填表人对评价指标重要性的认可程度逐渐提升，具体打分标准见表 C1。请在您认为正确的分值下打"√"。

表 C1　李克特 9 分量表

分值	1	2	3	4	5	6	7	8	9
程度	极其不重要	非常不重要	很不重要	有些不重要	一般重要	有些重要	很重要	非常重要	极其重要

2. 调查对象基本信息（在选择题中请在您认为正确选项的方格中打"√"）

（1）填写者所在企业名称：

（2）填写者所在企业年龄：

□1~5 年　　□5~10 年　　□10~15 年　　□15 年以上

（3）填写者所在企业员工数：

□500 人以下　　□500~1000 人　　□1000~1500 人　　□2000 人以上

（4）填写者所在企业所处细分行业：

□金属制品业　　　　　　□交通运输设备制造业

□通信设备制造业　　　　□电气机械及器材制造业

□专用设备制造业　　　　□通信设备、计算机及其他电子设备制造业

□仪器仪表及文化、办公用机械制造业

（5）填写者所在部门：

（6）填写者所担任的职位：

3. 问卷指标填写

以下是我国装备制造企业成长能力效率评价的初选评价指标，请根据填写指南的要求填写，再次表示感谢！

表 C2 装备制造企业成长能力效率评价的初选评价指标

序号	装备制造企业成长能力效率评价投入指标	评分								
		1	2	3	4	5	6	7	8	9
1	装备制造企业主营业务成本									
2	装备制造企业主营业务税金及附加									
3	装备制造企业管理费用									
4	装备制造企业营业费用									
5	装备制造企业财务费用									
6	装备制造企业本年应缴增值税									
7	装备制造企业全部从业人员平均人数									
8	装备制造企业 R&D 人员全时当量									
9	装备制造企业 R&D 经费内部支出									
10	装备制造企业 R&D 经费外部支出									
11	装备制造企业引进技术经费支出									
12	装备制造企业消化吸收经费支出									
13	装备制造企业购买国内技术经费支出									
14	装备制造企业技术改造经费支出									
15	装备制造企业工业废水治理设施数量									
16	装备制造企业工业废水治理设施本年运行费用									
17	装备制造企业工业废气治理设施数量									
18	装备制造企业工业废气治理设施本年运行费用									
19	装备制造企业一般工业固体废物综合利用量									
20	装备制造企业废水治理项目本年完成投资									
21	装备制造企业废气治理项目本年完成投资									
22	装备制造企业固体废物治理项目本年完成投资									
23	装备制造企业噪声治理项目本年完成投资									

表 C2 续

序号	装备制造企业成长能力效率评价产出指标	评分								
		1	2	3	4	5	6	7	8	9
1	装备制造企业工业总产值									
2	装备制造企业工业销售产值									
3	装备制造企业资产总计									
4	装备制造企业主营业务收入									
5	装备制造企业营业利润									
6	装备制造企业利润总额									
7	装备制造企业新产品的工业总产值									
8	装备制造企业新产品的主营业务收入									
9	装备制造企业新产品开发项目									
10	装备制造企业专利申请数量									
11	装备制造企业有效发明专利数量									
12	装备制造企业工业废水排放总量									
13	装备制造企业工业废水治理设施处理能力									
14	装备制造企业工业废气排放量									
15	装备制造企业工业废气治理设施处理能力									
16	装备制造企业一般工业固体废物产生量									

您的联系方式：

地址： 邮编： 邮箱：

谢谢您的大力支持！

附录 D

装备制造企业成长能力的投入指标分析结果

表 D1 装备制造企业成长能力的投入指标专家评分表

专家\指标	X_1	X_2	X_3	X_4	X_5	X_6	X_7	X_8	X_9	X_{10}	X_{11}	X_{12}	X_{13}	X_{14}	X_{15}	X_{16}	X_{17}	X_{18}	X_{19}	X_{20}	X_{21}	X_{22}	X_{23}
S_1	8	3	5	2	5	6	8	5	8	5	5	8	5	8	5	5	2	5	8	5	3	6	3
S_2	7	2	6	3	6	5	9	6	9	6	5	9	6	9	2	6	5	6	9	6	6	5	5
S_3	9	5	6	3	5	6	9	5	8	5	6	8	5	6	3	5	3	5	8	5	5	3	4
S_4	6	4	5	3	4	5	8	4	7	4	6	7	6	8	5	4	2	4	7	3	3	5	5
S_5	8	1	4	2	4	6	7	5	8	5	6	8	6	8	4	5	4	5	8	5	3	4	6
S_6	7	2	5	4	4	5	7	6	9	6	5	9	6	8	1	6	5	6	9	2	5	5	6
S_7	8	3	3	4	5	7	7	6	8	5	4	8	5	9	2	5	3	3	6	5	4	2	6
S_8	9	5	5	1	5	8	8	5	7	6	2	7	4	6	3	5	2	5	8	5	4	3	5
S_9	8	5	6	2	6	5	8	7	8	5	3	8	4	8	5	6	1	4	8	3	5	5	1

续表 D1

专家\指标	X_1	X_2	X_3	X_4	X_5	X_6	X_7	X_8	X_9	X_{10}	X_{11}	X_{12}	X_{13}	X_{14}	X_{15}	X_{16}	X_{17}	X_{18}	X_{19}	X_{20}	X_{21}	X_{22}	X_{23}
S_{10}	6	5	5	3	6	6	8	5	8	7	6	9	5	8	3	5	5	6	9	6	2	2	4
S_{11}	9	3	4	2	5	5	9	6	8	5	5	5	6	8	2	4	2	5	9	5	5	2	2
S_{12}	8	2	5	4	6	8	8	5	9	5	2	8	3	5	5	6	3	5	9	4	6	5	3
S_{13}	8	2	6	2	5	6	9	4	9	6	1	9	5	8	4	5	5	6	8	2	5	5	2
S_{14}	9	3	5	5	4	5	8	2	8	5	2	8	4	8	2	5	2	5	8	1	4	2	5
S_{15}	9	2	4	5	3	8	7	5	7	4	3	9	5	9	3	5	5	3	6	4	3	3	6
S_{16}	9	5	5	3	5	6	8	6	7	5	6	8	2	9	5	6	2	4	9	5	6	5	5
S_{17}	8	4	6	2	4	5	9	5	8	6	5	9	6	9	2	6	3	5	9	3	6	2	4
S_{18}	8	2	5	5	5	8	5	4	9	5	4	6	5	9	6	6	2	5	8	6	5	6	5
S_{19}	8	3	5	2	4	6	6	5	6	6	5	8	5	8	2	6	5	5	9	5	5	6	6
S_{20}	8	2	2	3	5	5	8	6	8	6	5	8	5	7	3	5	3	5	6	2	3	3	3

运用 Matlab7.1 软件对所获得的评价指标评分矩阵进行自身乘以其转置的运算,其结果为:

$$f = x^T x = \begin{pmatrix} 1296 & 505 & 774 & 462 & 784 & 968 & 1249 & 815 & 1269 & 852 & 678 \\ 505 & 231 & 315 & 173 & 313 & 382 & 500 & 325 & 492 & 339 & 278 \\ 774 & 315 & 491 & 276 & 476 & 582 & 763 & 491 & 774 & 521 & 413 \\ 462 & 173 & 276 & 190 & 287 & 345 & 442 & 294 & 466 & 305 & 249 \\ 784 & 313 & 476 & 287 & 494 & 591 & 767 & 507 & 782 & 525 & 418 \\ 968 & 382 & 582 & 345 & 591 & 746 & 930 & 610 & 948 & 642 & 507 \\ 1249 & 500 & 763 & 442 & 767 & 930 & 1238 & 798 & 1243 & 837 & 670 \\ 815 & 325 & 491 & 294 & 507 & 610 & 798 & 542 & 811 & 548 & 449 \\ 1269 & 492 & 774 & 466 & 782 & 948 & 1243 & 811 & 1277 & 853 & 678 \\ 852 & 339 & 521 & 305 & 525 & 642 & 837 & 548 & 853 & 583 & 461 \\ 678 & 278 & 413 & 249 & 418 & 507 & 670 & 449 & 678 & 461 & 418 \\ 1267 & 495 & 775 & 472 & 783 & 948 & 1238 & 809 & 1273 & 853 & 679 \\ 784 & 301 & 479 & 288 & 476 & 578 & 770 & 504 & 791 & 531 & 437 \\ 1261 & 494 & 766 & 463 & 771 & 939 & 1227 & 807 & 1255 & 844 & 688 \\ 535 & 214 & 329 & 197 & 337 & 408 & 517 & 339 & 534 & 350 & 285 \\ 839 & 328 & 514 & 307 & 515 & 632 & 815 & 538 & 838 & 565 & 448 \\ 504 & 187 & 311 & 191 & 312 & 380 & 497 & 327 & 511 & 351 & 278 \\ 756 & 297 & 472 & 271 & 466 & 570 & 744 & 477 & 762 & 515 & 405 \\ 1286 & 512 & 794 & 460 & 790 & 970 & 1260 & 822 & 1283 & 868 & 697 \\ 655 & 264 & 399 & 239 & 412 & 501 & 633 & 427 & 649 & 440 & 371 \\ 674 & 261 & 420 & 241 & 410 & 507 & 660 & 431 & 677 & 453 & 351 \\ 591 & 229 & 376 & 208 & 362 & 449 & 588 & 386 & 597 & 403 & 321 \\ 686 & 263 & 411 & 261 & 412 & 524 & 654 & 432 & 676 & 458 & 382 \end{pmatrix}$$

$$\begin{pmatrix}
1267 & 784 & 1261 & 535 & 839 & 504 & 756 & 1286 & 655 & 674 & 591 & 686 \\
495 & 301 & 494 & 214 & 328 & 187 & 297 & 512 & 264 & 261 & 229 & 263 \\
775 & 479 & 766 & 329 & 514 & 311 & 472 & 794 & 399 & 420 & 376 & 411 \\
472 & 288 & 463 & 197 & 307 & 191 & 271 & 460 & 239 & 241 & 208 & 261 \\
783 & 476 & 771 & 337 & 515 & 312 & 466 & 790 & 412 & 410 & 362 & 412 \\
948 & 578 & 939 & 408 & 632 & 380 & 570 & 970 & 501 & 507 & 449 & 524 \\
1238 & 770 & 1227 & 517 & 815 & 497 & 744 & 1260 & 633 & 660 & 588 & 654 \\
809 & 504 & 807 & 339 & 538 & 327 & 477 & 822 & 427 & 431 & 386 & 432 \\
1273 & 791 & 1255 & 534 & 838 & 511 & 762 & 1283 & 649 & 677 & 597 & 676 \\
853 & 531 & 844 & 350 & 565 & 351 & 515 & 868 & 440 & 453 & 403 & 458 \\
679 & 437 & 688 & 285 & 448 & 278 & 405 & 697 & 371 & 351 & 321 & 382 \\
1285 & 787 & 1261 & 537 & 840 & 519 & 758 & 1277 & 649 & 665 & 596 & 688 \\
787 & 513 & 790 & 322 & 519 & 326 & 473 & 795 & 408 & 419 & 377 & 431 \\
1261 & 790 & 1272 & 526 & 830 & 510 & 747 & 1270 & 651 & 659 & 589 & 689 \\
537 & 322 & 526 & 263 & 351 & 197 & 314 & 537 & 282 & 275 & 254 & 275 \\
840 & 519 & 830 & 351 & 559 & 340 & 501 & 850 & 431 & 450 & 401 & 453 \\
519 & 326 & 510 & 197 & 340 & 240 & 312 & 518 & 265 & 268 & 249 & 290 \\
758 & 473 & 747 & 314 & 501 & 312 & 471 & 779 & 391 & 407 & 361 & 407 \\
1277 & 795 & 1270 & 537 & 850 & 518 & 779 & 1317 & 667 & 689 & 611 & 688 \\
649 & 408 & 651 & 282 & 431 & 265 & 391 & 667 & 380 & 342 & 299 & 362 \\
665 & 419 & 659 & 275 & 450 & 268 & 407 & 689 & 342 & 384 & 328 & 352 \\
596 & 377 & 589 & 254 & 401 & 249 & 361 & 611 & 299 & 328 & 323 & 316 \\
688 & 431 & 689 & 275 & 453 & 290 & 407 & 688 & 362 & 352 & 316 & 414
\end{pmatrix}$$

再次运用 Matlab7.1 软件求出矩阵 f 的最大特征根及其相对应的特征向量。其结果为:最大特征为单根,等于 14365;B^T = (0.2978, 0.1175, 0.1819, 0.1081, 0.1830, 0.2237, 0.2909, 0.1906, 0.2969, 0.2000, 0.1609, 0.2970, 0.1846, 0.2948, 0.1247, 0.1963, 0.1202, 0.1780, 0.3013, 0.1540, 0.1576, 0.1404, 0.1604)。

对 B^T 进行单位化处理得到:

B_*^T = (0.0653, 0.0258, 0.0399, 0.0237, 0.0401, 0.0491, 0.0638, 0.0418, 0.0651, 0.0439, 0.0353, 0.0651, 0.0405, 0.0646, 0.0273, 0.0430, 0.0264, 0.0390, 0.0661, 0.0338, 0.0346, 0.0308, 0.0352)。

表 D2 标准化后的装备制造企业成长能力的投入指标

指标 地区	ZX_1	ZX_7	ZX_9	ZX_{12}	ZX_{14}	ZX_{19}
全国	-0.1347	-0.2323	-0.0407	-0.2851	-0.4830	-0.3268
北京	1.5481	-0.3685	2.9283	0.3402	0.8203	-0.4539
天津	0.6247	-0.3936	2.7047	0.3763	-0.0843	-0.4064
河北	-0.8060	-0.9688	-0.5845	-0.4925	-0.1379	0.0002
山西	-0.5780	1.9150	0.6524	0.2040	1.7904	0.8524
内蒙古	0.3561	-0.7705	-0.2251	2.5265	0.6139	0.5272
辽宁	-0.5335	-1.2782	-0.2901	-0.4898	-0.4358	-0.3152
吉林	2.7682	-0.1606	-1.0752	-0.5269	-0.6552	-0.3218
黑龙江	-0.6915	0.1398	0.7041	-0.3106	0.4529	-0.1273
上海	1.3218	-0.1295	1.8268	0.8085	-0.4080	-0.4422
江苏	0.1056	-0.2614	0.2318	-0.3021	-0.2395	-0.4442
浙江	-1.5389	-1.1112	-0.5704	-0.4703	-1.0841	-0.4800
安徽	-0.8026	-1.0875	-0.6554	-0.3137	-0.1717	-0.2777
福建	-0.2519	-0.2002	-0.5773	-0.5133	-1.0480	-0.4494
江西	0.2292	0.4916	-0.7968	-0.5455	-0.7989	-0.2079
山东	-0.1039	-1.1281	0.2319	-0.3390	-0.9504	-0.3549
河南	-0.5564	-0.3740	-0.8220	-0.4873	-0.9209	-0.3271
湖北	-0.1810	-0.4465	0.1243	-0.4398	-0.8690	-0.3377
湖南	-0.2612	-0.5798	-0.4847	-0.3966	0.8640	-0.3727
广东	0.4939	1.7506	0.5486	-0.4660	-1.3642	-0.4750
广西	0.3326	0.0978	-0.8257	-0.4704	0.8467	-0.2468
海南	2.5406	1.3852	-0.3034	-0.5577	-1.4459	-0.3388
重庆	0.3542	0.0558	0.1166	-0.4038	-0.3889	-0.3453
四川	-0.1378	-0.0234	-1.1827	-0.5118	0.4684	-0.3612
贵州	-0.7813	1.9029	-0.8248	-0.4643	1.7032	0.0228
云南	-1.0397	-0.3740	-0.9222	-0.5149	0.4568	0.4846

表D2 续

指标\地区	ZX_1	ZX_7	ZX_9	ZX_{12}	ZX_{14}	ZX_{19}
陕西	0.8579	2.6808	0.8686	0.7691	0.4088	-0.1490
甘肃	-0.7754	0.7380	0.0087	4.0081	1.3360	0.2589
青海	-1.1375	-0.1385	0.2879	-0.4755	-0.7191	5.0773
宁夏	-1.0159	0.1042	-0.3699	1.1584	2.7449	0.3357
新疆	-0.2054	-1.2351	-0.6840	-0.4142	-0.3017	0.0022

表 D3 标准化后的装备制造企业成长能力的产出指标

地区	ZY_1	ZY_2	ZY_7	ZY_8	ZY_{11}	ZY_{13}	ZY_{15}
全国	-0.1850	-0.1522	-0.0339	0.0083	0.1764	5.2468	5.3300
北京	1.2004	1.2549	3.0591	2.9673	3.2089	-0.3511	-0.3278
天津	0.4672	0.5380	2.1408	2.1839	1.1237	-0.3376	-0.2819
河北	-0.8601	-0.8112	-0.7021	-0.6816	-0.7102	0.2671	0.2662
山西	-0.6780	-0.6460	-0.3606	-0.3470	-0.1983	-0.1833	-0.0565
内蒙古	0.3593	0.3761	-0.9059	-0.8716	-0.9652	-0.2771	-0.0999
辽宁	-0.6677	-0.6206	-0.7196	-0.6294	-0.6559	0.7796	-0.0521
吉林	2.8571	2.8973	0.6163	0.7624	-0.7773	-0.2993	-0.2844
黑龙江	-0.5059	-0.6101	-0.7146	-0.6752	-0.1930	-0.2788	-0.2134
上海	1.0194	1.0756	1.9418	2.2571	1.6229	-0.3074	-0.2565
江苏	0.0022	0.0583	0.0023	0.1679	0.1737	0.1815	0.0145
浙江	-1.6473	-1.6045	-0.0334	-0.0830	-0.0403	-0.1079	-0.1170
安徽	-0.6763	-0.6719	-0.2255	-0.2434	-0.2928	-0.2005	-0.2062
福建	-0.3450	-0.3189	-0.4385	-0.4123	-0.6024	-0.1901	-0.2393
江西	0.0712	0.1305	-0.8234	-0.7714	-0.8781	-0.2285	-0.2685
山东	-0.2021	-0.1660	-0.0571	0.0252	-0.5111	-0.0299	0.1896
河南	-0.6519	-0.6035	-0.8465	-0.8009	-0.7189	-0.1433	-0.0877
湖北	0.0196	0.0017	-0.0609	-0.0740	-0.0752	-0.1258	-0.0808

表D3 续

地区	ZY_1	ZY_2	ZY_7	ZY_8	ZY_{11}	ZY_{13}	ZY_{15}
湖南	-0.0656	-0.0232	-0.0302	-0.0272	0.1276	-0.2422	-0.2417
广东	0.4037	0.4168	0.3248	0.3266	2.7007	-0.1103	-0.0258
广西	0.4357	0.4130	-0.3647	-0.3055	-0.8007	-0.1718	-0.1861
海南	2.6775	2.6413	0.3750	0.3349	1.1732	-0.3547	-0.3584
重庆	0.3518	0.3666	1.6821	1.5585	-0.0210	-0.3015	-0.2851
四川	-0.0822	-0.0721	-0.7169	-0.6446	-0.1794	-0.1624	-0.1690
贵州	-0.5960	-0.7056	0.4131	-0.5686	-0.2724	-0.2673	-0.2726
云南	-1.1493	-1.1245	-0.9120	-0.8093	-0.2336	-0.1952	-0.2534
陕西	1.1880	1.0825	-0.0988	-0.2142	0.2927	-0.2926	-0.2656
甘肃	-0.1608	-0.8606	0.2698	0.2857	-0.4051	-0.3215	-0.2988
青海	-1.2238	-0.9099	-1.4297	-1.3577	-0.7088	-0.3504	-0.3433
宁夏	-0.9286	-0.9674	-0.5642	-0.5993	-0.5646	-0.3325	-0.2909
新疆	-0.4277	-0.3845	-0.7867	-0.7616	-0.7956	-0.3120	-0.2377